MZ세대 한국생각

데이터로 본 세대전쟁·젠더선거

MZ세대 한국생각
데이터로 본 세대전쟁·젠더선거

초판 1쇄 인쇄 | 2023년 06월 15일
초판 1쇄 발행 | 2023년 06월 20일

지은이 | 엄경영
펴낸이 | 최화숙
편집인 | 유창언
펴낸곳 | **아마존북스**

등록번호 | 제1994-000059호
출판등록 | 1994. 06. 09

주소 | 서울시 성미산로2길 33(서교동), 202호
전화 | 02)335-7353~4
팩스 | 02)325-4305
이메일 | pub95@hanmail.net | pub95@naver.com

MZ세대
한국생각

데이터로 본 세대전쟁·젠더선거

엄경영 지음

아마존북스

이 책을 준비하는데 가족들의 도움이 컸다.

MZ세대인 아들, 딸로부터 많은 영감을 얻었다.

아내는 내용의 완성도를 높여 주었다.

깊은 감사를 전한다.

선거를 정확하게
예측할 수 있는 방법

선거예측은 쉽지 않다. 2020년 21대 총선, 2016년 20대 총선은 여론조사 기관, 다수 언론, 정치전문가들이 선거예측에 실패해 체면을 구기기도 했다. 비교적 득표율 차이가 컸던 2012년 대선에서도 일부 언론과 여론조사 기관은 결과를 맞히는데 실패했다. 2020년 총선에선 방송 3사 출구조사, 대부분의 언론, 여론조사 기관, 정치전문가들 대다수가 결과를 예측하는데 실패하기도 했다. 역사상 최소 격차로 승부가 갈린 2022년 대선에선 방송 3사 출구조사가 매우 정확한 것으로 입증되기도 했다.

　선거 결과를 예측하는데 가장 효과적인 방식은 지난 선거의 평균 득표율을 참고하는 것이다. 만약 2024년 4월 총선결과를 미리 예측해 본다고 하자. 이럴 때 2022년 6월 치러진 지방선거, 같은 해 3월의 대선, 그리고 2020년 4월 총선 결과를 참고해 총선 지역구별로 평균 득표율을 산출한다. 주요 정당마다 공천 후보가 달라질 수 있기 때문에 당선권으로 볼 수 있는 정당 후보의 득표율 평균을 계산하면 된다. 이렇게 하면 2024년 총선에서도 정당별 의석을 대략 예상해 볼 수 있다.

전국 지역구는 2020년 총선 기준으로 253곳이다. 그러나 주요 정당은 지역 텃밭이 있고, 텃밭이 아닌 충청권, 수도권에서도 우열이 분명히 드러나는 곳이 다수이기 때문에 접전 지역은 그렇게 많지 않다. 민주당은 호남, 제주에서 강세를 보이고 있고 국민의힘은 영남, 강원에서 우세를 보인다. 충청에선 여야 혼전이지만 지역구별로 민주당, 국민의힘 우세 지역이 비교적 뚜렷하다. 수도권에서도 마찬가지 양상을 보인다. 2020년 총선에선 수도권의 경우 정의당 심상정(경기도 고양시갑), 무소속 윤상현(인천광역시 동구미추홀구을) 외 모두 민주당과 미래통합당(국민의힘 전신)으로 당선자가 양분됐다.

2024년 총선을 지난 선거 평균 득표율로 예측해 보면 접전지역은 훨씬 줄어든다. 수도권, 충청권의 일부와 강원과 제주 일부만 남는다. 좁게 보면 30~50석에서 많이 봐도 100석 이내다. 여기에 최근 정당 지지율 흐름, 투표율 예상 추이, 지역구별로 전국적 경쟁력을 갖춘 인물이 출마할지 등의 변수가 더해질 수 있다. 투표율은 가장 중요한 상수인데 2030에서 선거마다 높낮이가 크다. 60대 이상에선 높은 투표율이 유지되고 있는 반면 2030은 최근 하락세가 뚜렷하다.

2030 캐스팅 보트, 당분간 지속될 수밖에 없는 이유

지금의 정당 지지율은 어느 때보다 안정적이다. 쉽게 균열되기 어려운 구조를 이루고 있다. 연령효과(age effect)가 주로 나타나는 60대 이상에선 보수 정당 지지성향이 강하다. 여기에선 당분간 국민의힘 우세가 이어질 가능성이 크다. 세대효과(cohort effect)를 보이고 있는 4050에선 상대적으로 민주당이 앞서 있다. 4050의 민주당 지지도는 견고하다. 젠더갈등이 수면 위로 떠오른 2021년 4월 이후 2030에선 남성은 국민의힘, 여성은 민주당 쪽으로 갈려 있다.

전체 유권자로 보면 세대를 기본 축으로 젠더가 얽히면서 양당이 팽팽하게 대치하고 있는 형국이다. 정의당은 4050에서 상대적으로 힘을 쓰고 있는데 다른 연령으로 확장 기미는 아직 미미한 편이다.

사람은 나이가 들수록 자기 생각을 바꾸지 않으려는 경향이 있다. 아버지, 어머니 혹은 할아버지, 할머니를 생각하면 금세 이해할 수 있다. 이들은 엄청나게 큰 계기가 아니면 자기 생각을 좀처럼 바꾸지 않는다. 지지하는 정당이나 대선 후보도 마찬가지다. 나이가 들수록 지지하는 정당이나 후보를 바꾸지 않으려고 한다. 60대 이상에선 국민의힘 지지가 계속될 수밖에 없을 것이다. 4050은 20~30년이 흘렀지만 운동의 기억이 선명하다. 학생운동, 시민사회 활동, 노조까지 20세 전후에 만들어진 정체성이 유지된다. 4050 역시 민주당 지지성향이 바뀌기 어렵다.

2030은 어디든 갈 수 있는 연령이다. 보수, 진보가 팽팽하게 맞서 있는 여건에서 캐스팅 보트를 쥐고 있다. 민주당과 국민의힘의 승부처가 2030인 이유다. 정의당도 4050의 취약한 지지기반을 2030에서 넓히려고 많은 노력을 기울이고 있다.

그러나 2030의 지지를 얻는 것은 어려운 일이다. 2030은 이념과 진영에서 자유롭기 때문이다. 탈이념, 탈진영은 탈정치이기도 하다. 탈정치는 종종 탈투표로 이어진다. 어떤 여론조사의 경우 20대(18·19세 포함)에서 어느 정당도 지지하지 않는 무당층은 50% 내외, 30대는 40% 전후나 된다. 전체 무당층에서 2030이 차지하는 비중은 절반을 넘기기도 한다.

나이가 젊을수록 무당층이 많아지는 것은 전 세계적인 흐름이다. 2030 투표율도 20~30%에 머문다. 2022년 6월 지방선거에서 2030 투표율은 30%대에 그쳤다. 광주광역시에선 20%대를 보이기도 했다. 정치에 관심도 없고, 지금의 정당이나 정치인들을 싫어하는데 어떻게 투표가 가능할까. 이때 젠더갈등이 수면 위로 등장했다. 정치권이 남성들의 투표를 끌어내기 위해 부추긴 것이다. 남성들이 한쪽으로 치우치자 여성들은 반대로 갔다. 이렇게 젠더갈등은 악화됐다. 탈투표 추세와 젠더갈등 격화에도 불구하고 여전히 2030은 캐스팅 보트이다. 2030에서 민주당, 국민의힘의 승부가 달려 있고 정의당엔 확장성이 판가름 난다.

데이터로 본 세대전쟁·젠더갈등

이 책은 데이터를 통해 정치와 선거 분야에서 세대전쟁, 젠더갈등이 어떻게 나타나는지를 다루고 있다. 1부 세대전쟁은 세 개의 장으로 구성되어 있다. 2030의 민주당 지지 이탈, 세대전쟁의 원인, 정치·선거 개인의 탄생 등을 다루고 있다. 2부 젠더갈등도 세 개의 장으로 구성되어 있다. 젠더선거의 변화 과정, 젠더선거의 실태와 미래, 투표율과 젠더·세대·지역의 관계가 주요 내용이다.

세대갈등은 다양한 원인이 있지만 대한민국 지속가능성에 대한 견해 차이가 가장 큰 원인이다. 지속가능성 위기가 심화하면서 2030의 반발이 커졌다. 2030 반발은 2050 선거연합을 붕괴시켰으며 정치적으로 독자적인 목소리를 내기 시작했다. 2030 반발은 4050 지지에 기반하고 있는 민주당을 겨냥하기 시작했다. 이 때문에 2021년 4·7 재보궐선거, 2022년 대선, 지방선거에서 민주당은 패배하고 국민의힘 승리로 이어졌다. 1부는 이런 과정을 각종 데이터를 통해 살펴봤다.

2030의 기득권 반발은 젠더갈등에 의해서 복잡한 양상으로 전

개되고 있다. 여성의 정치 관심, 선거 참여가 높아진 것은 박근혜 전 대통령이 출마한 2012년 대선부터이다. 그 이전엔 남성보다 정치 관심도가 낮았고 투표율도 저조했다. 2030 여성은 2014년 세월호 참사, 2017년 탄핵정국, 문재인 정부를 거치면서 진보 성향이 강화되고 선거 참여도 늘었다. 2021년 4·7 재보궐선거에서 2030 남성들의 국민의힘 후보 결집이 확인되자 2030 여성들의 민주당 결집이 강화되기 시작했다. 특히 2030 여성은 2022년 지방선거에선 민주당 결집 강도와 투표율에서도 남성을 압도했다. 2부는 이런 젠더갈등의 지속과 변화, 그리고 앞으로 다가올 미래선거를 전망해봤다.

최근 정치·선거 분야에선 여론조사가 상수처럼 행세하고 있다. 의심의 여지가 없는 데이터로 보이기 때문이다. 여론조사는 사실 데이터가 아니다. 여론조사 결과는 사람의 생각을 계량화해 소수점까지 표기하기 때문에 종종 데이터라고 생각하기 쉽다.

그러나 여론조사엔 정치·사회 분위기에 따라 응답회피, 허위답변 등이 포함될 수 있다. 이는 곧 반(反) 또는 비(非) 데이터일 수도 있다. 이에 비해 투표율, 득표율은 100% 데이터이다. 따라서 여론조사를 읽을 땐 과거 선거의 투표율, 득표율을 참고해서 보는 게 바람직하다. 이 책은 객관성을 높이기 위해 여론조사와 투표율, 득표율을 최대한 활용했다.

정치·선거 분야에서 세대전쟁, 젠더선거를 정면으로 다룬 책은 아직 많지 않다. 특히 각종 데이터를 통해 2030 중심의 세대전쟁, 젠더선거 분석을 시도한 것은 이 글이 비교적 초기라고 볼 수 있다. 글을 마쳤지만 쓰다 만 것 같은 느낌도 없지 않다. 다른 분들의 완성도 높은 분석들을 위한 밑알이라 생각하겠다. 부족한 책 출판을 선뜻 받아주신 아마존북스 유창언 대표님에게 감사를 전한다.

2023년 5월
엄경영

2장 왜 세대전쟁인가

2부 젠더선거

6장 투표율, 젠더·세대·지역 관계

1부

세대전쟁

1장

2030,
민주당에 반기 든 이유

2030,
왜 민주당 탈출했나?

조국사태, 세대전쟁의 시작

여론조사는 데이터일까. 여론조사는 사람들의 생각을 숫자로 표시한다. 여론조사 결과는 소수점까지 표기하기 때문에 데이터로 받아들이기 십상이다. 지금은 데이터 시대다. 데이터는 객관적 사실들로 구성된다. 데이터는 과학적일 것이라는 고정관념을 내포하고 있다. 그러나 여론조사는 데이터가 아니다. 만약 거짓 응답이 포함되어 있거나 응답을 아예 회피했다면 여론조사 결과는 왜곡될 수 있기 때문이다. 여론은 조사 당시의 정치·사회 분위기를 과다 또는 과소 반영할 수 있다. 또 전화면접조사, ARS와 같은 조사방식에 따라서 똑같은 질문이라도 결과가 크게 달라질 수 있다. 따라서 여론조사는 맥락이나 흐름으로 읽는 것이 필요하다. 다만 몇 년 동안의 여론조사를 종합해서 보면 데이터에 근접한 것으로 해석할 수도 있다.

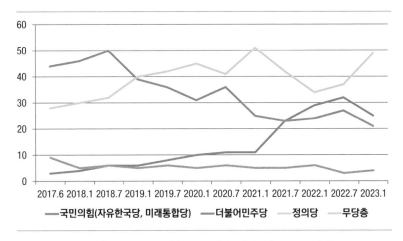

〈표 1〉 2017년 6월~2023년 1월 주요 정당 지지도(18~29세)[1]

　　대통령 인사, 메시지, 기조는 뒤집기가 상당히 어렵다. 어느 정권이나 공식적으로는 제왕적 대통령제를 비판하고 국민과 소통·공감을 약속하지만 결과는 비슷하다. 대통령 인사, 메시지, 기조는 종종 국정운영의 판단 기준이 된다. 이것들은 또 정권의 정체성을 구성하기도 한다. 대통령 인사, 메시지, 기조가 자주 바뀌면 국정혼란이 불가피하다는 인식이 지금 용산 대통령실이나 과거 청와대

[1]　한국갤럽, 「월 통합자료, 데일리 오피니언」(2023.1)

저변에 폭넓게 깔려 있다. 이 때문에 주변 참모들은 무슨 일이 터지면 대통령 생각이나 그동안 해온 말들을 기준으로 해석하고 판단하며, 어떻게든 관철하려는 경향을 보인다. 조국 전 법무부장관 사태(조국 사태)는 그렇게 왔다.

2030 더불어민주당(민주당) 지지율은 탄핵 정국 이후 2017년 대선 무렵에서 최고조에 이르렀다. 민주당은 2030 지지에 힘입어 2018년 6월 지방선거에서 큰 승리를 거두었다. 2030 민주당 지지율은 2018년을 기점으로 하향 곡선을 그리기 시작했다. 2030 민주당 이탈은 두 단계를 거쳐 나타났다. 첫 번째는 2019년 중반 조국 사태 때였다. 두 번째는 2021년 4·7 재보궐선거(4·7 선거)였다. 20대 민주당 지지율은 2019년 초반까지 40% 이상을 유지했다. 특히 2018년 중반엔 60%에 육박하기도 했다. 이와 반대로 자유한국당(국민의힘 전신) 지지율은 2019년 초반까지 10%를 넘지 못했다.

2019년 8월 문재인 대통령은 조국 전 청와대 민정수석을 법무부장관에 내정했다. 반대여론이 만만치 않았지만 조국 인사는 번복되지 않았다. 그해 10월 조국 법무부장관이 사퇴할 때까지 이른바 조국 사태가 지속됐다. 조국 사태를 거치면서 20대 민주당 지지율은 30% 아래로 떨어졌다. 20대 자유한국당 지지율은 10% 벽을 뚫었다. 조국 사태 이듬해, 2020년 4월 총선에선 민주당이 180석을 얻어 범 민주당 계열로는 사상 최대 의석을 확보했다. 2030 민주당 이탈은 아직 초기상태였고, 그들 가운데 일부는 민주당에 한 번 더

기회를 주자는 미련이 작동하기도 했다. 반면 미래통합당(국민의힘 전신)은 2030이 관심을 가지거나 총선에서 표를 줄 만큼 쇄신했다는 평가를 받지 못했다.

20대 민주당 이탈은 그들의 성장 배경과 관련이 있다. 20대는 1990년 중반에서 2010년 사이에 태어난 Z세대이다. 사람의 정체성은 대체로 20대 이전에 형성된다. 유럽에서도 17세에서 20세 전후로 정체성의 대부분이 만들어진다고 본다. 대한민국은 1998년 김대중 정부에서 2007년 노무현 정부까지 진보집권 10년을 거치면서 실질적 민주주의를 이루게 되었다. 1997년 외환위기, 2008년 금융위기를 극복하면서 경제성장도 계속됐다. 2017년 탄핵정국에선 헌정중단과 현직 대통령 구속까지 경험했다. 정치·사회 분야에서 자연스럽게 글로벌 스탠더드가 받아들여졌다. 온라인, 디지털화가 심화하면서 온·오프라인의 경계가 허물어졌다. 네이버, 다음 대신 온라인 커뮤니티, 게임, 웹툰, 틱톡이 폭넓게 활용되기 시작했다. 2030은 원칙, 평등, 개인, 공정과 같은 보편적 민주주의 가치를 당연하게 여기게 됐고 심화된 디지털사회에서 이런 감정들을 자기들끼리 손쉽게 공유하게 되었다. 86(80년대 학번, 60년대생)세대는 과거 20~30년 전의 시선으로 조국 사태에 대해 그게 무슨 문제냐, 이렇게 대응했다. 20대는 격앙했고 민주당과 헤어질 결심을 하게 되었다.

30대도 20대와 비슷한 곡선을 그리며 움직였다. 조국 사태를 겪으며 30대 민주당 지지율은 하락했고, 국민의힘은 올라갔다. 다만 30대 정당 지지율은 20대보다는 완만하게 움직였다. 민주당 지지율은 느리게 떨어졌고 국민의힘은 서서히 상승했다. 30대 민주당 지지율은 2021년 4·7 선거를 전후로 크게 떨어졌다. 반면 30대 국민의힘 지지율은 가파른 상승세를 보였다. 2022년 초 30대 민주당 지지율은 20대와 달리 국민의힘에 소폭 앞서 있었다. 30대의 이런 흐름은 2022년 대선, 지방선거, 2023년 초중반까지 유지되고 있다.

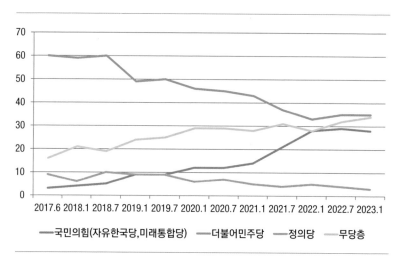

〈표 2〉 2017년 6월~2023년 1월 주요 정당 지지도(30대)[2]

---

2) 한국갤럽, 같은 자료

30대가 조국 사태에 20대와 온도차를 보인 것도 그들의 성장 배경이 조금 다르기 때문이다. 30대는 1980년 초중반부터 1990년 초중반 사이에 태어났다. 1980년대 초중반에 태어난 30대 후반은 굴곡이 많았던 2000년 전후를 거치면서 그들 특유의 정체성이 형성됐다. 일테면 산전수전을 다 겪게 되었다. 30대 후반은 우석훈·박권일『88만원 세대』또래들이다. 『88만원 세대』는 2007년 출간됐다. 비정규직 월급 88만원으로 고단한 삶을 이어가는 20대를 담았다. 당시 20대 초중반이던 88만원 세대는 대략 15년 이상 흘러 30대 후반이 됐다. 세상의 단맛 쓴맛을 경험하고 40대 형들과 어울리면서 비판적 정체성도 덧붙여졌다. 이들은 민주당에 비판적이면서도 차마 외면하지 못하는 양면적인 감정도 갖고 있다. 조국 사태에 대해 도저히 참을 수 없는 일부는 민주당을 벗어나기도 했다.

세대는 칼로 무 자르듯 단절적이지 않다. 40세 전후는 X세대와 밀레니얼 특징이 뒤섞여 나타난다. 30세 전후는 밀레니얼과 Z세대 캐릭터가 공존한다. 마찬가지로 10대 초반도 어떤 면에선 Z세대이기도 하고, 달리 보면 알파세대처럼 보이기도 한다.

1990년대 초중반 태어난 30대 전반은 20대와 접점이 많았다. 이들의 정체성이 본격적으로 형성되던 2010년 전후는 경제적으로, 또 사회적으로 시련의 시기였다. 2008년 금융위기가 수습됐지만 우리 경제는 저성장의 터널로 들어섰다. 연애, 결혼, 출산 세 가지를 포기한 삼포세대, 모든 것을 다 포기하는 N포세대(또는 완포세대)와 같은 말들이 생겨나기 시작했다. 이런 신조어들은 주로 경향신문, 한겨레 기획시리즈를 통해 나왔고 유행어로 자리 잡았다. 청년들에겐 헬조선(hell+朝鮮)의 시작이었고, 정치적으론 이명박 정부 임기 중반이었다. 2010년에는 우리 해군 소속 초계함인 천안함이 북한 어뢰 공격으로 침몰했다. 2011년 안철수·박경철·평화재단이 주도했던 청춘콘서트가 대학생들에게 큰 인기를 끌었는데, 이는 당시 안철수 서울대 융합과학기술대학원장의 정치적 등장으로 이어졌다. 당시 20대 초반은 이제 10년이 지나 30대가 됐고 조국 사태를 만나 민주당을 탈출하기 시작했다.

조국 사태는 2050으로 연결되어 있던 범(凡)진보 진영 선거연합을 붕괴시켰다. 2050 선거연합은 2016년 총선에서 민주당을 원내제1당으로 올려놨다.

그땐 새누리당(국민의힘 전신)이 무난하게 이길 것이란 전망이 많았는데 2050 선거연합이 힘을 쓰면서 예측은 빗나갔다. 또 2017년 대통령선거, 2018년 지방선거, 2020년 총선까지 민주당의 선거 전성시대를 열었다. 86세대는 조국 사태를 과거부터 현재까지 일관된 맥락으로 이해하려 했고, 2030은 현재 조국 사태에 집중하려는 태도를 취했다. 86세대에게 조국 사태는 공정·정의와 크게 어긋나지 않았지만 2030에겐 상식과 원칙에 벗어나는 일이었다. 그러나 가치중립 입장에서 보면 조국 사태는 86세대 내로남불의 상징이었다. 2023년 1월 조국 재판부는 1심을 선고하면서 공정성 훼손을 여러 차례 지적했다. 재판부는 자녀 입시비리, 딸 장학금 수수, 감찰무마 의혹을 유죄로 인정하며 우리 사회 공정의 가치를 훼손했다고 판결문에 적시했다.

2030 민주당 이탈은 조국 사태가 결정적인 계기가 됐지만 몇 해 동안 쌓인 에너지가 파급력을 키웠다. 2018년 평창 동계올림픽에서 남북 하키단일팀 구성을 놓고 2030과 정부여당은 충돌했다. 이는 2030이 당시 정부여당이 추진했던 대북정책에 동의하지 않는다는 신호였다. 2030의 북한에 대한 생각을 잘못 읽은 것인지, 알고도 무시한 것인지, 문재인 정부는 '북한 다 걸기'를 계속했다.

2019년에는 코인 폭락으로 2030이 큰 피해를 입었다. 조국 사퇴 이후 추미애 법무부장관이 취임했지만 사태는 더욱 악화했다. 추미애는 당시 윤석열 검찰총장과 사사건건 충돌하며 '조국 사태 시리즈 2' 행태를 보였다. 조국 사태 전후 2019년부터 아파트값이 폭등하기 시작했고, 코로나19로 경제적 어려움이 커지면서 2030 민주당 이탈은 더욱 심화됐다.

조국 사태를 계기로 86세대와 2030의 세대전쟁이 본격화되었다. 그동안 86세대는 2030을 사회에 관심이 크지 않은 것으로 이해하고 소비권력을 가진 대상으로만 바라보는 경향이 있었다. 2030은 이미 기성세대, 86세대 못지않은 권력으로 성장해 있었다. 온라인을 통해서, 손쉽게 태그로 강력한 의사 전달력과 파급력을 갖고 있었다. 자신들만의 방식으로 행동하는 2030은 팬텀세대(Phantom·유령+세대, 흔적 없이 소통하며 사회참여), 화이트불편러(White+불편+er, 정의로운 예민함), 소피커(所·小+Speaker, 소신을 거리낌 없이 말함)다. 2030은 목소리 내는 법, 연대하는 법을 일찍이 터득하고 적극적으로 활용하고 있다.[3] 2030 선거 파괴력은 4·7 선거에서 충격적인 실체를 드러냈다.

4·7 재보궐선거, 2030 효능감 확산

국지전이었지만 내용상 전면전이었다. 2021년 4·7 선거는 여러 가지 측면에서 국민들의 관심이 집중됐다. 재보궐선거였지만 서울시장, 부산시장 선거가 함께 실시돼 전국 규모 못지않게 열기가 뜨거웠다. 서울은 대한민국 선거의 수도이고, 종종 국민여론의 기준이 되곤 했다. 그 무렵 부동산 폭등에서 비롯된 민심 이반이 가장 심한 지역도 서울이었다. 이 때문에 부동산 선거가 될 것이라는 전망도 제기됐다.

부산은 2018년 지방선거에서 민주당이 크게 승리했고, 2020년 총선에서도 의석을 늘린 지역이었다. 2050 선거연합이 유지될지, 민주당이 연승을 이어갈지, 국민의힘이 연패 사슬을 끊을 수 있을지도 관심사였다. 서울, 부산 두 곳 모두 성폭력 논란으로 시장들

---

3) 대학내일20대연구소,『밀레니얼-Z세대 트렌드 2022』(위즈덤하우스, 2021.10). 42~43쪽

이 중도 퇴진했기 때문에 여성유권자 향배도 주목을 끌었다. 무엇보다 2022년 대선 결과를 미리 예측해 볼 수 있다는 점에서 정치권은 촉각을 곤두세웠다.

여권에선 문재인 대통령, 이낙연 민주당 전 대표, 이재명 경기지사가 선거를 사실상 이끌었다. 국민의힘에선 김종인 비대위원장이 선거를 주도했다. 3월 사퇴한 윤석열 전 검찰총장은 전면에 나서지는 않지만 존재 자체로 우군 역할을 했다. 그날 저녁 출구조사가 발표되고 나서야 비로소 2030 선거였다는 게 밝혀졌다. 진보진영 2050 선거연합은 무참히 부서졌다. 이해찬 전 민주당 대표의 20년 집권론은 퇴임 1년 만에 허공의 등불처럼 위태롭게 흔들렸다. 4·7 선거는 2030이 주도적으로 나서 선거결과를 바꾼 최초의 선거로 기록되기도 했다. 악화한 부동산 민심도 국민의힘 압승에 힘을 보탰다.

서울에선 오세훈 시장, 부산에선 박형준 시장이 당선됐다. 민주당 패배는 디테일에서 더욱 아팠다. 민주당 서울·부산시장 후보는 방송 3사 출구조사 결과 40대를 제외하곤 모든 연령에서 국민의힘 후보에 밀렸다. 민주당 박영선 후보는 득표율 집계결과 서울 25개 자치구에서 한 군데도 승리를 거두지 못하는 대패를 당했다. 민주당은 직전 2018년 지방선거에선 서울 25개 구청장 중 서초구를 제외한 24개구에서 모두 승리했는데 이것과는 정반대로 표심이 드러난 셈이다. 민주당은 부산에서는 더블스코어에 가까운 패배를 당했다. 불과 2~3년 사이에 민주당 열세로 분위기가 완전히 바뀐 것이다. 기초단체장·광역·기초의원 선거에서도 호남을 제외하면 단 한 석도 건지지 못했다.

4·7 선거 결과를 예측하기 어려웠던 것은 침묵의 나선 때문이다. 특히 2030이 어떤 선택을 할지 각종 여론조사에서도 제대로 파악되지 않았다. 실제 2030 여론은 민주당을 이탈해 국민의힘으로 옮겨갔는데 이런 것들이 여론조사에서는 잘 나타나지 않고 있었다. 여론에선 침묵의 나선이 종종 작동된다.

침묵의 나선(Spiral-of-Silence Theory)은 정치학과 대중매체에 관한 이론으로 1966년 독일 사회학자 엘리자베스 노엘레-노이만(Elisabeth Noelle-Neumann, 1916~2010년)이 제시했다. 여론 형성 과정에서 자신의 생각이 다수와 같으면 적극 동조하지만 소수 의견이라고 생각되면 나쁜 평가를 받거나 고립을 두려워해 침묵하는 현상을 말한다. 침묵의 나선은 정치사회 여건에 따라, 또는 조사방법에 따라 종종 나타날 수 있다.

노무현·이명박 대통령 임기 말엔 지지율이 곤두박질쳤다. 이럴 때는 여론조사에서 지지한다고 말하기 어렵다. 대통령 욕하는 것이 스트레스 배출구로 활용되는 마당에 쉽게 지지한다는 말이 나올 수 없다. 지지하는 사람들이 침묵하기 때문에 여론조사 지지율은 실제보다 더 낮게 나올 가능성이 있다. 2017년 탄핵국면에서 전화면접조사 방식으로 대구·경북 여론조사를 하면 탄핵 찬성이 전국 평균과 비슷한 70~80%를 오갔다. 반면 ARS에선 50%선에 그쳤다. 같은 시기에 같은 질문인데 차이가 매우 컸다. 전화면접은 사람이 직접 질문하니까 주변 여론을 의식해 찬성이라고 응답하는 경우가 많았고, ARS에선 녹음된 음성이 질문하니까 주변을 의식하지 않고 실제 자기 생각을 밝혔다. 당시 대구·경북 탄핵 찬반 여론은 ARS 결과에 가까웠다. 이는 시간이 흐른 뒤에 각종 여론조사에서 입증됐다.

새누리당(국민의힘 전신)은 이후에도 이렇다 할 반등 기회를 잡지 못하고 김종인 비대위원장 체제를 연장해 가며 당의 수명을 연명했다. 차기 주자 순위에서도 유승민, 오세훈, 홍준표 등이 이름을 올렸지만 민주당 이낙연, 이재명, 정세균 등과 견주기에는 턱없이 부족했다. 촛불과 탄핵정국에서 생긴 국정농단 방조세력이란 이미지를 씻어내지 못한 탓이다. 이런 여건에서 국민의힘을 지지하느냐는 물음에 선뜻 그렇다고 응답하기 어렵다. 아예 응답을 회피하거나 민주당 또는 무당층이라고 실상과 다르게 답할 수도 있다. 대다수 전화면접조사에선 선거 직전까지 민주당 우위로 나타났다. 이에 비해 ARS에선 2021년 초부터 국민의힘 우세로 조사되기도 했다. 침묵의 나선은 주로 전화면접에서 작동되었던 셈이다.

4·7 선거 이전 한국갤럽 '3월 통합'에서 남성 정당 지지율은 민주당이 34%로 국민의힘(26%)을 앞섰다. 60대 이상에서만 국민의힘이 42%로 민주당(28%)에 우위를 점했을 뿐 다른 연령에서는 모

두 민주당 우세로 나타났다. 민심 이반이 심했던 20대에선 민주당 23%, 국민의힘 17%였고, 30대에선 민주당 33%, 국민의힘은 22%에 그쳤다. 선거 이후 5월 통합에선 큰 반전이 일었다. 남성 지지율은 국민의힘 31%로 민주당(30%)에 소폭 역전했다. 30대 이상에선 민주당 우세가 그대로 이어졌지만 양당 간 격차는 상당히 줄어들었다. 20대에선 정반대의 결과가 나왔다. 20대는 국민의힘이 25%로 민주당(19%)과 자리를 바꾸었다. 선거 이전 여론조사에서 국민의힘 지지자들이 자신의 의견을 숨기는 침묵의 나선이 입증된 셈이다. 특히 20대에서 침묵의 나선이 가장 두드러지게 나타났다.

20대는 4·7 선거 전후로 매우 역동적인 변화를 보여줬다. 20대가 국민의힘 계열 정당을 더 지지하는 것으로 나타난 것은 이때가 처음이었다. 2000년대 이후 20대는 주로 진보정당을 지지해 왔다. 20대가 고정되어 있는 것은 아니다. 늘 새로운 10대가 20대로 유입되지만 민주당 계열 정당 선호 현상은 거의 20년 동안 계속됐다. 그러던 20대가 마음을 바꾸었다. 아니, 바뀐 20대가 출현한 것이다.

20대의 부모는 대체로 86세대다. 조국 사태가 한창일 때 FGI(Focus Group Interview, 집단 심층면접)를 진행한 적이 있다. 주로 20대 초중반이 참여했는데 조국 사태에 대한 시각이 86세대와 전혀 달랐다. FGI에 참여한 20대 초중반 참여자들의 부모들은 '조국이 왜 문제냐, 그 정도면 우리 사회에 기여한 것도 있고 충분히 넘어갈 수 있는 것 아니냐'라고 말했다.

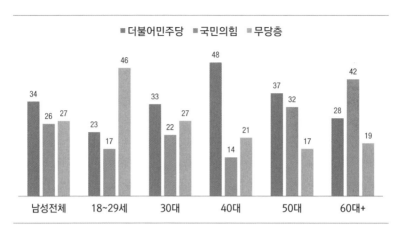

■ 더불어민주당 ■ 국민의힘 ■ 무당층

〈표 3〉 2021년 3월(1~4주) 통합 주요 정당 지지도(남성 연령별)[4]

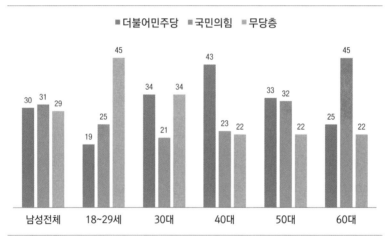

■ 더불어민주당 ■ 국민의힘 ■ 무당층

〈표 4〉 2021년 5월(1, 3~5주) 통합 주요 정당 지지도(남성 연령별)[5]

4) 한국갤럽, 「데일리 오피니언 제441호」(2021. 3)
5) 한국갤럽, 「데일리 오피니언 제445호」(2021. 5)

20대는 달랐다. '힘겹게 대학까지 졸업했지만 미래는 더 불안하다, 부모들의 조국 옹호는 도저히 이해할 수 없다'는 반응이었다. 20대는 과거에 얽매이지 않고 민주당을 떠나 국민의힘으로 옮아갔다.

선거 결과를 지켜보던 전국의 20대는 민주당 탈출을 감행하고 나섰다. 선거 결과를 바꿀 수 있다는 효능감이 전국의 20대로 확산한 셈이다. 특히 남자들 중심으로 국민의힘 지지율이 크게 상승했다. 20대 변화는 30대로 번져갔다. 특히 20대와 가까운 30대 전반에서 민주당 지지율이 크게 떨어졌다. 2030이 조국 사태를 거치면서 민주당을 1차로 탈출했고, 4·7 선거에서 국민의힘이 승리하자 2차 탈출에 나선 것이다. 2030은 소극적인 국민의힘 지지에 머물지 않았다. 2021년 국민의힘 전당대회와 대선 후보 경선에 적극 개입해 이준석 대표 체제 출범과 윤석열 대선 후보 확정에도 큰 영향을 끼쳤다.

민주당은 지도부 공백 속에 4·7 선거 패배를 제대로 수습하지 못했다. 이낙연 전 대표는 4·7 선거 한 달 전에 대표직을 사퇴하고 대선 후보 당내 경선에 돌입한 상태였다. 선거 패배에 대한 책임 주체가 아예 없었다. 민주당은 선거 지형 지각 변동에 대한 성찰 없이 평온한 일상으로 돌아갔다. 2030 이탈에 대한 심각성도, 대책 마련에 대한 절박성도 보이지 않았다. 그해 5월 민주당은 전당대회를 개최하고 86세대 맏형 송영길 대표 체제를 출범했다.

2030 정치독립과 윤석열 등장

2030은 2022년 대선과 지방선거에서 정치적으로 독립했다. 3월 윤석열 대통령 당선은 2030 정치독립을 공식 선언한 것으로 풀이할 수 있다. 징조는 2021년 4·7 선거에서 나타났다. 국민의힘 서울시장 후보 경선에서 당시 오세훈 후보 승리는 2030 지지 때문이었다. 나경원 후보는 전통적 보수층의 지지를 업고 줄곧 우세를 이어갔다. 60대 이상에서, 영남에서 나경원이 오세훈을 압도했다. 오세훈은 2030, 수도권 등에서 앞서 나갔으나 경선 초반 큰 차이로 뒤쳐졌다. 이변은 경선 당일 일어났다. 오세훈이 여론조사 경선에서 나경원을 꺾은 것이다. 전혀 예상치 못한 결과였다. 예기치 못한 승리는 에너지를 배가시킨다. 약자라고 생각되는 후보가 역전하게 되면 시너지는 훨씬 더 커진다. 오세훈은 결국 안철수 후보와 단일화 경선에서도 승리한다. 당시엔 안철수 지지율이 더 높았다. 오세훈의 연이은 역전 드라마는 2030 지지가 밑바탕에 있었기 때문에 가능했다.

국민의힘 당대표는 지금까지 대구·경북이 사실상 결정해 왔다. 대구·경북은 박정희 전 대통령 신화가 생생하게 살아 있다. 산업화의 주역이라는 자부심도 대단하다. 실제 대한민국 주요 그룹의 모태가 대구·경북을 근거로 하고 있다. 행정구역으론 부산·경남에 속하지만 경남 서부, 동북부, 일부 부산 지역도 대구·경북 영향력이 살아 있다. 다른 지역 출신이라고 해도 대구·경북이 받아들여야 비로소 당대표가 될 수 있었다.

2030 정치독립 두 번째 징조는 2021년 6월 국민의힘 전당대회에서 나타났다. 그해 전당대회는 이준석·나경원 후보 간 경쟁이었다. 이준석은 2030의 전폭적인 지지를 바탕으로 손쉽게 승리했다. 대구·경북에서도 대선 승리에 대한 기대가 분출하면서 경선 막판 이준석 대세론이 형성됐다. 보수정당 30대 당대표는 헌정사상 최초의 일이었다.

윤석열 검찰총장은 4·7 선거 이전인 3월 퇴직했는데 국민의힘 대선주자 지지율이 상승하면서 당내 다른 주자들을 멀찍이 따돌렸다. 당내 경선에서 유승민·홍준표 두 후보가 막판까지 추격했지만 대선 후보는 윤석열로 이미 결정돼 있었던 셈이다. 윤석열은 몇 차례 고비를 맞기도 했지만 7월 말 국민의힘에 입당하면서 빠르게 대선 후보로 자리 잡았다. 윤석열은 대구·경북을 필두로 한 영남권, 60대 이상 보수층, 2030 등 튼튼한 지지기반을 구축했다. 국민의힘은 윤석열, 이준석, 오세훈으로 연결되는 트로이카 체제로 개편됐다. 국민의힘 주류가 기존 정치인에서 새로운 인물로 모두 교체된 것이다. 정치경험으로 보면 윤석열, 이준석은 신참이나 다름없었고 오세훈은 기존 정치인이었지만 2010년 서울시장 사퇴 이후 10년 이상 야인으로 머물러 신인이나 마찬가지였다.

윤석열·이준석·오세훈 vs 이재명·문재인·송영길. 2022년 대선은 이런 구도로 치러졌다. 누가 봐도 파괴력에서 새로운 인물들로 재편된 국민의힘이 앞섰다. 이준석 가세는 2030에게 윤석열 지지 명분을 제공했다. 민주당은 문재인 대통령의 지지율이 어느 정도 유지됐다는 점에서 기대를 걸었다. 문재인 여자 지지율은 특히 높았다. 국민의힘은 선거 막판 20대 남성(이대남) 전략을 구사했다. 그러나 이대남 전략의 도가 지나치면서 20대 여성(이대녀)이 민주당 쪽으로 역(逆)결집하는 현상이 나타났다. 선거결과는 0.78%포인트 차 윤석열 승리였다. 간발의 차이긴 하지만 대한민국 헌법과 선거제도에선 단 1표 차이도 승자와 패자를 나눈다. 2022년 대선은 선거운동 돌입 이전부터 사실상 승부가 난 셈이다.

종종 '콘크리트 지지'라는 말이 등장하곤 한다. 이는 고정 지지층을 의미한다. 이들은 웬만큼 잘못해선 지지를 철회하지 않는다. 국민의힘 계열 보수 정당이나 민주당 계열 범진보 정당이나 대략 유권자 20~30%가 각각의 콘크리트 지지층을 이루고 있다. 영남 유권자 비중은 대략 25%이다. 여기에 영남 원적 유권자까지 일부 가세하면 보수 정당은 30% 내외가 콘크리트 지지층이다. 호남 유권자 비중은 대략 10% 남짓이다. 여기에 호남 원적자까지 일부 포함하면 민주당 계열 정당은 최소 20%를 넘는다. 탈이념 탈진영 성향의 2030 유권자가 대거 등장하면서 콘크리트 지지층은 점점 줄어들고 있다.

기성세대는 대체로 정당을 기준으로 지지 후보를 선택한다. 나이가 들수록 지지 정당이나 지지 후보를 바꾸려 하지 않으려 하고 있다. 부모나 어른들을 떠올리면 알기 쉽다. 이에 비해 2030은 정당보다는 자신의 정체성을 기준으로 인물을 선택한다. 2030은 과거부터 투표선택 기준으로 정당보다 인물 경쟁력, 정책·공약을 선호해 왔다. 과거에는 조사 때 인물, 공약이라고 대답했다가 막상 투표장에 가선 정당투표를 하는 경우도 많았다. 모범답안을 말하지만 실제 행동은 달랐다. 그러나 최근엔 이런 경향이 더욱 두드러지게 나타난다. 젊을수록 정치, 이념에 자유롭기 때문이다.

60대 이상에선 대선 후보 지지 이유로 '정권교체'란 응답이 압도적으로 높았다. 거의 과반에 육박했는데 이들은 대체로 국민의힘 지지자들이다. 4050에선 '후보 자질과 능력'을 대선 후보 지지 이유로 들었다. 이들은 대체로 민주당 이재명 후보 지지자들이다. 2030은 전혀 다른 양상을 보였다. 특히 20대는 그들의 정체성과 관련된 내용이 많았고, 그 이유도 다양했다. '정책·공약'이 1위에 올랐고, 2위는 '다른 후보가 되는 것이 싫어서'였다. '후보 자질과 능력' '정권 교체'가 공동 3위였다. '나와 정치적 성향이 맞아서' '호감 가는 후보'는 각각 5, 6위를 보였다. 정당, 정권 재창출은 3%와 1%에 그쳤다.

30대는 과도기 양상을 보였다. '후보 자질과 능력'은 26%로 1위였고, '정권 교체'는 21%로 2위였다. 전자는 이재명 지지, 후자는 윤석열 지지를 의미하는 것으로 풀이된다. 나머지는 주로 정체성과 연관된 것들이다.

대선후보 지지 이유(%)		사례수	정권 교체를 위해서	후보 개인의 자질과 능력이 뛰어 나서	정책 이나 공약이 마음에 들어서	다른 후보가 되는 것이 싫어서	나와 정치적 성향이 맞아서	호감이 가는 후보 라서	정권 재창출을 위해서	소속 정당이 좋아서	기타	모름 /무응답
전체		1,865	30	24	16	12	6	5	3	2	2	1
연령별	18~19세	302	16	16	27	19	8	7	1	3	2	2
	30~39세	279	21	26	19	16	8	2	2	4	1	0
	40~49세	355	19	32	19	15	7	3	3	2	1	0
	50~59세	374	33	28	12	11	5	4	3	2	1	1
	60~69세	314	48	22	10	4	3	4	4	1	2	0
	70세이상	241	46	20	7	4	4	10	2	2	3	2

〈표 5〉 대선 후보 연령별 지지 이유(단위: %)[6]

'정책·공약' '다른 후보가 되는 것이 싫어서'가 각각 3위, 4위에 올랐다. '나와 정치적 성향이 맞아서'는 5위였고 다음으로 '소속 정당'이었다. 60대 이상은 윤석열, 4050은 상대적으로 이재명으로 분류할 수 있다. 30대는 윤석열, 이재명, 정체성이 골고루 혼재되어 나타났다. 20대는 자신들의 정체성이 대선 후보 지지 이유임을 명확히 드러냈다. 즉 2030일수록 기성 정치에서 독립적인 행태를 보이고 있다. 2022년 윤석열 등장은 2030 정치 독립의 신호탄이다. 또한 대한민국 선거도 선진국처럼 점점 정체성 중심으로 흐를 것임을 예고하는 지표로 볼 수 있다.

---

6) 전국지표조사, 「리포트 제67호」(2022.3)

윤석열·국민의힘 지지율 왜 다를까

사실상 대통령 찬반 투표나 마찬가지인 선거도 많다. 대통령 임기 초반엔 여당이 절대적으로 유리하다. 여당 후보를 많이 당선시켜 대통령 국정을 지원하자는 논리가 힘을 받기 때문이다. 2022년·2018년 지방선거에선 당시 여당이 이겼다. 2012년·2008년 총선에서도 당시 여당이 휩쓸었다. 대통령 임기 중반에 치러지는 선거는 대체로 현직 대통령에 대한 평가다. 2020년 총선에선 문재인 대통령 국정수행 평가가 높았고, 이는 민주당 승리로 이어졌다. 2016년 총선에선 박근혜 대통령 국정수행 부정평가가 높았고 이는 곧 야당 승리로 이어졌다. 대통령 임기 후반엔 정권심판론이 확산하면서 대체로 야당이 승리했다. 민주당 일각에선 이런 경험을 들어 총선, 지방선거, 대선에서 승리가 가능하다는 낙관론을 펴고 있다. 윤석열 대통령 국정수행 부정평가가 꽤 높기 때문이다.

　대통령과 여당 지지율은 비슷하게 움직였다. 대통령 지지율이 높으면 여당도 높고, 낮으면 여당도 낮았다. 대통령 지지율이 상대적으로 높아 여당 지지율을 끌어주는 경우도 있었고, 반대로 여당 지지율이 높아 대통령 지지율을 떠받치는 사례도 있었다. 역대 정권마다 조금씩 다르기도 했지만 대통령과 여당 지지율은 대부분 동조화 현상을 보였다. 윤석열과 국민의힘 지지율은 서로 다르다. 윤석열 지지율은 집권 초기를 제외하고 긍정평가 30~40% 사이, 부정평가 60% 내외를 유지하고 있다. 역대 대통령에 비해 낮은 편이다. 이에 비해 국민의힘 지지율은 35% 전후를 오간다. 다수 여론조사에서 오차범위 안팎으로 민주당에 앞서 있다.

윤석열, 국민의힘 지지율이 서로 다르게 나타나는 이유는 주로 2030 때문이다. 특히 남성에서 그 차이가 상대적으로 크다. 20대 남성의 윤석열 지지율은 긍정보다 부정이 훨씬 높지만 국민의힘 지지율은 민주당을 상당한 격차로 앞선다. 30대 남성도 윤석열 지지율은 20대와 마찬가지만 정당 지지율에선 양당이 비슷하다. 40대에선 윤석열 지지율은 부정이 높고 민주당 지지율도 거의 두 배나 된다. 40대는 일관된 진보 성향을 보인다. 50대에선 윤석열 지지율은 부정이 더 높지만 정당 지지율은 양당이 큰 차이를 보이지 않는다. 50대는 연령별로 보면 30대와 근접해 있다. 60대 이상에서는 윤석열 지지율에선 긍정이 높고 국민의힘 지지율 역시 민주당에 두 배 이상 앞서 있다.

대통령 국정수행 평가는 실제 일을 잘하는 것인지, 앞으로 잘할 수 있는지가 담긴다. 이밖에 대통령의 태도, 이미지, 공감, 소통 등과 연관이 많다. 2030일수록, 여성일수록 후자의 영향을 많이 받는다. 문재인 대통령은 재임기간 남북관계에 역점을 두었지만 실제 성과는 미미했다. 부동산 폭등, 내로남불 논란이 확산하면서 많은 비판을 받았다. 그럼에도 불구하고 문재인 국정평가가 퇴임까지 역대 최고 수준을 유지한 것은 후자가 긍정적으로 작용한 결과

로 볼 수 있다. 윤석열 표정은 너무 진지하다. 오랜 검사생활이 몸
에 밴 탓인지 화가 나 있는 것처럼 보이기도 한다. 또 장·차관들에
게 호통을 친다든지, 근절이나 엄단과 같은 지시를 했다는 등의 브
리핑이 용산 대통령실에서 많이 나오는데 이런 것도 호감 가는 것
들은 아니다.

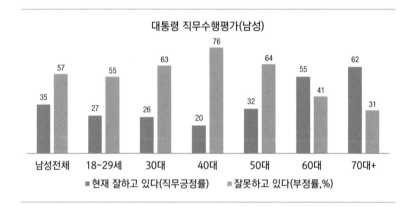

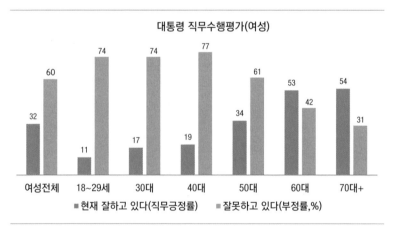

〈표 6〉 2023년 3월(1~5주) 통합 대통령 직무수행 평가(성·연령별)[7]

7) 한국갤럽, 「데일리 오피니언 제536호」(2023. 3)

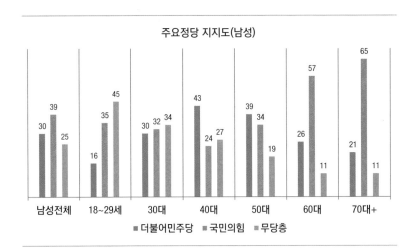

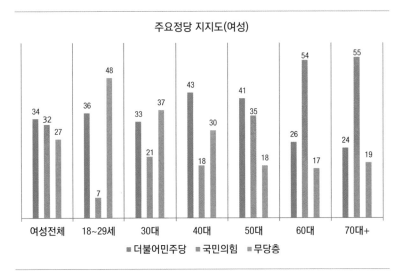

〈표 7〉 2023년 3월(1~5주) 주요 정당 지지도(성·연령별)[8]

---

8) 한국갤럽, 같은 자료

네거티브처럼 생각되는 국정운영도 윤석열 지지율을 제약하는 요인들이다. 이재명 대표 수사는 사실상 2021년 중반부터 시작됐다. 민주당 대선 후보 경선에서 경쟁후보들이 대장동을 비롯한 각종 의혹을 제기했고 검찰, 경찰이 수사에 돌입했다. 벌써 3년째 수사가 진행되고 있다. 한편에선 재판도 열리고 있고, 이런 이재명 사법 공방은 언제 끝날지도 모르는 일이다. 이재명 수사·재판 피로도가 쌓이고 있는 셈이다. 이는 윤석열 지지율에도 꼭 긍정적인 것은 아니다. 검찰, 수사, 구속, 재판과 같은 말들은 국민들에게 부정적으로 비칠 수 있다. 또 이재명 수사, 재판은 태생적으로 윤석열 국정운영과 연결될 수밖에 없다. 노조, 시민사회 개혁도 마찬가지다. 검찰, 경찰, 수사, 구속, 재판이란 말들이 등장할 수밖에 없다. 국정운영 방향에 대한 지지와 별개로 부정적인 이미지도 윤석열 지지율에 반영될 수 있다.

서로 다른 2030 윤석열, 국민의힘 지지율은 앞으로도 계속될 가능성이 크다. 이는 2030이 2050 선거연합을 이탈했기 때문인데 윤석열 지지율이 낮다고 해서 2050 연합으로 되돌아갈 가능성은 거의 없다는 얘기다. 다만 20대와 30대는 조금씩 다르게 나타날 수 있다. 20대는 윤석열 지지율이 더 낮아진다고 해도 국민의힘 지지를 철회하지 않을 가능성이 많다. 20대는 윤석열 지지율과 별개로 윤석열 정부의 국정운영 방향에 찬성하는 쪽이다. 이재명 수사, 노조와 시민사회 개혁, 연금개혁, 규제완화, 친(親)기업과 같은 주요 국정 현안에 찬성하고 있다. 국민의힘 청년정치가 2022년 대선, 지방선거에 비해선 퇴조했지만 여전히 민주당보다는 비교우위가 있다. 30대는 윤석열 지지율이 추가로 하락한다면 국민의힘을 벗어나 민주당으로 옮겨 갈 수도 있다. 반대로 윤석열 지지율 상승은 국민의힘 지지율 동반 상승으로 이어질 수도 있다.

2024년 총선은 임기 중반에 치러진다. 2026년 지방선거, 2027년 대선은 임기 후반이다. 지금까지 선거 공식대로라면 세 번의 선거는 모두 정권 심판의 성격을 지닌다. 만약 윤석열의 지지율이 낮은 상태로 유지된다면 정권 심판 파도는 더욱 높아져야 한다. 즉 야당인 민주당이 여당인 국민의힘보다 유리한 환경인 셈이다. 그러나 이런 선거 공식은 더 이상 적용되기 어렵다. 2030의 정치적 독립이 그 이유이다. 향후 총선, 지방선거, 대선 등에선 윤석열 지지율과 관계없이 정당 간 대결로 치러질 가능성이 커졌기 때문이다.

4050,
고립될 수밖에 없는 이유

투표 불참으로 심판한 선거들

광주광역시(광주)와 대구광역시(대구)는 늘 비교된다. 광주는 범(凡) 진보를, 대구는 범(凡)보수를 상징한다. 광주가 진보 진영의 수도라 면 대구는 범(凡)보수의 수도이다. 광주 옛 전남도청이 있던 국립아 시아문화전당이나 국립 5·18 민주묘지는 범(凡)진보의 정치 심장이 다. 보수 심장으로 여겨지는 대구 서문시장이나 구미 박정희 생가 와 같은 위상이다. 광주와 대구 거리는 180km 남짓으로 광주대구 고속도로가 개통되어 있고 달빛내륙철도 건설이 추진되고 있다. 광 주와 대구는 국민통합 차원에서, 또 경제 분야에서 교류협력이 늘 어나고 있지만 정치적 거리는 여전히 멀다. 범(凡)진보 진영 정치인들은 뭔가를 기념할 때 광주를 찾고, 범(凡)보수도 대구에 간다. 정치인들은 광주와 대구의 정치신호에 늘 민감하게 반응한다.

2022년 6월 지방선거 광주 투표율은 참혹하다. 광주 전체 투표율은 37.9%(표본조사)였다. 전국 평균 투표율이 51.5%, 서울 53.3%, 대구 43.8%를 비교하면 가히 투표 실종사건이라 부를 만하다. 특히 2030에서 20%대에 그쳤다. 25~29세 투표율은 25.7%였고, 30~34세도 26.9%에 그쳤다. 4명 중 한 명꼴로 투표한 것이다. 전국 평균에 비해선 대략 10%포인트 낮았다. 서울 투표율과는 차이가 더 벌어졌고 역시 낮은 축이었던 대구와 견줘서도 5%포인트 내외로 낮았다. 전통적으로 투표율이 낮은 5060에서도 투표율은 큰 차이를 보였다. 60대에선 광주가 전국, 서울보다 거의 20%포인트나 낮았고 대구에 비해서도 10%포인트 차이가 났다. 그해 6월 지방선거에서 범(凡)진보 수도 광주는 사실상 투표를 보이콧했다.

구분	합계	20~24세	25~29세	30~34세	35~39세	40대	50대	60대
전국	51.5	37.0	35.6	36.9	38.6	44.7	55.2	70.5
서울	53.3	40.3	40.1	42.2	43.4	48.4	55.8	70.9
대구	43.8	33.3	30.6	31.7	32.7	35.2	44.2	60.9
광주	37.9	30.5	25.7	26.9	27.6	32.8	39.5	51.4

〈표 8〉 제8회 전국동시지방선거 투표율 분석(단위: %)[9]

---

9) 중앙선관위, 『제8회 전국동시지방선거 투표율 분석』(2022.6), 68쪽

당시 민주당 이재명 후보는 대선 패배 3개월 만에 지방선거와 함께 치러진 인천 계양구 을(乙) 재보궐선거에 출마했다. 당내 반대 여론이 비등했다. 국민여론도 곱지 않았다. 대선 패배에 대한 성찰과 책임의 시간이 필요하다는 이유에서였다. 검찰수사에 대비하기 위한 방탄 출마라는 시각이 널리 퍼졌다. 또 재보궐선거에서 당선하면 지방선거 승패와 무관하게 당대표 경선에도 출마할 것이란 전망이 많았다. 이재명은 당 안팎의 반대에도 출마해 당선한 다음, 2022년 8월 민주당 당대표 선거에도 나선 뒤 승리해 민주당 대표가 됐다.

진보 성향 유권자, 2030은 2020년 총선까지 민주당 계열 정당이나 정치인을 지지했다. 이들은 민주당 계열 정당, 소속 대선 후보가 마음에 안 들 땐 투표를 포기하는 경우가 많다. 즉 투표 불참을 통해서 심판의 뜻을 표출한다. 2022년 지방선거에서 광주의 낮은 투표율은 민주당, 이재명을 심판한 것으로 해석할 수 있다. 물론 광주에서 투표율이 낮아진다고 해서 민주당 후보가 낙선한다는 얘기는 아니다. 범(凡)진보의 수도 광주는 투표 불참을 통해 민주당과 이재명 후보에게 엄중한 경고를 보냈다. 광주의 2030 투표율을 보면 민주당의 미래는 더 어둡다. 2030일수록 탈(脫)이념, 탈(脫)진영 성향이 강하다. 이들은 민주당이 어떻게 하느냐에 따라 단지 투표 불참에 그치지 않고 다른 정당을 지지할 수도 있기 때문이다.

2007년 12월 대선은 1987년 직선제 도입 이후 가장 낮은 투표율을 나타냈다. 투표율은 63.0%에 불과했다. 2020년 4월 총선 투표율이 66.2%였고, 2018년 6월 지방선거 투표율이 60.2%였음을 상기해 보면 기가 막힌 수준이다. 노무현 정부 말기엔 여러 가지 난맥상이 불거졌다. 한미 FTA, 대연정 논란이 확산하면서 여권은 조금씩 와해되고 있었다. 여당은 대선을 앞두고 이합집산을 거듭했고, 대선 패배 우려가 확산하면서 노무현 대통령은 레임덕 속으로 급속히 빨려 들어갔다. 노무현은 남북관계에 올인하면서 돌파구를 찾으려 시도했지만 국민여론은 더욱 싸늘하게 식어갔다. 노무현은 대선을 두 달도 남겨놓지 않은 10월 평양을 방문하고 김정일 국방위원장을 만나 10·4 남북공동선언을 채택하기도 했지만 이미 기울어진 판세를 되돌리지는 못했다. 반면 야당은 이명박·박근혜 두 후보가 치열하게 경쟁하면서 보수층은 물론 무당층·중도층을 빨아들이고 있었다.

투표율이 가장 낮은 연령은 25~29세(20대 후반)와 30~34세(30대 전반)이다. 다음으로 낮은 연령은 20~24세(20대 전반)와 35~39세(30대 후반)이다. 18·19세 투표율은 일반적으로 2030보다 높다. 아마도 첫 투표권 행사에 대한 기대가 반영된 탓일 가능성이 많다. 2000년대엔 40대 이상 투표율도 높고 선거마다 투표율 높낮이가 작다. 2000년대 40대는 20년이 지나 지금은 60대가 됐고, 50대는 70대로 넘어갔다. 이들은 여전히 높은 투표율을 보인다. 지금 50대는 2000년대에 30대였는데 과거에 비해 투표율이 낮아지는 흐름을 나타내고 있다. 2007년 대선에서도 20대 후반, 30대 전반 투표율이 큰 폭으로 하락했다. 노무현 대통령이 당선됐던 2002년 대선에 비하면 12%포인트 이상 떨어졌다. 2004년 총선에 비해서도 투표율이 낮았는데 이런 현상은 이례적이다.

구분	19세	20대 전반	20대 후반	30대 전반	30대 후반	40대	50대	60세 이상
'07 17대 대선	54.2	51.1	42.9	51.3	58.5	66.3	76.6	76.3
'06 4회 지선	37.9	38.3	29.6	37.0	45.6	55.4	68.2	70.9
'04 17대 국선	–	46.0	43.3	53.2	59.8	66.0	74.8	71.5
'02 16대 대선	–	57.9	55.2	64.3	70.8	76.3	83.7	78.7
'02 3회 지선	–	36.3	27.0	34.5	44.8	56.2	70.0	72.5
'00 16대 국선	–	39.9	34.2	45.1	56.5	66.8	77.6	75.2

〈표 9〉 2000년~2007년 투표율 비교[10]

2007년 대선에서 이명박 대통령은 정동영 후보를 530만표 이상 차이로 꺾고 당선됐다. 대한민국 대선 역사상 최대 차이였다. 이명박-정동영 최다 득표 차이 기록은 2017년 5월 대선에서 깨졌다. 당시 문재인 대통령은 홍준표 후보를 550만표 이상 차이로 제치고

---

10) 중앙선관위, 같은 책, 9쪽

당선됐다. 다만 2017년 대선은 촛불민심이 선거를 좌우했고 다자대결로 치러지면서 2위 후보였던 홍준표에게 반(反)문재인 표의 결집이 힘을 쓰지 못했다. 2007년 대선 선거인수는 약 3750만명. 만약 투표율이 15%포인트 상승하고, 이들 대부분이 정동영 후보를 선택했다면 접전 양상으로 갈 수도 있었다. 역사에서 가정은 부질없는 짓이라고 하지만 2007년 500만표 이상 득표 차이는 진보 성향 유권자, 2030의 투표 불참과 진보 심판 때문이다.

투표 참여로 심판한 선거들

2020년 4월 총선은 15일 실시됐다. 투표를 6일 앞둔 9일 금요일 저녁 한국일보 기자가 전화를 걸어왔다. 민주당, 미래통합당(통합당, 국민의힘 전신) 의석을 예측해 달라는 것이었다. 민주당은 지역구에서 160석가량 우세할 것으로 봤고, 여기에 비례의석을 포함하면 180석 정도 나올 것이라고 대답했다. 미래통합당은 지역구에서 90석 안팎에서 승리할 것이라고 얘기했다. 정치평론가·학자별 총선 예상 의석수는 투표 3일 전인 12일 보도됐다.[11] 개표결과 민주당 180석을 정확히 맞혔다. 민주당은 지역구에서 163석을 얻었고 비례위성정당인 더불어시민당에서 17석을 확보했다. 통합당은 지역

---

11) 한국일보, 「누구도 예상 못한 결과? '엄문어'는 180석 알고 있었다」(2020. 4. 18)

구에서 84석으로 예상보다 더 부진했고, 비례위성정당인 미래한국당 19석 등을 합쳐 모두 103석을 확보했다.

당시 민주당 의석을 정확히 예측할 수 있었던 이유는 50대 민심에 주목했기 때문이다. 50대가 민주당, 통합당 어느 쪽 손을 들어주느냐에 따라 판세가 달라질 수 있었다. 선거인 구성비는 40대까지가 52.6%로 절반을 넘었다. 50대 이상은 47.4%였다. 그러나 투표율을 고려한 투표자 구성비는 50대 이상이 52.4%로 역전됐다. 40대까지 투표자는 47.7%였다. 40대까지는 민주당 지지 성향, 60대 이상에선 통합당 성향이 강했기 때문에 50대가 캐스팅 보트(casting vote)였던 셈이다. 2019년 후반 조국 사태로 2030 민주당 지지가 흔들리고 있는 여건에서 50대는 민주당 손을 잡았고 이는 곧 민주당 의석 180석으로 이어졌다.

진보 성향 유권자, 2030 투표율은 보수 정당 또는 보수 정권을 심판할 때 높아진다. 60대 이상 투표율 높낮이가 크지 않은 여건에서 진보 성향 유권자, 2030 투표율이 크게 높아지면 민주당 계열 정당이 승리했다. 이는 투표를 통한 보수 심판 공식이 만들어진 탓이다. 2020년 투표율은 66.2%였는데 2000년대 이후 대선을 제외하곤 가장 높았다. 선거 두 달 전 미래통합당의 출범으로 촛불과 탄핵 이후 분열됐던 보수가 다시 결합했다. 보수 지지층을 중심으로 2016년 총선부터 2018년 지방선거까지 연패 분위기를 바꿔 보자는 여론이 확산되던 참이었다. 위기감을 느낀 진보 성향 유권자, 2030

투표율이 크게 올라갔다. 그리고 이들은 보수를 재차 심판했다.

2020년 총선 투표율이 얼마나 높았는지 〈최근 선거의 연령대별 투표율 변화〉를 보면 쉽게 알 수 있다. 전통적으로 낮은 투표율을 보인 20대 후반, 30대 전반은 50% 중반을 훌쩍 넘겼다. 2017년, 2012년 대선 이후 최고 기록이다. 다음으로 낮은 투표율을 보이는 20대 전반, 30대 후반도 2년 전 치러진 2018년 지방선거보다 2~8%포인트가 올랐다. 50대 투표율도 70%를 넘겼는데 이는 거의 대선 수준이다. 물론 60대 이상 투표율도 상승해 2017년, 2012년 대선과 별다른 차이가 없었다. 보수와 진보가 총 결집하는 양상을 보였지만 투표율 상승폭이 더 큰 진보 성향 유권자, 2030의 뜻대로 보수를 심판하게 되었다.

2018년 지방선거 투표율도 매우 높았다. 60.2%로 1회 지방선거를 제외하곤 가장 높았다. 1995년 치러진 1회 지방선거는 68.4%를 나타낸 바 있다. 이는 지방선거 도입 이후 처음 실시되는 선거로 열기가 후끈 달아올랐기 때문이다. 2018년 지방선거는 민주당이 가장 큰 승리를 거뒀다. 대표적인 보수 심판 선거였다. 2014년 세월호 침몰 사고 이후 치러졌던 지방선거 투표율은 56.8%로 상당히 높았는데 새정치민주연합(민주당 전신)이 선전했다. 역시 보수 심판 선거로 볼 수 있겠다. 2016년 총선 투표율도 58.0%로 비교적 높았다. 2018년 지방선거와 가까운 투표율이었다. 당초 새누리당(국민의힘 전신) 낙승이 예상됐지만 원내 1당엔 민

주당이 올랐다. 안철수 국민의당은 38석으로 2000년대 이후 첫 제3
당 원내교섭단체를 구성했다. 2016년 총선에선 진보 성향 유권자,
2030이 '지역구→민주당', '비례대표→국민의당'과 같이 교차투표 양
상을 보였다. 교차투표를 통해 보수를 심판한 사례로 남아 있다.

구분	18세	19세	20대 전반	20대 후반	30대 전반	30대 후반	40대	50대	60대	70대	80세 이상
'20 제21대 국선	67.4	68.0	60.9	56.7	56.5	57.6	63.5	71.2	80.0	78.5	51.0
'18 제7회 지선	–	54.1	52.9	51.0	53.0	55.4	58.6	63.3	72.5	74.5	50.8
'17 제19대 대선	–	77.7	77.1	74.9	74.3	74.1	74.9	78.6	84.1	81.8	56.2
'16 제20대 국선	–	53.6	55.3	49.8	48.9	52.0	54.3	60.8	71.7	73.3	48.3
'14 제6회 지선	–	52.2	51.4	45.1	45.1	49.9	53.3	63.2	74.4	67.3	
'12 제18대 대선	–	74.0	71.1	65.7	67.7	72.3	75.6	82.0	80.9		
'12 제19대 국선	–	47.2	45.4	37.9	41.8	49.1	52.6	62.4	68.6		
'10 제5회 지선	–	47.4	45.8	37.1	41.9	50.0	55.0	64.1	69.3		

〈표 10〉 최근 선거의 연령대별 투표율 변화(단위: %)[12]

---

12) 중앙선관위, 『제21대 국회의원선거 투표율 분석』(2020.11), 24쪽

진보 언론, 누구를 대표할까

진보 언론에선 여론 주목도, 파급력 면에서 종종 유튜브가 강자로 군림하곤 한다. 때론 유튜브가 원청, 종합일간지가 하청 역할을 분담하는 것처럼 보이는 경우도 종종 발견된다. 청담동 술자리 의혹은 결국 가짜뉴스로 밝혀졌다. 2022년 겨울 청담동 술자리 의혹을 최초로 보도한 매체는 유튜브 채널 〈열린공감TV〉였다. 김의겸 민주당 의원은 대변인 논평 등을 통해 정치쟁점으로 제기했다. 대다수 진보 언론들은 주요 지면을 할애해 술자리 의혹을 더욱 키웠다. 민주당에선 당내 TF까지 구성해 의혹을 기정사실화했고 진보 언론들도 추가 취재 등으로 마치 사실인 것처럼 보도하고 나섰다.

대다수 가짜뉴스 유통경로도 청담동 술자리 의혹과 비슷한 길을 걸었다. 보수 진영에서도 〈가로세로연구소〉, 〈신의한수〉와 같은 유튜브 채널이 활발하게 운영되고 있지만 보수 언론들과 원청, 하청관계처럼 보이지는 않는다. 대표적인 진보 언론으로 '한경오'를 들 수 있다. 한경오는 한겨레, 경향신문, 오마이뉴스를 일컫는다. 인터넷 매체 중에선 더팩트, 프레시안, 미디어오늘 등이 선두주자들이다. KBS, MBC, SBS 등 지상파 3사, YTN, 연합뉴스TV 등도 대체로 문재인 정부 영향을 많이 받아서 민주당에 우호적으로 비칠 수 있는 프로그램들이 다수 포함되어 있다는 불만을 사기도 했다. 물론 보수 지지층의 주장이다.

오마이뉴스 홈페이지엔 '랭킹 30'이란 코너가 있다. 이곳에선 뉴스 랭킹을 24시간, 3일, 7일, 30일, 365일로 나누어 서비스한다. '365일 추천 많은 기사' 1위는 〈중고생 1,511명 '윤석열 퇴진' 시국선언〉으로 5,371개의 추천을 받았다.[13] 촛불중고생시민연대 등이 주관한 시국선언을 말한다. 추천 순위 10위까지 중 4위 〈'리얼돌'을 둘러싼 헛소리들이 싫다〉를 제외하면 모두 윤석열 비판 관련 글들이다. 리얼돌은 여성 신체를 본뜬 성인용품으로 수입 규제 논란이 일었다. '365일 공유 많은 기사' 1위는 〈윤석열 정부, 개정 교육과정에서 '5.18 민주화운동' 삭제〉로 4,948개의 공유를 받았다. 공유 순위도 주로 윤석열 비판을 직간접적으로 다룬 글들이다. 이밖에 '가장 많이 본 기사', '독자 원고료 많은 기사' 등에도 윤석열 비판 기사들이 다수 포진되어 있다.

오마이뉴스는 2000년 창간한 후 많은 성과를 냈다. 종이신문들의 언론 패권 독점에 반기를 들고 인터넷 언론을 개척했다. 시민기자를 활용한 시민언론이라는 새 지평을 열었다. 보수언론과 정부권력을 감시하고 그늘진 것을 찾아 잔잔한 감동을 주고 있다. 오늘의 대한민국은 오마이뉴스를 빼고 얘기할 수 없을 정도로 우리 사회에 기여한 공이 크다. 그러나 '랭킹 30'으로 본 오마이뉴스는 반(反)윤석열을 대표한다. 86세대의 대표적인 정서와 맥락이 닿는다.

---

13) 오마이뉴스, 「중고생 1511명 '윤석열 퇴진' 시국선언…"정치탄압과 보복, 규탄"」 (검색일, 2023. 3.11)

오마이뉴스는 창간될 당시의 시대정신이나 창간 주축 인사들의 가치들을 여전히 고수하고 있다.

한겨레신문은 1988년 창간됐다. 동아일보, 조선일보 해직기자들을 주축으로 국민주를 모집하고 신문을 발행하기 시작했다. 한겨레는 '진실을 알리는 국민의 신문'을 모토로 삼았다. 당시 한겨레는 신선했다. 야당과 학생운동 소식을 상세하게 전해주고 권력을 고발했다. 신문 구독은 물론 새벽배달에 자원하는 사람들도 많았다. 1987년 민주화 항쟁으로 절차적인 민주주의는 실현됐다. 그러나 우리 사회의 빈틈은 많았고 실질적 민주주의는 오지 않았다. 한겨레는 노동·시민운동, 인권, 평등, 한반도 평화에 크게 공헌했다. 한겨레는 1946년 창간된 경향신문과 함께 1997년 첫 정권교체를 이뤘고, 주류 언론의 빈틈을 채워 대한민국을 선진국으로 도약시키는데 일조했다.

반(反)윤석열, 노조·시민사회, 성장보다 분배, 대기업 규제, 복지 확대, 한반도 평화, 한일관계, 대중정책, 페미니즘은 진보 언론이 비중 있게 다루고 있는 것들이다. 문재인 정부와 민주당이 중요하게 여기는 가치들이다. 또 이들은 86세대가 학생운동 때부터 투쟁의 대상 또는 목표로 삼았던 것들이었다. 진보 언론은 길게는 40년째 똑같은 목소리를 내고 있는 셈이다.

미디어오늘은 1989년, 프레시안은 2001년, 더팩트는 2014년 창간됐지만 큰 틀에서 '한경오'와 차이가 무엇인지 선뜻 구별되지 않는다. 문재인 정부 들어 민주당과 코드를 맞춘 지상파 방송 3사, 연합뉴스TV, YTN 등도 마찬가지다. 진보 언론들의 주요 독자, 시청자들은 민주당의 핵심 지지기반인 4050이다. 20~30년 전엔 2030이었다. 이제 진보 언론은 조금씩 늙어가고 있다.

이재명 대표는 2022년 대선 후보 시절 러시아의 우크라이나 침략전쟁을 얘기하며 지도자의 잘못된 선택을 언급한 바 있다. 이재명 발언은 러시아 침공이 우크라이나 탓으로 비쳐지면서 논란이 커졌다. 보수층은 물론 2030까지 발끈하고 나섰다. 여기에 진보 언론은 이재명 발언을 편들고 나섰다. 분석 기사, 칼럼, 과거 핀란드 사례 등을 인용했다. 보기에 따라서 이재명 발언 옹호처럼 받아들여질 소지도 있었다. 여기서 핀란드 사례를 잠깐 짚고 넘어가자. 핀란드는 1939년 소련의 침공을 받았다. 이른바 겨울전쟁이다. 이 전쟁은 영화 〈겨울전쟁〉으로 제작되기도 했다. 핀란드는 이듬해 전 국토의 10% 이상을 내주고 소련과 굴욕적으로 협상했다. 핀란드는 서구와 소련 사이에서 외줄타기를 하면서 살아남아야 했다. 단지 소련의 심기를 건드리지 않겠다는 이유로 대통령 선거를 연기하고, 대통령 후보가 사퇴하고, 출판사가 출판계획을 취소하고, 신문사가 자체검열을 했다. 이를 두고 '핀란드화'라는 딱지가 붙곤 했다.[14] 이재명 발언에 대한 진보 언론 반응은 우크라이나가 핀란드

---

14) 재레드 다이아몬드, 『대변동』(김영사, 강주현 옮김, 2019.6), 119쪽

처럼 외교정책을 펼쳤어야 한다는 것으로 읽힐 수 있다.

우크라이나 침략전쟁 성격은 러시아가 여러 차례에 걸쳐 명확히 밝혔다. 러시아에 따르면 우크라이나 전쟁은 나토(NATO)의 동진(東進) 때문이다. 즉 우크라이나 전쟁은 나토와 러시아의 대결, 나아가 미국과 러시아 전쟁이다. 우크라이나가 전쟁을 피하려면 최악의 경우 2014년 크림반도처럼 러시아로의 국토병합까지 각오해야 한다. 이는 우크라이나란 국가의 소멸을 뜻한다. 다수 국민이 요구하지 않는다면 절대로 선택할 수 없는 길이다. 그런 러시아를 중국과 북한은 직간접적으로 돕고 있다. 북한과 대치하고 있는 일촉즉발의 한반도에서 대한민국 대통령이 잘못해서 전쟁이 일어났다고 하면 얼마나 설득력이 있을까 싶다.

진보 언론이 비중을 두는 반(反)윤석열, 노조·시민사회, 분배와 대기업 규제, 복지확대, 남북·한중관계 중시, 대일 강경정책은 4050에겐 호소력이 있다. 4050은 민주당 핵심 지지기반이기 때문에 강력한 정치세력, 독자, 시청자를 확보하는 방안이다. 2023년 초 MBC가 '바이든, 날리면' 논란으로 정부여당과 날카롭게 대치했을 때 저녁 9시 뉴스 시청률이 올랐는데 이는 진보 언론, 4050, 민주당이 얼마나 밀접하게 연관되어 있는지를 드러내는 사건이다. 문제는 2030이다. 이들은 진보 언론, 4050, 민주당의 이해관계와 다르다. 2030은 노조·시민사회 개혁엔 찬성여론이 더 높고 성장과 규제완화에 동의한다. 복지엔 구조조정이 필요하다고 느끼며 북한, 중국보단 일본에 호감을 느낀다. 윤석열엔 비호감, 부정평가가 높지만 국정 방향엔 대체로 찬성하는 편이다. 젠더와 페미니즘 등에선 2022년 대선 무렵처럼 갈등이 첨예하지는 않다.

김어준 현상과 나비효과들

강준만 전북대 명예교수는 문제적 인물이다. 강준만은 대한민국 정치에서 '회색지대'를 대표한다. 큰 틀에서 진보 가치를 지향하지만 민주당, 강성 진보 진영에 대해 쓴소리를 참지 않는다. 국민의힘 계열 정당, 보수 정치인들에게도 마찬가지로 같은 잣대를 들이댄다. 비판은 통렬하되 잘한 것은 잘했다고 말한다. 여기서 회색지대는 학문적 해석이 아니다. 옳은 말 때문에 어느 진영에서도 환영받지 못하는 '제3지대'의 의미로 썼다. 강준만은 1995년 발간한 『김대중 죽이기』가 크게 인기를 끌면서 주목을 받았다. 언론과 지식인들의 양비론 태도가 결국은 김대중 죽이기가 되고 있다는 비판을 담고 있다. 강준만의 인물 비평은 철저하게 자료에 기반한다. 강준만은 글, 인터뷰, 영상과 같은 인물의 팩트가 글쓰기 소재다. 개인적이고 주관적인 인물 평가를 금기로 한다는 점에서 독특하다. 그런 강준만이 2023년 2월 『정치 무당 김어준』을 펴냈다.

강준만은 이 책에서 김어준을 4개의 시기로 구분한다. 1기는 〈'명랑사회' 구현의 선구자, 김어준〉으로 1998년에서 2012년이다.

2기는 〈김어준의 '팬덤정치'와 '증오·혐오 마케팅'〉으로 2020년까지이다. 3기는 〈민주당을 장악한 '김어준 교주'〉로 2021년이다. 4기는 〈김어준이 민주당과 한국 정치에 끼친 해악〉으로 2022년까지이다. 강준만은 민주당에 대해 '김어준 교주'를 모시는 신앙공동체라고 비판했다. 강준만은 김의겸 의원을 비롯한 민주당 정치인들이 앞다투어 김어준 찬양 경쟁을 벌이고 때론 아첨도 불사하고 있다고 비판했다.[15] 강준만은 민주당 인사들을 인용해 김어준이 민주당에 끼친 해악이 너무 컸다고 전했다. 김어준을 총수처럼 받들다 결국 민주당이 연패의 늪에 빠지는 것 아니냐는 우려도 있다고 했다.[16]

김어준은 이른바 진보 진영을 기반으로 하는 독특한 플랫폼 사업자이다.[17] 실제 김어준은 미디어 관련 여러 사업체를 직·간접적으로 운영하고 있다. 우선 오늘의 김어준이 시작된 인터넷 매체 〈딴지일보〉와 유튜브 채널 〈딴지방송국〉을 꼽을 수 있다. 온라인 쇼핑몰 〈딴지마켓〉, 오프라인 카페 〈벙커1〉이 있다. 또 2022년 말 〈여론조사꽃〉을 설립했으며, TBS 〈뉴스공장〉에서 하차한 직후 2023년 1월 유튜브 채널 〈김어준의 겸손은 힘들다 뉴스공장〉〈김어준 뉴스공장〉을 열었다. 구독료, 광고, 회비, 후원금, 슈퍼챗 등이 주요 수익기반이다.

---

15) 강준만, 『정치 무당 김어준』(인물과사상사, 2023.2), 127~131쪽
16) 강준만, 같은 책, 244~245쪽
17) 강준만, 같은 책, 69~71쪽

〈여론조사꽃〉은 김어준이 설립한 선거여론조사 업체다. 선거여론조사 업체는 선거여론조사를 시행할 수 있는 기관이다. 중앙선거여론조사심의위원회 사전 허가를 받아야 하는데 〈여론조사꽃〉은 2022년 10월 등록했다. 여론조사꽃 회원 가입은 2022년 4월 초부터 딴지일보에 홍보했다. 1년 10만원, 3년 27만원, 자발적으로 원할 경우 50만원 이상도 가능하다고 안내했다.

이때는 시기적으로 6·1 지방선거 이전인데, 김어준은 아마도 서울시장 선거 패배와 TBS 하차 가능성을 열어놓고 미리 준비했던 것으로 보인다. 〈김어준 뉴스공장〉은 TBS 하차 직후 2023년 1월 문을 열었는데 구독자가 3개월 만에 125만명을 돌파했다. 언론 이외에 진보 진영 유튜브 중에선 최다 구독자를 확보했다. 〈여론조사꽃〉 설립 후 김어준의 플랫폼 진보 진영 영향력은 더욱 강화되고 있다. 특히 막강한 흡인력을 통해 진보 진영 돈을 마구잡이로 빨아들이고 있다.

유튜브 수익은 주로 시청자가 방송 중에 보내주는 후원금 슈퍼챗이다. 후원금은 땅을 판다고 자꾸 나올 수 없다. 어느 한쪽을 찌르면 다른 한쪽이 불거지는 풍선 같은 것이다. 진보 진영 유튜브를 시청하고 슈퍼챗을 쏠 수 있는 사람들은 한정되어 있다. 후원금이 〈김어준 뉴스공장〉으로 쏠릴 수 있다는 얘기다. 이 때문에 다른 진보 진영 유튜브나 덜 진보적인 유튜브, 중도개혁 성향의 유튜브 후원금은 줄어들 가능성이 커진다. 또한 성격이 비슷한 진보 진영 유튜브끼리도 시청자들의 반응을 이끌어내기 위해 경쟁이 더욱 격화할 수 있다. 이렇게 되면 팩트에 기반한 공정방송과는 점점 거리가 멀어질 수 있다.

〈여론조사꽃〉은 김어준 플랫폼에서 각종 주장을 뒷받침하는 구체적인 데이터를 제공한다. 〈여론조사꽃〉은 ARS 여론조사(ARS)를 정기적으로, 또는 현안에 대해 실시한다. ARS는 전화면접 여론조사에 비해 값이 싸고 기간이 짧다. 업체마다 조금씩 다르지만 ARS 비용은 대략 20~40% 수준이며 많은 회선을 투입하면 하루 만에 보고서 마무리까지 가능하다. ARS는 상대적으로 응답률이 낮은데 이 때문에 독특한 특징들이 나타나기도 한다. 우선 정치사회적으로 민감한 질문에 대해선 어느 한쪽으로 쏠림 현상이 나타날 수도 있다. 또한 설문을 어떻게 구성하느냐에 따라 통계가 왜곡될 소지도 있다.

질문) 원청의 책임 범위를 확대하고, 파업 시 사측의 무리한 손해배상 청구를 제한하는 노란봉투법에 대해 어떻게 생각하십니까?(2023.2.24~25)

질문) 도이치모터스 1심 판결문에는 대통령 배우자 김건희 씨와 장모 최은순 씨의 계좌가 "시세조종에 이용한 계좌로 인정한다"고 적시되어 있습니다. 대통령 배우자와 장모가 도이치모터스 주가조작에 가담했다고 생각하십니까?(2023.

2.19~20)

질문) 검찰은 헌정사상 최초로 야당 대표의 3번 연속 검찰 출석
을 요구했습니다. 이는 차기 대권주자를 제거하려는 표적
수사라는 주장에 대해 어떻게 생각하십니까?(2023. 2.12
~13)

〈여론조사꽃〉이 다룬 현안에 대한 질문들이다. 보조적으로 설
명하는 말이 먼저 나오고 뒤이어 본 질문을 하는 식으로 질문이 구
성되어 있다. 노란봉투법(근로자의 민·형사상 면책 범위와 손해배상 청구
제한 범위를 대폭 넓히고 노조 교섭 대상인 사용자 범위를 확대하라는 내용의
'노동조합 및 노동관계 조정법' 개정안) 찬반에 대한 질문에선 '사측의 무
리한 손해배상 청구'라고 가치판단이 포함되어 있다.

이렇게 질문을 던지면 응답률이 떨어지는 ARS에선 부정적인 답
변이 늘어날 수 있다. 주가조작 조사에서도 '시세조종에 이용한 계
좌'란 유도성 말이 포함되어 있고 '김건희 여사' 대신 '김건희 씨'라고
표현했는데 주가조작 가담 답변을 이끌어내기에 더 쉬운 구성이다.
이재명 대표 수사에서도 '헌정사상 3연속 검찰출석 요구', '제거하
려는 표적수사'와 같이 본 질문을 보조적으로 설명하는 글을 덧붙여
검찰엔 부정적이고 이재명엔 긍정적으로 작용할 수 있게 했다.

똑같은 질문이라도 전화면접조사는 면접원이 직접 말을 하기 때
문에, 여론조사에 응하는 사람들은 본 질문을 보조적으로 설명하는

글들에 영향을 덜 받는다. 또 〈여론조사꽃〉처럼 질문을 구성한다면 편파적으로 느낄 수도 있고, 면접원에 항의하거나 응답을 중단할 수도 있다. ARS는 음성녹음이기 때문에 전화를 끊거나 응답을 계속할 수밖에 없다. 질문에 거부감을 느끼는 사람들보다 친근감으로 다가오는 사람의 의견이 반영될 가능성이 높아진다. 또한 유도성 질문은 ARS에선 부지불식간에 응답을 끌어내기도 한다.

〈여론조사꽃〉은 김어준 플랫폼에서 핵심을 이룬다. 조사결과는 〈김어준 뉴스공장〉을 통해 발표된다. 다른 언론에 공표되기 전 통계들로 '잉크도 마르지 않은 따끈따끈한 내용'들이다. 국정 현안이나 관심도가 높은 김건희 주가조작, 이재명 수사·재판 여론조사 결과는 시청자들의 입맛을 당긴다. 시청자들은 자신들에게 유리하게 나오는 각종 조사결과들에 환호하게 되고 이는 자연스레 슈퍼챗으로 연결된다. 김어준 플랫폼은 점점 영향력이 커진다. 덩달아 김어준 위상도 갈수록 강화된다. 민주당 밖에 있지만 민주당 안의 어떤 인물보다 공천, 정책 결정에 큰 영향을 끼친다. 그리고 돈도 몰린다. 민주당 소극적 지지층, 스윙 보터(swing voter)와 같은 잠재적 지지층, 이른바 '수박'의 목소리는 희미해진다.

지속가능성 위기,
진보 정당의 길

습관적 정치과잉, 가짜뉴스 비즈니스

진보 진영은 정치 분야에서 탁월한 능력을 발휘하고 있다. 정치 분야는 주로 사람들을 모아서 조직을 만들고, 이런 조직이 자발적으로 움직이게 만드는 것을 기본으로 삼는다. 정세를 분석하고 어떻게 대응할 것인지 대응방안을 만든다. 언론, SNS, 동영상, 구전을 통해서 대중들에게 자신을 홍보하는 행위들을 말한다. 이런 조직, 보고서, 홍보, 민심은 정치의 골격을 이룬다. 지금 민주당 주류를 이루고 있는 86그룹은 학생운동권 시절부터 정치 분야와 비슷한 일을 해왔다. 정의당 주류도 마찬가지다. 대학을 졸업한 후 시민사회, 노조 등에서 일을 하는 경우도 많은데 정치 분야와 비슷하다.

무려 40여 년이나 정치 분야에서 일을 한 셈이다. 다들 정치전문가들인 것이다. 그래서 무슨 일이 생기면 정치적으로 문제를 해결하려고 한다. 정치 몰입은 종종 정치만능주의 또는 습관적 정치 과잉으로 나타난다. 유튜브가 활성화되면서 정치 과잉은 비즈니스 모델로도 자리 잡아가고 있다.

민주당 김의겸 의원은 한겨레 기자 출신으로 문재인 정부에서 청와대 대변인을 역임했다. 김의겸은 청담동 술자리 의혹을 제기해서 세상을 떠들썩하게 만든 적이 있다. 강남 청담동 한 술집에서 윤석열 대통령, 한동훈 법무부장관, 수십 명의 변호사들이 술자리를 가졌다고 했다. 김의겸이 청담동 의혹을 제기하자 민주당은 기다렸다는 듯이 지도부가 총동원되어 윤석열과 한동훈에게 의혹을 입증하라고 삿대질을 해댔다. 의혹은 내가 제기했으니 입증 책임은 당신들에게 있다는 전형적인 정치공세였다.

민주당은 청담동 TF까지 자체 구성하는 등 호들갑을 떨었다. 국회 상임위에서도 시끄러운 논쟁거리가 됐다. 청담동 의혹을 최초로 제기한 유튜브 채널 〈시민언론 더탐사〉(이후 '더탐사')는 한동훈의 자택까지 찾아가 생방송을 실시했다. 실시간 생방송에 슈퍼챗이 쇄도하는 등 대박을 터뜨렸다.

대통령이 국정일정과 관련도 없는 수십 명과 함께 강남 한가운데서 밤늦게까지 술판을 벌인다는 것은 애시당초 불가능하다. 대통령, 장관, 변호사 수십 명이 만나 오랜 시간 만찬을 하게 되면 보좌진, 운전기사, 경호 인력까지 최소 수백 명이 움직여야 한다. 이런 대규모 행사가 노출이 안 될 수도 없고, 또 언론에 포착되지 않을 수가 없다. 어느 대통령이나 청담동 술집 말고도 은밀하게 만날 장소가 따로 있다. 용산 대통령실, 관저, 청와대 영빈관, 바이든 대통령이 방한했을 때 만찬 장소였던 국립중앙박물관, 안전가옥으로 불리는 안가도 여럿 활용할 수 있다. 김의겸은 문재인 정부 시절 청와대에서 근무했기 때문에 대통령이 어떻게 만찬행사를 가졌는지 잘 알 수 있는 사람이었다.

청담동 의혹 제기는 전통적인 방식을 따랐다. 우선 〈더탐사〉가 어느 첼리스트 목격담을 처음 소개하는 식으로 특종을 보도했다. 김의겸은 이를 받아 국회 등을 활용해 정치 쟁점화했다. 김의겸은 민주당 대변인이었기 때문에 청담동 의혹은 순식간에 뜨거운 쟁점으로 떠올랐다. 〈더탐사〉는 보충 취재, 추가 보도로 의혹을 키웠다. 진보 유튜브들이 속속 참전하기 시작했다, 뒤이어 종합 일간지, 종편들이 가세했다. 실체도 없는 의혹이 객관적 사실처럼 전 국민에게 퍼져나갔다. 급기야 〈더탐사〉는 한동훈 아파트 현관문에서 생방송까지 하며 돈벌이로 활용했다. 결국 첼리스트가 최초 목격한 사실은 꾸민 것이라고 실토했고 사건은 마무리됐다. 남은 것은 법정에서 시시비비를 명확하게 가리는 것뿐이다. 참으로 허망한 결론이다.

청담동 의혹은 진보 진영에서 전형적인 가짜뉴스 비즈니스 모델로 활용된 사례다. 2022년 주요 정치뉴스 유튜브 슈퍼챗 수익현황을 보면 진보 진영이 다수를 차지하고 있다. 1위에서 10위까지 슈퍼챗 순위 중 보수 성향은 세 곳에 불과하고 나머지는 모두 진보 성향이다. 보수 성향으로 1위는 3억4773만원을 모은 〈유재일〉, 6위는 〈가로세로연구소〉(가세연), 7위 〈호밀밭의 우원재〉 등이다. 진보 성향에선 3억3474만원을 모은 〈시사타파TV〉가 2위를 차지했고 〈열린공감TV〉, 〈더탐사〉가 3, 4위에 올랐다. 〈더탐사〉는 2022년 6월 개설됐는데 짧은 시간 안에 2억6339만원을 모았다. 1년간으로 환산하면 〈더탐사〉가 사실상 1위를 차지한 것으로 보인다.

순위	유튜브 채널명	수익
1	유재일	3억4773만원
2	시사타파TV	3억3474만원
3	열린공감TV	3억919만원
4	시민언론 더탐사	2억6339만원
5	이큐채널	2억5973만원
6	가로세로연구소	2억5029만원
7	호밀밭의 우원재	1억3906만원
8	이큐형님	1억3725만원
9	시사의 품격	1억3562만원
10	[공식]새날	1억2128만원

〈표 11〉 주요 정치·뉴스 유튜브 슈퍼챗 순위[18]

---

18) 국민일보, 「가짜뉴스가 돈이 되는 현실…백약이 무효」(2023. 1.30)

유튜브 채널 영향력 면에서도 진보 성향이 보수 성향에 비해 훨씬 세다. 2023년 초 개설된 〈김어준의 겸손은 힘들다 뉴스공장〉(김어준의 뉴스공장)까지 고려하면 유튜브에선 진보 성향이 대세를 장악했다. 보수 성향 유튜브에서도 정치 이슈를 주도하는 경우가 있다.

이준석 전 국민의힘 대표 '성상납 의혹'은 〈가세연〉에서 맨 처음 제기됐다. 〈가세연〉은 2021년 12월 유튜브 방송을 통해 성상납 의혹을 제기했는데 이는 이준석의 당대표 자격 박탈로 이어졌다. 이준석은 의혹을 부인하며 〈가세연〉을 명예훼손 혐의로 고소했다. 경찰은 2023년 2월 가세연을 불송치하고 사건을 종결했다. 〈가세연〉 의혹이 100% 가짜뉴스는 아니었던 셈이다.

진보 진영, 주로 민주당 쪽에서 이루어지는 습관적 정치 과잉과 가짜뉴스 비즈니스 모델은 여러 가지 부작용을 양산한다. 우선 지지기반을 끊임없이 약화한다. 가짜뉴스는 머지않아 가짜로 밝혀질 수밖에 없다.

그러나 이는 진영 신뢰를 상실하게 하고 중도·무당층의 유입을 차단한다. 또 2030과 점점 멀어진다. 2030은 탈(脫)이념, 탈(脫)진영 성향이 강하다. 탈이념, 탈진영은 곧 탈정치다. 정치 과잉, 가짜뉴스 비즈니스는 2030을 쫓아내는 방망이다. 보수 진영과 경쟁에서도 치명적이다. 보수 진영은 경제, 유능, 애국과 같은 긍정적 이미지를 연상하게 한다. 정치 과잉은 꾼, 꼼수, 음모를 떠올리게 한다. 정치 과잉과 가짜뉴스 비즈니스는 대한민국을 좀 먹게 만든다. 신뢰를 잃은 정치는 점점 '그들만의 리그'에 갇히게 된다. 국민이 떠난 정치는 홀로 살아남을 수 없다.

사라진 조금박해, 공허한 97그룹

민주당은 2023년 초 '수박색출'로 홍역을 앓았다. 2월 '이재명 체포동의안'이 가까스로 부결됐다. 여야 의원 297명이 투표에 참여해 찬성 139표, 반대 138표, 기권 9, 무효 11로 부결됐다. 반대표가 민주당 의석 169석에 크게 못 미치면서 최소 30표 이상의 반란표가 나온 것으로 분석됐다. 개딸을 비롯한 이재명 강성 지지층은 반란표를 던진 의원들을 색출하겠다고 나섰다. '수박 7적 처단' 포스터도 등장했다. 7적은 문재인, 이낙연, 강병원, 이원욱, 윤영찬, 김종민, 이상민이다. 수박은 겉은 파랗고 속은 빨간, 민주당 소극적 지지층 또는 중도층쯤으로 해석된다. 민주당이 2022년 대선, 지방선거에서 패배한 것은 수박이 집을 나갔기 때문인데 이들을 색출한다고 하니 실소를 금할 수 없다.

　정치에서 우리 편인지, 아닌지는 중요하다. 하지만 민주당 86세대는 우리 편에 지나치게 민감하다. 학생운동 시절 보안은 매우 중요했다. '가투'라 부르는 가두시위에 나가 보면 정보가 새나가 경찰이 시위가 예정된 거리를 원천봉쇄하고 검문에 나서는 경우도 많았다. 또 운동조직 내에 프락치가 들어와 있으면 조직 전체가 와해되곤 했다. 대학을 졸업하고 노동·시민사회에 진출해서도 마찬가지였다. 보안의 중요성은 당내 경선, 본 선거, 전당대회 등에서도 중요한 덕목이었다. 이렇게 몸에 밴 보안 중시는 우리 편 집착을 더욱 강화했고, 급기야 수박 색출 같은 진영 이벤트로 자리 잡았다.

우리 편 집착은 정당 발전을 가로막는 핵심 요인이다. 정당이 국회 다수당을 차지하고 정권을 잡기 위해선 정체성, 역동성, 다양성이 필요하다. 정체성은 단순히 우리 편 결집을 넘어 우리 당은 무엇인지 가치와 비전을 명징하게 밝히고 국민이 이를 수용하게 해야 한다. 역동성은 당 안팎, 국내외 변화에 민감하게 대응할 수 있는 역량이다. 다양성은 확장 여백을 미리 준비하는 것이다. 정당은 특정 지역, 세대, 이념을 기반으로 지속한다.

그러나 국회 다수당, 집권으로 나아가기 위해선 시너지가 필요하다. 민주당은 세 가지 면에서 지금 위기다. 현재 민주당은 왜 존재하는지 분명하지 않다. 역동성 면에선 더 취약하다. 1997년 김대중 대통령 당선 이후 역동성은 되레 뒷걸음질처럼 비친다. 수박을 색출하는 마당에 다양성을 논하는 것은 우습지도 않다.

2007년 이명박 대통령 당선은 진보 정권 10년 피로감이란 반사효과가 큰 영향을 끼쳤다. 하지만 보수 진영 10년 권토중래(捲土重來)도 있었다. 2000년 총선에선 남원정(남경필·원희룡·정병국)이 한나라당(국민의힘 전신) 소장파로 등장했다. 원희룡은 국토부장관 등으로 윤석열 정부에서 맹활약하고 있다. 2002년 이회창 한나라당

총재는 대선을 앞두고 나경원, 이혜훈, 조윤선 등을 영입했다. 나경원, 이혜훈 등은 지금도 국민의힘에서 활동하고 있다. 2004년엔 '새정치 수요모임'이 떴는데 김기현 국민의힘 대표가 당시 부대표였다. 2008년엔 민본21이란 초선모임이 발족됐다. 이명박 당선의 이유는 진보 정권 10년간 보수 정당의 정체성, 역동성, 다양성을 준비한 결과다.

2017년 문재인 대통령 당선은 촛불민심 때문에 가능했다. 촛불과 탄핵은 어느 날 하늘에서 뚝 떨어진 것은 아니다. 2009년 노무현 대통령 서거 이후 2010년 민주당은 국민들의 신뢰를 조금씩 회복하기 시작했다. 2012년 총선에선 새누리당에 원내 1당을 내주긴 했지만 127석으로 재기의 발판을 마련했다. 2014년 지방선거에선 안철수 세력과 함께 새정치민주연합(민주당 전신)을 창당한 후 선전을 펼쳤다. 2016년 총선에선 안철수 탈당 후 위기를 맞기도 했지만, 김종인 비대위원장 체제를 출범하며 원내 1당에 올랐다. 이런 에너지가 쌓이면서 촛불 및 탄핵정국을 주도하게 됐고 2017년 여유로운 집권으로 연결되었다.

민주당에도 2016년 조금박해(조응천·금태섭·박용진·김해성)가 빛을 발했다. 그러나 2020년 총선 이후 이들은 사라졌다. 남아 있는 이들도 예전만 못하다는 평가다. 2022년 8월 전당대회에서 '97그룹'(90년대 학번·70년대생)이 떴지만 나이만 젊을 뿐 86세대와 차별성을 보여주지 못했다.

가장 성공적인 정당으로 꼽히는 영국 보수당은 200년 역사를 자랑한다. 영국 보수당 성공을 이끈 요인으로 결속과 충성심, 변화에 대한 적절한 대처, 국가경영 능력과 '통치에 적합한 정당' 이미지, '국민의당', 애국 정당, 조직과 선전이 손꼽혔다.[19] 러시아의 우크라이나 침략전쟁 이후 국제질서가 재편되고 있다. 국가 경영, 변화 대처, 애국과 같은 키워드가 뜨고 있다. 민주당이 윤석열 정부 한일관계 개선노력을 강렬히 비판하고 있지만 어떤 대안을 갖고 있는지 모호하다. 만약 민주당이 집권한다면 대한민국을 어디로 끌고 갈까? 국민들은 궁금하다.

진보의 위기, 미래 어젠다(Agenda) 위기

민주당 위기는 곧 진보의 위기다. 진보 어젠다의 위기이기도 하다. 진보는 주요 정책, 가치, 비전, 목표 등에서 미래지향적이고 지속가능하다는 의미를 담고 있다. 진보의 위기는 민주당이 줄곧 견지하고 있는 기조가 미래와 지속가능성을 담보하지 못한다는 얘기다.

이런 측면에서 어쩌면 민주당 진보는 진보적이지 않을 수 있다. 20대 대선 민주당 정당정책은 현재에 포커스가 맞춰져 있고, 일부 퇴행적 요소도 섞여 있다. 게다가 실현방안도 구체적이지 않다.

---

19) 박지향, 『정당의 생명력』(서울대학교출판문화원, 2017. 1). 241~251쪽

1호 정당정책은 코로나 피해상공인 완전지원인데 민주당스럽다. 딱 봐도 과대 포장되어 있음을 짐작할 수 있다. 문재인 정부에서도 완전 지원은 이루어지지 못했다. 대선 후 민주당, 국민의힘이 어렵게 합의한 끝에 쥐꼬리만큼 지원됐다. 차라리 국민의힘이 솔직하고 미래지향적이다. 긴급구조에 한정되어 있고 포스트코로나란 지향을 밝히고 있다.

민주당 2호 정책은 경제목표를 제시한 것인데 웃음이 난다. 경제적이라고 인식되지 않는 정당이 다소 과다한 목표를 설정하였다. 어떻게 달성할 것인지 구체적인 방법 제시는 부족하다. 그럴듯한 목표를 늘어놓은 수준에 불과하다.

국민의힘은 2호 정책에서 지속가능한 일자리창출을 제시해 좀 더 설득력이 있다는 느낌이다. 지속가능한 일자리에선 재정을 통한 공공일자리 확대 비판과 민간일자리 창출 의미를 내포하고 있다. 민주당 3호 정책은 경제기본권으로 대표된다. 2022년 대선기간 민주당은 기본소득 논란이 심화하면서, 실제 공약으로 내놓지는 않았다.

민주당은 대선 이후 이재명을 위원장으로 하는 '기본사회위원회'를 출범했다. 또 기본소득·기본금융·기본주거·을(乙)기본권을 중점적으로 추진하겠다고 밝히기도 했다. 2023년 4월에는 전 국민 1000만원 대출을 중점적으로 추진하고 있다. 만약 성인 4000만명이 1000만원씩 대출을 받으면 원금만 400조원에 달하는 규모이다.

민주당 정당정책은 돈을 쓰는데 초점이 맞춰져 있다. 정당정책 5호, 6호가 대체로 그런 내용들이다. 돌봄, 안심국가, 국가책임은 필요하고 또 앞으로 정부가 추구해야 할 것들이다. 일하는 사람들의 권리보장도 좋다. 그런데 도대체 무슨 돈으로? 이런 질문에 대한 해법이 마련되어 있지 못하다. 일자리 대전환은 필요하다. 그런데 각론은 아니더라도 방향은 제시되어야 한다. 일테면 4050 기득권을 그대로 두고 방향을 전환하기는 어렵다. 구조개혁이 수반하지 않은 일자리 대전환은 사실상 눈속임이다. 과학기술 5대 강국과 공교육 내실화는 상충되는 것처럼 보인다.

민주당 정당정책은 기득권을 타깃으로 하는 것처럼 보인다. 민주당 핵심 지지기반 4050 맞춤형에 가깝다. 정당정책 8호 문화강국, 미디어 혁신이 그런 예에 해당된다. 문화강국은 현재 문화권력인 4050 기반 강화가 언뜻 떠오른다. 미디어 혁신도 그렇다. 종합일간지, 종합 경제지, 종편이 아닌 인터넷 언론, 유튜브 등이 중점 지원대상이 될 수 있다. 정당정책 9호는 헛웃음을 유발한다. 4년 중임을 추진하려면 2020년 총선 직후가 가장 좋았다. 180석을 얻었고 미래통합당은 기를 펴지 못했다. 그때야말로 정치·사법 개혁의 적기였던 셈이다.

더불어민주당	순위	국민의힘
코로나 극복, 피해상공인 완전지원	1	코로나 긴급구조, 포스트코로나
수출 1조, 수출 5만달러, 주가 5000	2	지속가능 일자리 창출
경제기본권, 여성평등, 청년기회국가	3	수요부응 주택 250만호
311만호 주택공급, 균형발전	4	디지털 플랫폼 정부, 대통령실 개혁
돌봄, 국민안심국가, 국가책임	5	과학기술, 원천국가
일하는 사람들 권리보장, 일자리대전환	6	출산·양육 국가책임
과학기술 5대 강국, 공교육 내실화	7	청년·공정·여가부 폐지
문화강국, 미디어 혁신	8	당당한 안보, 튼튼한 안보
4년 중임, 정치·사법 개혁	9	실현가능 탄소 중립, 원전
스마트강군, 평화안보	10	미래인재 육성, 문화복지

〈표 12〉 민주당·국민의힘 정당정책 비교[20]

정당정책 10호 평화안보는 그야말로 철 지난 메들리다. 세계적으로 평화가 안보를 보장해준 적은 거의 없다. 세계적인 흐름도, 북한에 대한 이해도, 대한민국 국민들의 변화도 반영되어 있지 못하다. 알고도 그러는지 모르겠지만. 이에 비해 국민의힘 정당정책은 솔직하다. 돈이 많이 필요한 부분에선 좀 더 조심스러운 태도를 취한다. 정당정책 8호 안보, 9호 탄소·원전, 10호 미래에선 욕먹을 각오가 전제되어 있다. 민주당이 30~40년 전 진보 의제를 그대로 담고 있는 반면 국민의힘은 진짜 미래를 담고 있다. 민주당은 4050을 타깃으로 하는 반면 국민의힘은 2030을 바라본다.

---

20) 중앙선관위, 『제20대 대통령선거 정당정책 모음집』(2022.10), 1~46쪽

정의당, 확장 어려운 이유

정의당은 정말 정의로운가. 당명을 보면 얼핏 이런 생각이 든다. 당명은 당의 비전, 정체성을 담는다. 대체로 당명을 보면 그 당이 무엇을 추구하고 어디로 가고자 하는지도 알 수 있다. 또 어느 계층을 지지기반으로 하는지도 가늠된다. 민주당은 진보가치, 민주에 방점이 찍힌다. 김대중·노무현·문재인 전 대통령이 떠오른다. 다만 누구의 민주인지는 좀 따져 봐야 한다. 지금까지 민주당이 걸어온 길을 보면 4050, 586, 개딸이 떠오른다. 국민의힘은 국민을 중시한다. 보수가치와 애국, 경제가 생각난다. 박정희·김영삼·이명박 전 대통령이 연상된다. 기본소득당은 기본소득 도입을 위한 당이겠거니 싶다. 시대전환은 정치교체를 품고 있겠지, 이런 생각이 든다.

정의당은 이름만 봐선 잘 모르겠다. 대한민국 정의를 추구하는 정당이란 뜻인가. 정의당은 노동자, 취약계층, 젠더가 생각나지만 이것이 정의로 직접 연결은 안 되는 것 같다. 과거 민주정의당이 있었지만 그다지 정의롭지 않았다. 정의당은 민주당과 유사한 정체성을 갖고 있다.

2023년 2월 한국갤럽 〈세대별 정당 호감도〉를 보면 정의당은 50대에서 25%로 가장 좋다. 다음으론 40대 22%, 60대 21% 순이다. 30대는 17%에 그쳐 전체 세대에서 가장 낮은데 이는 70대 이상 16%와 차이가 크지 않다. 20대에선 19%로 역시 낮은 축에 속한다. 정의당 지지율도 비슷하다. 4050이 가장 높고 2030은 하위권이다. 정의당은 민주당 2중대라는 세간의 인식을 불식시키려 하지만 정당 이미지나 지지율은 정의당이 왜 그런 소리를 듣는지 여실히 보여준다.

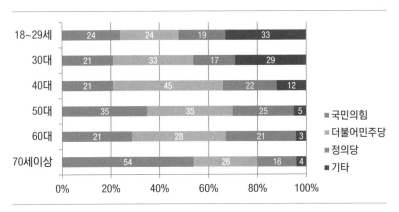

〈표 13〉 세대별 정당 호감도[21]

정의당은 2000년 전후 노동운동에 뿌리를 두고 있다. 노동운동에 참여했던 사람들은 여러 세력이 있고 여전히 이합집산을 거듭하고 있지만 현재의 정의당은 큰 틀에서 보면 고(故)노회찬 전 의원이 꿈꾸었던 진보적 대중정당과 가장 유사한 정당이라고 할 수 있다. 2000년 무렵 노동운동에 투신했던 사람들은 80년대 중반에서

---

21) 한국갤럽, 「데일리 오피니언 제528호」(2023. 2)

90년대 중반에 대학교에 들어갔던 사람들이다. 나이로 보면 40대 후반에서 50대 후반까지다. 이들은 20년 전 진보적 대중정당 운동 초기 단계에 직간접으로 참여했거나 지지했다. 이들 중 일부는 민주당 등 다른 정당으로 이탈하고 일부는 여전히 정의당을 지지하고 있다. 또 일부는 지역구에선 민주당 후보에 투표하고 비례대표에선 정의당을 선호하는 등 교차 지지 행태를 보이기도 한다.

정의당 정책은 노동자, 젠더, 경제개혁, 조세개혁, 한반도 평화 등이 주요 내용이다. 정의당 20대 대선 10대 정당정책은 ①탈탄소 ②노동자 기본권 ③성평등 ④투기 근절 ⑤불공정 해소 경제개혁 ⑥조세개혁 ⑦표현의 자유 ⑧공동체 ⑨정의 ⑩한반도 평화 등으로 이루어져 있다.[22] 정의당 정당정책은 민주당과 거의 유사하다. 20~30년 전 어젠다에서 조금 세련되게 바뀌었을 뿐 골격은 그대로이다. 이런 정책은 대체로 김대중·노무현 정부의 국정과제였다. 20년 전 정치에 들어온 386의 주요 슬로건이었고 20년이 지나 586이 주요 공약으로 활용하는 진부한 내용들이다. 정의당 정당정책은 주로 4050에 설득력이 있고, 결과적으로 4050을 타깃으로 하는 결과를 낳는다.

정의당의 주류는 진보적 대중정당운동을 활발하게 벌이던 2000년 전후엔 2030이었다. 2010년 전후엔 3040으로 변했다. 이제 그

---

22) 중앙선관위, 같은 책, 47~68쪽

들은 4050으로 성장했다. 정의당이 앞으로도 이런 정당정책을 유지한다면 10년 후엔 그들의 주류가 5060이 된다.

그리고 20년 후엔 6070이 된다. 나이가 들어도 신념이나 가치관이 그대로 유지되는 세대효과를 생각해 보면 그렇다는 얘기다. 정의당이 타깃으로 삼기에 4050은 주요 정당의 경쟁이 가장 치열한 연령대이다. 이미 민주당이 선점한 세대이고, 국민의힘도 50대 중후반에서 상당한 지지기반을 구축하고 있다. 다른 군소정당이나 진보정당들도 4050을 주요 지지기반으로 여기고 활동할 수 없는 여건에 놓여 있다. 정의당이 지금까지의 정당정책을 고수한다면 정의당의 확장은 앞으로도 쉽지 않다.

정당은 특정 지역, 특정 세대, 또는 젠더를 떠나 존재하고 또 발전하기 쉽지 않다. 정의당이 지금의 지지기반, 이념좌표, 주요 현안에 대한 태도를 고수하면 4050과 함께 늙어가는 수밖에 없다. 각종 진보 이슈, 젠더, 다문화에선 민주당 대표성이 아직은 흔들리지 않는다. 정의당이 공략할 만한 틈새가 그리 많지 않다. 확장은 2030에서 가능성이 있다. 문제는 2030의 가치, 비전, 공감을 확보할 수 있느냐이다.

정의당은 과연 연금보험 개혁, 노동개혁, 규제개혁을 얘기할 수 있을까. 노조와 시민사회를 비판할 수 있을까. 대외관계에서 북한, 중국을 중시하는 대신 미국, 일본에 화해의 손을 내밀 수 있을까. 민주당 김의겸 의원이나 무소속 윤미향 의원을 강하게 공격할 수 있을까. 정의당이 이른바 진보 의제를 다시 설정하지 않는 한, 정의당의 확장은 여전히 의문부호로 남을 수밖에 없다.

2장

왜
세대전쟁인가

지속가능성 위기,
그리고 세대

점점 뚜렷해지는 세대의 나라

대한민국은 세대의 나라다. 세대 간 차이가 유난히 크다. 생각, 생활 방식, 자산, 지지 정당, 이념 성향이 너무 다르다. 다른 국가들도 비슷한 양상을 보이고 있긴 하다. 60대 이상은 보수적이고, 4050에선 공동체를 선호한다. 30대 이하에선 개인을 중시한다. 이런 공통점에도 불구하고 나라마다 특징을 가지고 있다. 영국은 계급의 나라로 불릴 만하며 프랑스는 공화주의 전통이 여전히 남아 있다. 미국은 개인주의, 총기소유가 떠오른다. 일본은 기업 또는 기업인의 나라다. 북한은 김일성-김정일-김정은으로 이어지는 백두혈통의 나라쯤 되겠다. 독일은 대표적인 세대의 나라로 통한다. 대한민국은 독일과 비슷하지만 세대 간 차이가 훨씬 뚜렷하고 세대 간격도 짧고 다이내믹하다.

세대는 비슷한 시기에 태어난, 참여하는 공동체다.[1] 독일의 사회학자 칼 만하임(Karl Mannheim, 1893~1947)은 세대를 이렇게 정의했다. 세대는 동년배(cohort)로 불리기도 한다. 코호트는 고대 로마 소규모 군대 단위에서 유래됐다고 한다. 중대와 소대 구성원들은 나이가 비슷하고 생각의 차이가 크지 않다. 만하임은 세대가 특정 역사적, 사회적 경험을 공유하면서 공동 운명에 참여한다고 썼다. 여기서 참여는 반드시 행동에 국한되는 것은 아니다. 우리 사회에서 한 흐름을 형성하고 있는 '이대남·이대녀 현상'은 뉴스 소비, 온·오프라인 커뮤니티 활동, 댓글, 특정 정당 또는 후보 지지 등으로 표출되곤 한다. 만하임 정의에 의하면 이들 행위는 일종의 참여인 셈이다.

세대는 만하임에 따르면 세대 단위로 구분될 수 있다.[2] 20대는 지난 2021년 4·7 재보궐선거(4·7 선거) 때부터 보수적인 이념 성향을 보이고 있다. 주요 국가 현안 태도에서 60대 이상 중고령층과 상당히 근접해 있다. 또 이들은 더불어민주당(민주당)보다 국민의힘 후보를 지지해 왔다. 20대가 모두 그런 것은 아니다. 이대녀는 이대남에 비해 상대적으로 진보적이고 민주당 후보를 더 선호한다.

---

1) 칼 만하임, 『세대 문제』(책세상, 이남석 옮김, 2013. 6), 65쪽
2) 칼 만하임, 같은 책, 64~94쪽

호남의 이대남은 수도권 이대남에 비해서 덜 보수적이고 국민의힘 후보 지지가 약하다. 영남의 이대녀는 수도권 이대녀에 비해 덜 진보적이고 민주당 후보 지지가 약하다. 같은 수도권 이대남·이대녀 중에서도 고소득 의사, 변호사, 고위 공무원, 대기업 직장인들은 이념 성향, 지지 정당이 다를 수 있다. 같은 세대지만 각기 다른 상황에서 다른 특성을 지니게 되는 경우가 많다.

세대 구분은 기성세대, 86세대, X세대, 밀레니얼, Z세대, 알파세대로 나뉜다. 나라마다 조금씩 차이가 있긴 하지만 이런 구분은 세계적으로 비슷하다. 기성세대는 일본 식민 통치와 6·25 전쟁을 직·간접적으로 경험했다. 또 기성세대는 전후 혹독한 정치 혼란과 가난, 그리고 압축적 산업화와 민주화 운동을 동시에 겪었다. 86세대는 민주화 운동을 대표하는 세대다.

지금은 야당의 주류로 성장했고 문재인 정부 때는 기득권으로 떠올랐다. X세대는 민주화 이후 자유로운 정치사회 분위기 속에서 성장했다. 온라인사회 전환의 주역이기도 했지만 1997년 IMF, 2008년 금융위기와 맞닥뜨리기도 했다. 밀레니얼과 Z세대는 합쳐서 MZ세대로 쓰인다. 이들은 '개인 시대'를 열었지만 극심한 경쟁, 알바 천국에 내몰리고 있다. 10대 초반인 알파세대는 아직은 정체성이 형성되고 있는 시기이지만 고도의 디지털 개인과 짧은 동영상으로 특징되기도 한다.

기성 세대	86세대	X세대	밀레니얼	Z세대	알파세대
1960년 이전 출생	1960년대 출생	1970~1980년 출생	1980~1995년 중반	1990년 중반 ~2010	2010년 이후 출생
현재 나이					
~60대 초중반	60 초반 ~50 초반	40대	40 초반 ~20 후반	20대	10대 초반

〈표 1〉 세대 구분과 현재 나이(2023년)

세대 구분은 대략 30년 단위로 이루어지고 있다. 이는 동서양 모두에게 해당된다. 대체로 30년이면 아버지 세대와 자녀가 생물학적으로 구분되기 때문이다. 대한민국은 1945년 해방과 6·25 전쟁, 박정희 대통령 집권과 고도의 경제발전, 민주화 운동, 정권 교체로 숱한 격동의 시대를 경험했다.

그만큼 세대의 분화도 빠르다. 세대별 특징은 젊을수록 두드러진다. 30년 단위나 20년 내외로 보면 놓치는 게 너무 많을 수 있다. 특히 정치, 선거 분야에선 5년 간격으로도 차이가 확연한 경우가 있다. 따라서 10년 단위 세대구분을 주로 활용한다. 세대는 명확히 구분되기도 하지만 연속성도 갖는다. 특히 세대와 세대가 만나는 지점에선 복합적인 양상이 관찰되기도 한다.

대한민국에서 세대구분이 주목받게 된 가장 핵심 원인은 일자리, 소득, 자산, 경제적 비전의 차이가 워낙 크기 때문이다. 60대는 가장 많은 자산을 갖고 있다. 50대는 자산뿐만 아니라 괜찮은 일자리, 사회적 지위까지도 확보하고 있다. 40대는 50대보다는 어려운 여건이지만 일자리, 소득, 사회적 지위에서 나쁘지 않다. 자산, 소득과 같은 세대 간 자산격차는 다른 선진국에서도 심각하다. MZ세대는 가장 가난하다. 알파세대도 호전될 기미가 아직은 보이지 않는다. 영국 싱크탱크 레졸루션재단(Resolution Foundation) 연구에 따르면 세대별로 같은 나이였을 때를 비교했는데 세대가 내려갈수록 소득이 감소했다. 이번 연구는 미국, 영국, 스페인, 노르웨이, 핀란드, 덴마크 자료가 활용됐다. 각기 30대 초반일 때 밀레니얼세대의 실질 가처분 소득이 X세대 소득보다 4퍼센트 낮아졌다.[3]

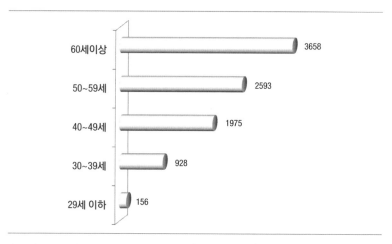

〈표 2〉 2022년 연령대별 순자산 규모(단위: 조원)[4]

---

3) 바비 더피, 『세대 감각』(어크로스출판그룹, 이영래 옮김, 2022. 8), 42~45쪽
4) 매일경제, 「3600조 '富의 고인물' 경제 녹슨다」(2023. 1. 2.)

자산격차의 차이는 곧 정치적 견해로 표현된다. 2020년 제21대 국회의원선거(총선)까지 젊은 층은 주로 민주당 계열 정당을 지지했다. 특히 2016년 제20대 총선에서 2020년 총선까지 2050(20대, 18·19세 포함)은 민주당 지지가 이어졌다. 60대 이상에선 국민의힘 계열 정당 지지가 많았지만 선거인 수에서 상대가 될 수 없었다.

이는 연이은 국민의힘 선거 패배로 이어졌다. 2020년을 전후로 아파트값이 폭등했고, 2020년 초부터 코로나19가 확산하기 시작했다. 경제는 위축됐지만 부동산, 주식 등 자산시장은 되레 호황기에 접어들었다. 자산이 없는 2030은 더욱 가난해졌다. 자산격차가 확대되면서 미래에도 가난이 해결되기 어렵다는 게 점점 확실해졌다. 2030의 좌절, 분노는 점점 커졌다. 민주당과 문재인 정부는 속수무책이었다. 2030은 2021년 4·7 선거 때부터 국민의힘 지지로 돌아섰다. 정치, 선거 분야에서 세대전쟁이 시작된 것이다.

지속가능성 위기와 2030 반격

대한민국 지속가능성 위기를 나타내는 가장 상징적 지표는 출산율이다. 합계 출산율은 한 여성이 가임기간(15~49세)에 낳을 것으로 기대되는 평균 출생아 수를 말한다. 통계청 전망에 따르면 2022년 대한민국 출산율은 0.78명이다. 세계 최저는 물론 2021년 OECD 평균 1.59명의 절반 수준이다. 1970년 4.83명에 비하면 거의 6분의 1에 불과하다. 세계 236개국 중에서 우리보다 낮은 국가는 홍콩(0.75명)뿐이다.

북한의 출산율은 1.81명이다. 대부분의 미래학자가 낮은 출산율을 다룰 때 기준으로 삼는 일본도 2022년 1.27명이나 된다. 안정적인 인구를 유지하려면 2.0명을 조금 넘어야 한다. 세계 평균 출산율은 2.5명 전후를 보이고 있다. 대한민국은 2020년부터 인구가 줄어들고 있고, 2022년에는 20만명이나 감소했다. 인구 감소는 인구 고령화 가속, 경제성장률 하락, 연금·보험 재정 악화, 미래세대 부담 전가와 같은 지속가능성 위기를 심화한다.

다음 얘기로 넘어가기 전에 출산율과 출생률 차이에 대해서 잠깐 살펴보자. 출산율을 출생률로 바꿔 쓰는 언론도 다수 있다. 이른바 다수 진보 언론들이다. 젠더 시각을 강조하자는 주장이다. 출산율은 '아이를 낳는 행위'에 주목한다는 것이다. 출생률은 '아이가 태어나는 행위'로 보자는 것이다. 여성은 출산도구도 아니고 그런 의무를 지니게 되는 것도 아니다. 출산은 남녀 모두의 문제이며 국가의 역할이 점점 중요해지고 있다. 출생률로 쓰자는 의견도 일부 타당성이 있어 보인다. 하지만 아이가 자신의 의지로 태어나는 게 아니기 때문에, 출생률이란 말이 적절한지는 의문이다. 또 정부에선 공식적으로 출산율로 표기하고 있다. 따라서 이 글에서는 출산율로 써나가도록 하겠다.

낮은 출산율은 여성의 역할, 인구 감소, 인구 고령화와 밀접하게 연관되어 있다.5) 재레드 다이아몬드(Jared Diamond, 1937~)는 일본의 저출산 문제가 여성의 역할과 연관이 있다고 본다. 여성 차별, 종속된 지위, 가사 노동의 과도한 부담, 남녀 임금 격차, 출산 후 경력 단절이 널리 퍼져 있다고 봤다. 대한민국이 앓고 있는 문제들이다.

아이를 낳으면 대부분 전쟁터 혹은 난장판 같은 공황상태를 경험한다. 맞벌이 부부는 대혼돈에 빠진다. 보모나 할머니나 누군가 낮에 아이를 봐준다고 해도 엄마는 퇴근 후 제2의 업무가 시작된다. 대략 2~3년쯤 버티면 어린이집에 보낼 수 있다. 어린이집으로 가는 버스를 안 타겠다고 아이가 도로에 누워 버리면 속수무책이다. 출근시간은 기다려주지 않는다. 보모 비용도 20년 전쯤엔 100만원 안팎이었지만 이제 300만원 수준까지 올랐다. 괜찮은 여성 일자리 월급의 70~80% 수준이다.

본게임은 유치원, 초등학교에서 시작된다. 우선 부모 출근 후 아이 등교 전과 방과 후 공백이 발생한다. 누군가의 도움을 받지 못하면 돈으로 메꿔야 한다. 등교 후엔 길고 지루한 학원의 시간이다. 대략 10년 전까지만 해도 중학교에 들어가서 열심히 공부하면 좋은 대입 성적을 받기도 했다. 고등학교에 입학해서 이렇게 되는 경우도 종종 있었다. 그러나 지금은 옛말이 됐다. 이젠 초등학교에

---

5) 재레드 다이아몬드, 『대변동』(김영사, 강주헌 옮김, 2019), 373쪽

서 어느 대학을 갈지 승부가 난다. 대부분 사교육 질이 대입 성적을 결정한다. 간혹 수능 만점자가 인터뷰에서 학교 수업에 충실했다는 비밀을 털어놓지만 현실에선 좀처럼 일어나기 힘든 일이다. 부모가 학원비를 부담하는 것 외에 집에서 예습·복습까지 직접 챙겨줘야 비로소 아이 성적에 도움이 되는 경우가 많다. 전쟁의 나날은 20년 가까이 계속된다. 이렇게 해서 대학을 졸업한다고 해도 보장된 괜찮은 일자리는 극소수에 불과하다.

통계청에 따르면 50년 뒤엔 대한민국 인구 절반가량이 65세 이상 노인이다.[6] 총 인구는 2022년 5200만명에서 2070년 3800만명으로 27%포인트 감소할 전망이다. 같은 기간 세계 인구는 79억 7000만명에서 103억명으로 늘어난다. 50년 뒤 우리 중위연령은 45세에서 62세로 높아진다. 중위연령은 0세부터 최고령까지 줄을 세웠을 때 중간 나이를 지칭하는데 환갑을 넘겨야 여기에 속한다는 얘기다.

반면 세계 인구는 30.2세에서 38.8세로 소폭 증가한다. 15～64세 생산연령인구는 한국이 2022년 71%에서 2070년 46.1%로 25%포인트 줄어든다. 생산가능인구 한 사람이 노인 한 사람을 부양하게 되는 셈이다. 2022년엔 4명이 한 명을 부양했다.

---

6) 통계청, 「세계와 한국의 인구 현황 및 전망」(2022. 9. 5.)

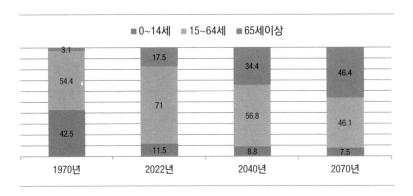

■ 0~14세　■ 15~64세　■ 65세이상

	1970년	2022년	2040년	2070년
65세이상	3.1	17.5	34.4	46.4
15~64세	54.4	71	56.8	46.1
0~14세	42.5	11.5	8.8	7.5

〈표 3〉 통계청 추계 한국의 인구구조(단위: %)

　출산율은 2030이 어떤 생각을 갖고 있는지, 출산 여건이 되는지에 달려 있다. 재레드 다이아몬드 분석처럼 여성의 역할도 중요하다. 2030은 성장하면서 부모가 자신들 때문에 희생을 감수하는 것을 20~30여 년 지켜봤다. 나는 엄마나 아빠처럼 살지 말아야지, 이런 생각을 할 수밖에 없게 된다. 2030은 1998년 외환위기, 2008년 금융위기, 2020년 코로나19의 쓴맛도 봤다.

　기득권에 편입된 일부 세대단위를 제외하고 2030은 사회에 진출해 알바를 전전하며 가난과 희망 없는 미래와 싸우고 있다. 이들은 부모처럼 되고 싶어 하지 않는다. 이들은 새로 태어날 아이들이 자신들처럼 살기를 원하지 않는다. 지금대로라면 출산율 회복은 쉽지 않다. 2030은 지속가능성 위기에 대하여 '대한민국 소멸'로 대응하고 있는 것 같다.

기득권 탐욕, 연금보험 위기

정치권에선 연금제도 개혁을 논의할 때 늘 선거와 연동해서 생각한다. 잘못 건드렸다간 큰 손해를 볼 수 있기 때문이다. 정치권은 표를 우선으로 한다. 기금이 고갈되건 말건, 연금제도가 망하건 말건 크게 신경 쓰지 않는다. 민주당은 말로는 연금개혁하자고 하지만 훨씬 소극적이다. 이에 비해 국민의힘은 상대적으로 적극적이다.

이런 차이는 연령별 연금개혁 이해관계 때문이다. 현재 연금제도가 계속되면 50대가 제일 좋다. 50대는 최소 몇 년에서 최대 10년만 더 있으면 연금을 받을 수 있다. 다음으로 40대가 유리하다. 길게 봐도 20년만 있으면 연금을 받기 시작하기 때문이다. 반면 2030은 가장 불리하다. 연금 받기까진 30~40년 이상 기다려야 하고, 또 받는 도중 기금이 고갈될 수 있다. 민주당은 4050이 핵심 지지기반이라서 앞으로도 소극적인 태도를 취할 가능성이 크다. 국민의힘은 2030을 타깃으로 하기 때문에 다소 적극적이다.

사실 연금개혁은 미래, 애국적 관점에서 접근해야 가능성도 있고, 설득력도 있다. 윤석열 대통령 연금개혁은 정치권 출신이 아니라서 애국적일 수 있다. 윤석열은 정치경험도 풍부하지 않고, 연금개혁을 정치적으로 해석할 필요도 없다. 또 임기가 끝나면 정치와 거리를 둘 수도 있다. 60대에서 연금개혁 찬성이 많은 것도 애국적인 측면이 있다. 60대는 이미 연금을 받고 있거나, 연금제도에서 소외된 사람들이다. 60대는 연금 이해관계에서 비교적 자유롭다. 우리가 알고 있는 60대는 꼰대들이기도 하지만 나라가 잘됐으면 하는 순수한 애국심이 많은 세대다. 60대는 일제 강점기, 한국전쟁, 극심한 가난과 혼란, 압축적 산업화와 민주화를 직간접적으로 겪었다. 이런 과정에서 애국심이란 세대특성을 공유하게 되었다.

2030에게 가장 위협적인 것은 연금보험제도이다. 대한민국은 공적 성격의 8대 연금·보험을 운영하고 있다. 이외에도 기초연금제도를 운영하고 있다. 기초연금은 보험금 납입 없이 정부가 재정을 통해 노인 소득 하위 70%에게 지급하는 제도이다. 기초연금은 2023년 단독가구 기준으로 대략 32만원이다. 연금제도는 적립식과 부과식 두 가지 방법이 있다. 적립식은 가입자의 보험료를 받아 적립했다가 때가 되면 수급자에게 지급하는 방안이다. 부과식은 가입자가 그해 낸 보험료를 바로 수급자에게 지급하는 방안이다. 공무원연금과 군인연금은 적립식으로 출발했지만 현재 기금이 모두 고갈됐다.

그래서 사실상 부과식으로 운영되고 있는데 가입자가 낸 보험료보다 지급해야 되는 연금이 훨씬 많기 때문에 막대한 세금이 들어가고 있다. 2021년 정부는 공무원연금에 3조2400억원, 군인연금에 1조6141억원을 지원했다. 고용보험은 적립식과 부과식이 혼재되어 운영되고 있는데 2021년 1조원 이상 적자가 났다. 적립식으로 운영되는 사학연금은 아직 여유가 있지만 2049년 고갈되고 부과식으로 전환된다. 이때부턴 정부의 막대한 재정지원이 불가피해진다.

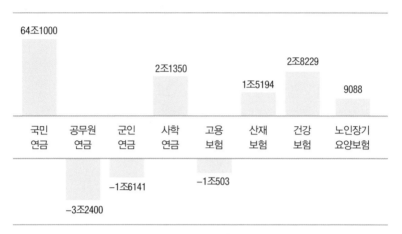

64조1000

2조1350

2조8229

1조5194

9088

| 국민
연금 | 공무원
연금 | 군인
연금 | 사학
연금 | 고용
보험 | 산재
보험 | 건강
보험 | 노인장기
요양보험 |

−1조6141

−1조503

−3조2400

〈표 4〉 8대 사회보험 재정수지(단위: 억원)[7]

가장 심각한 제도는 국민연금이다. 국민연금은 현재 보험료율 9%가 유지될 경우 2055년이면 기금이 모두 없어진다. 물론 기금 고갈이 곧 연금제도의 파산은 아니다. 지금의 공무원연금이나 군인 연금처럼 부과식으로 바꾸고 정부가 부족한 돈을 재정으로 지원하면 된다. 문제는 가입자는 급격히 줄어들고 수급자가 빠르게 늘어나고 있어서 지속가능하지 않다는데 있다. 2023년 수급자는 527만명인데 비해 가입자는 2199만명이다. 아직은 여유가 있다. 2040년

7)   매일경제, 「고갈위기 8대 사회보험…2070년까지 재정추계」(2023.1.25.)

엔 수급자가 1160만명으로 두 배 이상 늘고, 가입자는 1843만명으로 쪼그라든다. 2050년엔 수급자와 가입자 수가 비슷해지고 적립된 기금은 바닥을 드러낸다. 2060년부터는 가입자보다 수급자 수가 많아진다.

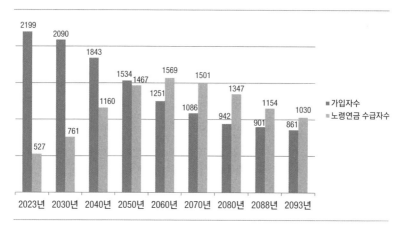

〈표 5〉 국민연금 가입자수와 수급자수(단위: 만명, %)[8]

국민연금은 2040년대 초부터 적자로 돌아설 전망이다. 걷는 보험료보다 나가는 연금액이 더 많아진다는 뜻이다. 지금 제도가 유지되면 2055년 적립금은 고갈된다. 정부는 임기 내에 국민연금 개혁을 마친다는 계획이다. 국민연금 개혁은 난제가 수두룩하다. 4대 공적연금(국민·공무원·군인·사학연금)과 기초연금을 통합 또는 연

---

8) 보건복지부, 「제5차 국민연금 재정추계」(2023.1.27.)

계해서 운영하자는 구조개혁 방안이 있다. 구조개혁은 연금 가입자 간 이해관계가 너무 달라 쉽지 않다. 적립금이 많은 연금과 고갈된 연금을 통합해서 운영하는 것도 맞는지 의문이다. 제도의 기본적 형태는 그대로 둔 채 세부적인 지표를 조정하여 양을 변화시키는 모수개혁은 국민연금 보험료율과 지급액을 조정하자는 방안이다. 모수개혁 쟁점으론 수급연령 상향, 보험료 인상, 수급액 조정 등이 있다. 국민연금은 59세까지 보험료를 내고 2023년엔 63세, 2033년엔 65세부터 연금을 받는다.

국민연금 재정 안정화 방안(%)		사례수	국민연금 수급 대상 연령을 상향 조정한다	보험료는 그대로 두되, 국민연금의 수급액을 낮춘다	월보험료를 인상하여 고갈되는 기금을 충당한다	모름 /무응답
전체		1,010	43	22	19	16
연령별	18~29세	170	48	25	11	16
	30~39세	146	37	31	17	14
	40~49세	189	43	26	17	15
	50~59세	196	37	20	22	21
	60~69세	167	45	15	31	10
	70세이상	142	49	15	12	24

〈표 6〉 연금제도 연령별 의견(단위: %)[9]

---

9) NBS, 「전국지표조사 리포트 제91호」(2023. 3)

국민연금 개혁엔 정부가 적극적이고, 민주당은 소극적이다. 국민의힘은 중간 정도 된다. 과거 정부마다 연금개혁을 공약하고 또 개혁을 시도했지만 대부분 실패한 것은 정치적 접근 탓이다. 이런 면에서 지금 정부의 개혁추진 가능성은 어느 정도 기대할 만하다.

문제는 정치권이 얼마나 호응할지 여부다. 20대는 수급연령을 높이자는 방안에 찬성한다. 2030은 보험료를 그대로 두고 수급액을 낮추자는데 호응한다. 즉, 2030은 연금제도의 지속가능성을 선호한다. 50대는 대체로 지금의 수급액을 유지하는 쪽이다. 연금개혁에 소극적인 셈이다. 60대 이상은 20대와 가까운 태도를 취한다. 민주당은 보험료와 함께 수급액도 올리자는 주장을 하는데 50대가 선호하는 방안이다. 민주당 방안은 2030 반대가 많아 실현 가능성이 떨어진다. 사실상 연금개혁에 반대하는 것이나 진배없다고 볼 수도 있다.

한편 유럽 국가들은 보험료율이 20% 전후로 매우 높은데 대개 부과식으로 운영된다. 따라서 고갈 우려가 거의 없다. 주요 선진국들은 보험료 납부 상한이 없거나 수급 개시 직전까지 걷는다. 연금 수급 개시 연령도 대부분 67세 전후로 우리보다 훨씬 높다. 미국의 보험료율은 10.6%로 대한민국과 가장 비슷하다.

노인 연령 상향 논란 A ~ Z

매년 말이나 새해 초엔 노인 연령 논란이 불붙곤 한다. 이런 논란은 연례행사처럼 거의 빠지지 않는다. 노인은 65세부터인데 대한민국이나 세계나 같은 기준이 적용된다. 노인 연령이 문제가 되는 것은 각종 복지혜택이 65세부터 주어지기 때문이다. 이때부터 매월 기초연금과 국민연금(2033년)이 지급된다. 지하철을 무료로 탈 수 있다. 또 65세는 일부 고위직이나 오너가 아니면 대부분의 공직, 기업에서 퇴출의 기준으로 활용된다. 대한민국 평균 기대수명은 83.6세로 세계에서 최상위권에 속한다. 사고, 질병 등으로 일찍 죽는 경우를 제외하면 많은 사람들이 90세 전후까지 산다. 노인이 되고도 20년 이상 살게 되는 셈이다.

줬다 뺏기는 쉽지 않다. 뭐든 그렇겠지만 복지혜택은 특히 그렇다. 복지는 점점 보편적 권리로 인식되고 있다. 당연하게 여기는 분위기가 확산되고 있다. 이런 여건에서 이미 시행되고 있는 복지를 축소하거나 없던 것으로 하면 사람들은 가만히 있지 않게 된다. 각종 선거는 되갚아 줄 무기다. 노인들은 투표율도 높다. 한번 시행된 복지는 점점 늘어나게 된다. 기초연금이 대표적이다. 기초연금은 1991년 노인수당으로 시작했는데 70세 이상 저소득 노인에게 월 5만원까지 지급했다. 1998년엔 경로연금으로 바뀌어 65세 이상 저소득 노인으로 확대됐다. 2023년엔 기초노령연금 수급자가 656

만명으로 늘고 예산은 22조5천억원으로 불어났다. 정치권에서 월 40만원으로 인상하자는 주장도 나오고 있는데, 이렇게 되면 2030년에는 52조원, 2040년에는 102조원이 소요될 것으로 추산된다.

구분	평균	2017년	2018년	2019년	2020년	2021년
무임비용합계	5,432	5,757	5,897	6,239	4,500	4,767
서울교통공사	3,256	3,508	3,542	3,714	2,685	2,831
부산교통공사	1,217	1,248	1,306	1,396	1,045	1,090
대구도시철도공사	521	547	569	614	416	459
인천교통공사	254	250	270	297	213	240
광주도시철도공사	78	84	89	92	63	64
대전도시철도공사	106	120	121	126	78	83

〈표 7〉 국토교통부·국회 지하철 무임수송 비용 추계(단위: 억원)

지하철 무료 탑승도 논란이 많다. 65세 이상 노인은 지하철을 공짜로 탄다. 지하철 무료탑승도 복지혜택 경로를 따라 점점 확대됐다. 정부는 1980년 5월 8일 어버이날을 맞아 경로우대제를 실시했다. 당시 70세 이상 노인에게 철도·지하철·고궁입장 등 공공서비스요금과 목욕료·이발료·시외버스·사찰입장 등 대중서비스요금을 50% 할인해줬다. 1982년부터 경로우대제가 65세 이상으로 확대됐다. 그리고 1984년부터 65세 이상 노인들에게 지하철 무료 탑승권을 발급했다.

지난 2017년~2021년 도시철도 무임수송에 들어간 비용은 연평균 5432억원에 이른다. 2019년엔 6239억원까지 비용이 크게 늘어났다. 2020년과 2021년엔 코로나19 영향으로 다소 줄어들었다. 2023년 3월 지하철, 철도 마스크 의무가 해제됐기 때문에 무임수송 비용은 훨씬 커질 전망이다. 2021년 기준으로 서울교통공사 2831억원, 부산교통공사 1090억원, 대구도시철공사 459억원, 인천교통공사 240억원, 광주도시철도 64억원, 대전도시철도공사 83억원 등이다. 서울교통공사는 누적적자가 20조원에 육박한다. 매년 1조원 안팎으로 발생하는 적자를 줄이기 위해서 전철역 이름까지 판매하고 있는 실정이다.

반론도 있다. 지하철에 노인이 무료로 탑승한다고 해서 실제 비용이 더 들어가는 것은 아니라는 논리다. 지하철 차량을 늘리거나 운행에 필요한 전기가 추가로 들어가지는 않는다는 얘기다. 여기에는 무료탑승 관련 혼잡, 무임승차에 따른 간접적인 관리비용은 제외다. 노인 무료탑승에 대한 이익도 크다는 주장도 있다. 노인 건강 증진과 우울증 감소, 노인 운전 축소로 인한 교통사고 감소, 노인 경제활동 확대로 인한 복지비용 축소, 관광 활성화 효과와 같은 편익이 있다고 한다.[10] 홍준표 대구광역시장은 2023년 3월 '무임승차 70세 상향 조례안'을 시의회에 제출했는데 여러 가지 논란이

---

10) 중앙일보, 「세대 간 양보 필요한 지하철 무임승차」(2023.2.17.)

일고 있다.

구분	취업자수	60세 이상 인구
2003년 2월	185만 6000명	580만 8000명
2013년 2월	273만 4000명	834만 3000명
2023년 2월	577만 2000명	1349만 3000명

〈표 8〉 60세 이상 인구 및 60세 이상 취업자 추이(단위: 명)[11]

　　60세 이상 근로자가 10년 새 2배로 불어났다. 60세 이상 취업자는 20년 전인 2003년 2월 185만 6000명이었지만, 10년 전인 2013년 2월 273만 4000명으로 10년 새 100만명가량 늘었다. 이어 최근 10년 동안에는 300만명이 늘어나며 2배로 불어났다. 60세 이상 근로자 비중도 20%를 처음으로 돌파했다. 근로자 중 60세 이상 비중이 20%를 넘어선 건 1963년 관련 통계 작성 이래 처음이다. '베이비붐 세대(1955~1963년생)'가 60세가 되면서 고령 인구는 갈수록 늘고, 저출산 영향으로 40대 이하 인구가 줄어든 게 가장 큰 원인이다. 정년 60세를 넘은 고령자들이 계속 일터에 남거나 다시 돌아오고 있는 것도 영향을 미쳤다. 인구 대비 취업자수를 나타내는 고용률도 수직상승했다. 지난달 60세 이상 고용률은 42.8%로 2월 기준 역대 최고치를 기록했다. 2003년 2월 32.0%에서 2013년 2월

---

11)　통계청, 「2023년 2월 고용동향」(2023.2.19.)

32.8%로 0.8%포인트 오른 이후 최근 10년 새 빠르게 10%포인트나 올랐다.

구분		노후시작나이 '70세 이상'		노후기준연령 상향 '찬성'		노후 생계 부양자				노후생계유지 '불안하다'	
						'본인 스스로'		'정부와 사회'			
		2015	2023	2015	2023	2015	2023	2015	2023	2015	2023
전체		34%	45%	46%	60%	60%	60%	26%	33%	58%	54%
성별	남성	35%	44%	44%	59%	65%	66%	24%	27%	56%	51%
	여성	33%	46%	48%	61%	55%	53%	28%	40%	61%	57%
연령별	18~29세	16%	17%	39%	64%	45%	54%	36%	38%	52%	48%
	30대	25%	31%	37%	54%	57%	60%	34%	36%	69%	61%
	40대	26%	38%	37%	49%	62%	57%	26%	39%	70%	57%
	50대	42%	55%	52%	59%	68%	65%	21%	30%	56%	59%
	60대	56%	55%	62%	63%	65%	69%	15%	26%	45%	50%
	70대 이상	–	75%	–	75%	–	52%	–	31%	–	48%

〈표 9〉 노후 생활 관련 인식 요약(단위: %)[12]

사람들은 나이가 들수록 '나이'를 싫어하는 경향이 있다. 20대 전후엔 나이가 많은 것처럼 일부러 행세하기도 하는데 나이가 들면 실제보다 어린 것처럼 보이려고 애쓴다. 노후 시작 나이 '70세 이상'에 대한 찬성 여론은 70세 이상에서 무려 75%나 됐다. 5060에선 55%가 찬성했다. 60대는 지난 2015년 조사와 큰 변화가 없었

---

12) 한국갤럽, 「데일리 오피니언 제529호」(2023.2)

고 50대는 10%포인트 증가했다. 20대는 17%에 그쳤는데 지난 조사와 큰 차이가 없었다.

노인 기준 연령 상향에 대해서도 70세 이상에서 찬성이 75%로 가장 많았다. 찬성은 20대와 60대에서 높았고 40대는 49%로 가장 낮았다. 노후 생계 부양자 조사엔 이전과 큰 차이가 없었다. 다만 20대에선 '본인 스스로' 답변이 54%로 이전보다 9%포인트 늘었다. 서울시민들이 생각하는 노인 기준은 72.6세로 나타났다.[13] 이는 65세보다 7.6세나 많다.

서울시, 대구시는 노인 기준 연령 상향에 대해 적극적이다. 모두 국민의힘 소속이다. 노인 기준을 70세로 높이면 여러 가지 좋은 점이 있다. 급증하고 있는 기초연금 예산을 크게 줄일 수 있다. 지하철, 버스 무임승차 비용도 마찬가지다. 국민연금 개혁에도 큰 도움이 될 수 있다. 국민연금 지급 시기는 2033년 65세로 늘어나지만 67세 또는 그 이상으로 연장해야 할지도 모른다. 노인 기준 연령을 높이는 것은 쉽지 않은 일이다. 40대는 다른 연령에 비해 노인 기준 연령 상향에 부정적이다. 40대에서 강점이 있는 민주당, 정의당의 호응이 미지근할 수 있다.

---

13) 서울시, 「2022년 서울시 노인 실태조사」(2023.2)

배신으로 돌아온
민주당 지지

2030 투표만, 권력은 586

정치권에서 말들이 위기를 겪고 있다. 조국은 얼마나 숭고한 이름인가. 나라를 위해 피를 흘렸던 수많은 사람들에게 조국은 가슴을 뛰게 하는 말이다. 그러나 조국 사태 이후 본래 의미는 차차 가물가물하다. 태극기도 그렇다. 2017년 탄핵정국 이후 태극기는 애국과 극우가 교차하는 애매한 물건이 됐다. 태극기가 극우집회에 매번 등장하기 때문이다. 민주당은 민주주의를 위한 당인가. 고개를 갸웃할 수밖에 없다. 사과 릴레이, 지·못·미는 아름다운 말이다. 사과 릴레이는 누군가에게 연속으로 미안하다고 말하는 것이다. 지켜주지 못해 미안하다는 말도 같은 뜻을 품고 있다. 그러나 그 대상이 무소속 윤미향 의원이라니. 윤미향은 당초 민주당 소속이었다. 여기까지 쓰고 나니 그제서야 민주당의 뜻을 알겠다. 그들끼리의 민주주의란 것을.

2023년 2월 민주당에서 사과 릴레이, 지·못·미가 한동안 화제였다. 윤미향 1심 판결 때문이다. 법원은 윤미향이 정의기억연대 대표 시절 기부금 등 1700여만 원을 애견 호텔 결제, 마사지숍 결제에 사용하는 등 업무상 횡령을 했다고 판결했다. 그러나 법원은 "(영수증) 증빙이 없더라도 한국정신대문제 대책협의회 활동에 쓰였을 가능성"이 높을 것이라며 지출 증빙이 되지 않은 수많은 용처엔 무죄를 선고했다. 판결이 나오자 페이스북 등을 통해 사과 릴레이가 시작됐다. 이재명 대표는 "악마가 된 윤미향, 얼마나 억울했을까"라고 사과했다. 김두관 의원은 "쏟아지는 비난 앞에 끝까지 지켜주지 못해 미안"하다고 했다. 우원식 의원은 "윤미향, 이제 당이 지켜줘야 한다"고 썼다.

윤미향은 1억37만 원을 임의로 사용한 혐의(업무상 횡령)로 2020년 9월 기소됐다. 검찰과 윤미향 양측 모두 법원 판결에 항소했다. 윤미향은 2021년 부동산 투기 의혹을 받았고 6월 민주당에서 제명됐다. 비례대표는 탈당하면 의원직을 자동으로 상실하기 때문에 꼼수를 쓴 셈이다. 윤미향 논란의 본질은 기부금을 받아서 시민운동에 사용하면서 투명하지 못한 회계 관리와 공금을 쌈짓돈처럼 사용한 점이다. 한마디로 기부금으로 먹고 산 것이란 의혹을 샀다. 윤미향 논란으로 시민운동 국민신뢰는 크게 하락했다. 또 4·7 선거 패배에도 한 원인을 제공하기도 했는데 민주당은 부동산 투기 의혹이 일자, 대선 악영향을 우려해 윤미향을 비롯한 의원들에 대해 징계조치를 취했다.

민주당은 다수의 청년 정치인들을 보유하고 있다. 민주당은 2020년 총선에서 젊고 전문성과 인기를 갖춘 2030 청년들을 다수 공천했다. 180석 역대급 승리를 거둔 탓에 다수가 당선됐다. 민주주의는 대표—책임의 원리로 작동된다. 정치나 선거는 대표성이 더욱 중요하다. 민주당 청년 의원들은 2030을 대표할까. 또 2030이 안고 있는 현안을 대변할까. 민주당 청년 의원들이 이런 질문에 응답하지 못하고 4050을 대표하고 대변한다면 내용상 청년이 아니다. 나이와 겉모습만 청년일 뿐 실제 가진 생각이나 행동은 4050이나 마찬가지로 볼 수 있다.

장경태 의원은 서울시립대학교 총학생회장을 지냈고 곧바로 민주당에서 청년 정치인의 길을 걸었다. 장경태는 2020년 총선에서 당선되기까지 10년 이상 민주당에서 활동했다. 이를테면 장경태는 청년 정치로 잔뼈가 굵은 사람이다. 장경태는 2022년 8월 전당대회에서 최고위원에 당선했다. 장경태는 민주당에서 나오는 막말과 가짜뉴스에 단골로 등장하곤 했다. 포털에서 '장경태 가짜뉴스'로 검색하면 상세하게 잘 정리되어 있다. 국민의힘 의원들에게 '개소리'라고 한 막말, 엘시티 특혜분양 논란, 김건희 여사 빈곤 포르

노 발언, 청담동 술자리 의혹 등이 대표적이다.

신현영 의원은 의사 출신으로 2020년 총선에서 민주당 비례대표로 당선됐다. 대한의사협회 대변인 출신인 신현영은 1980년생이다. 2020년 총선 즈음엔 40세로 밀레니얼세대의 최고참으로 볼 수 있다. 청년과 장년의 경계선에서 민주당 공천을 받고 국회의원이 됐다. 신현영은 2021년 10·29 이태원 참사 당일 명지병원 닥터카를 불러 타고 현장에 갔다. 이 때문에 닥터카 현장 도착이 20~30분 지연됐다는 논란이 일었다. 2023년 3월 보건복지부가 명지병원에 재발방지 계획을 제출하라는 시정명령을 내려 신현영 닥터카 논란은 사실로 밝혀졌다.

무소속 김남국 의원의 코인 논란도 민주당의 핵심 정체성인 도덕성에 치명상을 입혔다. 김남국은 비판 여론이 거세지자 2023년 5월 민주당을 탈당했다.

민주당이 2016년 총선에서부터 2017년 대선, 2018년 지방선거, 2020년 총선까지 네 번이나 승리한 것은 2050 진보 연합 때문이다. 2030은 86세대가 중심인 민주당 후보들을 선택했다. 민주당이 2016년 총선에서 다수당에 오르고, 문재인 정부가 출범하고, 지금까지 국회 다수를 차지하고 있는 것은 다 2030 때문이다. 따라서 민주당은 2050 연합정당이고 지난 문재인 정부는 2050 연합정권이었던 셈이다. 윤미향 논란은 그들끼리의 민주주의란 사실을 상기시킬 뿐이다. 장경태는 나이만 청년일 뿐 행태는 민주당 구태 못지않다. 신현영 닥터카 의혹은 삐뚤어진 특권의식 그 자체다. 어디에도 2030 몫은 없다.

민주당, 노조와 동행하는 이유

조직은 구성원의 이해관계를 대변하게 된다. 조직의 결속력이 강할수록 이해관계를 관철하기 위한 노력도 더욱 집요해지기 마련이다. 조직은 리더 그룹이 있고, 직접 선출하는 방식을 선택하게 되면 리더가 되기 위해선 구성원들의 요구를 들어줘야 한다. 윤석열 정부와 갈등이 부각되고 있는 민주노총, 한국노총, 전교조, 화물연대 위원장 나이는 대략 40대 중반에서 50대 중후반 사이에 있다. 노조원들의 평균 연령도 지속적으로 높아지고 있다.

민주노총 산하 금속노조 노조원들의 평균 연령은 2009년 40.9세에서 2019년 45.6세로 높아졌다. 10년 사이 거의 5세나 높아진 것이다. 평균 연령이 높아진다는 사실은 2030이 새로 유입되지 않고 있음을 의미한다. 대다수 다른 노조들도 평균 연령이 높아지는 문제를 안고 있으며 이런 현상은 앞으로도 지속될 가능성이 크다.

40대 중반이면 1970년대 중반에 태어나 1990년 중반쯤에 대학 생활을 거친 X세대다. 이념적으론 가장 진보적인 성향을 보이고 있고, 정치적으론 민주당이나 정의당을 지지하는 사람들이다. 또 이들은 윤석열 대통령과 국민의힘에 대한 비토정서가 매우 강하다.

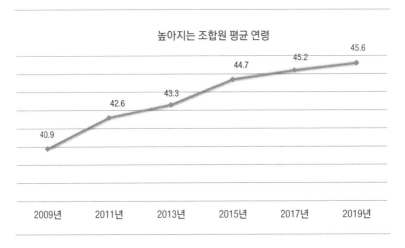

높아지는 조합원 평균 연령

40.9 42.6 43.3 44.7 45.2 45.6

2009년 2011년 2013년 2015년 2017년 2019년

〈표 10〉 민주노총 금속노조 조합원 평균 연령(단위: 세)[14]

이들은 20년 전엔 김대중·노무현 전 대통령 탄생 주역이기도 하다. 보수정권 10년간 절치부심하다가 2016년 말 촛불과 탄핵정국을 주도했다. 이들 노조의 리더 그룹도 평균 연령과 비슷하거나 86세대들로 이루어져 있다. 86세대는 정치투쟁의 경험이 풍부하고 정치권과도 잘 통한다. 옛날이나 지금이나 노조 지도부는 민주당, 정의당, 국민의힘 계열 정당의 공천을 받는 경우도 종종 있다. 그만큼 정치투쟁의 맛을 아는 사람들이다. 86세대가 주축인 노조 리더 그룹, 평균 연령 40대 중반 노조들은 정치투쟁과 진보 성향 면에서 하모니를 이룬다. 이들 노조는 당면한 자신들의 이익관철을

---

14) 한국경제, 「조합원 40% 줄어든다는데…민노총 '네카라쿠배' 공략도 헛발질」
(2023.2.14.)

위해서 투쟁한다. 그리고 민주당, 정의당과 직간접으로 연계 정치 투쟁을 적절하게 구사하며 교섭력을 극대화한다.

　노조는 공공 부문일수록, 대규모 기업일수록 활성화되고 있다. 공공은 노조 천하를 이루고 있다. 2021년 공공 노조 조직률은 70%나 되는데 가입 조건이 없는 고위직 등을 제외하면 거의 다 노조원들이라고 봐도 무방하다. 공공에선 문재인 정부 동안 노조 조직률이 크게 증가했다. 2016년 62.2%이던 조직률은 2019년 70.5%까지 늘어 최고치를 찍었고 2021년엔 70.0%를 나타내고 있다. 민간 부문도 문재인 정부 들어 노조 조직률이 증가세를 유지하고 있다. 2016년 8.5%에 그치던 조직률은 2019년 10%를 돌파하고 2021년엔 11.2%까지 올라왔다.

　기업 규모에선 300명 이상 대기업의 노조 조직률 변화가 눈에 띈다. 대기업 노조 조직률은 문재인 정부 들어 감소가 지속하고 있다. 2016년 55.1%에서 2017년 57.3%로 늘어났지만 그 뒤론 점차 줄어들고 있다. 감소세도 빠르게 진행되고 있는데 2018년엔 50.6%로 떨어졌고, 2021년엔 46.3%까지 추락했다. 100명~299명 중견기업에선 노조 조직률 하락 추세가 가파르게 진행되고 있다. 2016년 조직률은 15.0%에 달했지만 2021년엔 10.4%에 불과했다. 30명~99명 중소기업에서도 노조 조직률은 하향세를 나타내고 있다.

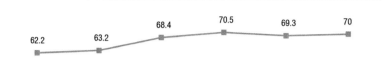

대규모 공공부문 중심 노조 조직

	2016	2017	2018	2019	2020	2021
공공	62.2	63.2	68.4	70.5	69.3	70
민간	8.5	9	9.7	10.1	11.3	11.2

◆ 민간 ■ 공공

부문별 노조 조직률 변화추이(단위:%)

	2016	2017	2018	2019	2020	2021
300명 이상	55.1	57.3	50.6	54.8	49.2	46.3
100~299명	15	14.9	10.8	8.9	10.4	10.4
30~99명	3.5	3.5	2.2	1.7	1.6	1.6
30명 미만	0.5	0.4	0.5	0.5	0.4	0.4

◆ 30명 미만 ■ 30~99명 ▲ 100~299명 ✕ 300명 이상

기업 규모별 조직률 변화추이(단위:%)

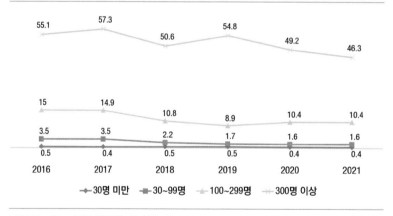

〈표 11〉 부문별, 기업 규모별 노조 조직률 변화 추이(단위: %)[15]

---

15)   고용노동부, 「2021년 전국 노동조합 조직현황」(2022.12.25.)

MZ세대는 대체로 노조 가입에 소극적이다. 300명 이상 대기업에서 노조 조직률이 하락한 것은 이를 방증한다. 100명~299명 중견기업 조직률 하락도 마찬가지다. 노조 조직률이 상승한 것은 공공 분야 탓이다. 문재인 정부 들어 공공기관 채용이 크게 늘어났다. 이는 신규 공채가 아닌 비정규직의 정규직 전환이 크게 증가했기 때문인데 이들이 대거 노조에 편입되었다. 노조원 수가 많다는 것은 공공 분야 개혁이 어렵게 된다는 것을 의미한다. 노조는 자신의 이해관계를 관철하기 위해 어떠한 변화에도 소극적일 수밖에 없다. 특히 구조조정을 동반한 혁신에 대해선 극단적인 투쟁을 일삼는 경우가 많다.

일은 똑같은데 월급 차이가 무려 402만원이나 된다. 대기업 정규직과 중소기업 비정규직 사이에서 일어난 일이다. 전경련과 고용노동부가 집계한 2021년 통계다. 대기업 정규직과 중소기업 비정규직의 임금격차는 2017년엔 376만원이었지만 2019년에는 393만원으로 늘어났다. 2021년 대기업 평균 월 임금은 584만원, 중소기업은 182만원이다. 격차가 무려 402만원이 된다. 대기업 중소기업 임금격차는 갈수록 벌어지고 있다. 정규직과 비정규직 임금 격차도 211만원으로 사상 최대다. 2017년엔 186만원이었는데 2019년 197만원으로 더욱 벌어졌다. 2021년 정규직 월 평균 임금은 379만원인데 비정규직은 168만원에 그쳤다. 날이 갈수록 차이는 점점 커지고 있다.

구분	정규직-비정규직 임금격차(단위:만원)			대기업-중소기업 임금격차(단위:만원)		
	정규직	비정규직	임금격차	대규업 정규직	중소기업 비정규직	임금격차
2017년	336.3	150.6	185.7	538.4	162.1	376.3
2018년	351.0	158.8	192.2	540.6	170.4	370.2
2019년	361.2	164.3	196.9	569.2	175.3	393.9
2020년	369.3	162.0	207.3	578.4	177.3	401.1
2021년	379.5	168.1	211.4	584.5	182.2	402.3

〈표 12〉 정규직·비정규직, 대기업·중소기업 임금 격차(단위: 만원)[16]

공공 분야, 대기업의 높은 노조 조직률은 임금 격차 확대를 부채질할 수밖에 없다. 노조는 구성원들의 요구를 충족하기 위하여 임금 인상은 물론 복지 확대, 직원 채용, 경영 참여 등 다양한 분야에서 실력을 행사하기 마련이다. 노조의 실력행사는 민주당, 정의당의 전폭적인 지원을 받는다.

2020년 총선에서 노동조합 출신 국회의원은 13명이 당선됐다. 한국노총 출신은 9명인데 민주당 6명이고 국민의힘은 3명이다. 민주노총 출신은 4명인데 이들은 모두 정의당 소속이다. 노조 요구를 들어주기 위해선 막대한 비용이 추가로 들고, 이는 수많은 하청·재하청 쥐어짜기로 이어진다. 노조가 없거나 있어도 힘을 쓰지 못하는 비정규직, 중소기업은 더 서럽다. 정규직과 비정규직, 대기업과

---

16) 매일경제, 「철밥통 노조에…정규·비정규직 월급차이 211만원 '사상최대'」 (2023.2.20.)

중소기업의 임금격차는 점점 더 커진다.

　노조는 지난날 회사 권력과 맞서 노동자의 권리를 보호하고 독재와 싸웠다. 노조는 대한민국 민주주의 발전에도 큰 기여를 해왔다. 독재 시절 대기업들은 정경유착으로 막대한 부를 축적하고 공권력과 결탁해 노동자를 탄압하기도 했다. 어쩌면 지금도 그늘진 곳에서 이런 부당한 노동력과 임금 착취, 폭력 행위가 은밀하게 자행되고 있을지도 모른다. 노조는 지금도 필요하고 앞으로도 마찬가지다. 그러나 노조 과잉은 누군가의 피해를 부른다. 플랫폼 종사자는 300만명에 달한다. 이들은 노조를 만들기도 어렵고, 설사 만들었다고 해도 실력을 행사할 것도 마땅치 않다.

구분		조사 완료 사례수 (명)	가중값 적용 사례수 (명)	비정규직과 중소기업의 고용여건 개선	노조 회계 투명성 제고	직무/성과 중심임금 체계 개편	노동 시간 유연화	맞춤 형취 업 지원	노사 법치주 의확 립	기타	모름/ 응답 거절	계
전체		(1,006)	(1,006)	32.4	16.5	12.6	12.4	7.7	7.5	1.0	9.9	100.0
연령별	18~29세	(164)	(167)	30.6	11.3	21.3	15.7	13.7	3.5	0.0	3.9	
	30대	(137)	(151)	34.6	14.3	13.3	16.0	7.8	5.8	1.3	6.9	
	40대	(178)	(183)	41.4	16.7	9.2	12.9	7.7	5.9	0.5	5.6	100.0
	50대	(212)	(196)	39.1	14.3	13.3	10.7	7.5	6.1	1.3	7.7	
	60대	(315)	(309)	22.8	21.5	9.1	9.8	4.7	12.2	1.3	18.5	

〈표 13〉 노동개혁 우선 추진과제(단위: %)[17]

---

17)　세계일보, 「창간 기념 여론조사」(2023.2.1.)

노동, 연금, 교육은 윤석열 정부가 역점을 두고 있는 3대 개혁 과제이다. 이중 노동개혁에 대한 요구가 가장 많다. 비정규직과 중소기업 고용여건 개선에 대한 요구가 세게 분출하고 있다. 그만큼 임금 격차가 크고 복지 혜택이 작다는 뜻이다. 이런 요구는 민주당 핵심 지지기반인 4050에서 더욱 강하다. 노조회계 투명성 제고도 4050에서 찬성여론이 상당히 높다. 2030은 근본적인 노동정책의 변화를 요구하고 있다. 20대는 직무·성과 중심 임금체계개편 여론이 높았다. 노동시간 유연화에 대해선 2030에서 상대적으로 선호도가 높았다. 20대는 노조회계 투명성 제고, 노사 법치주의 확립에서 가장 소극적인 태도를 보였는데 이는 노조에 대한 무관심 때문으로 풀이된다.

현금복지와 갈라치기 쳇바퀴

민주당 전략무기는 현금복지와 갈라치기다. 현금복지와 갈라치기는 동전의 양면처럼 밀접하게 연결되어 있다. 대표적인 사례로 기본소득 재원을 국토보유세로 충당하자는 주장이다. 기본소득은 이재명 대표의 트레이드 마크다. 기본소득은 조건 없이 모든 국민에게 매월 현금을 주는 제도이다. 민주당은 기본소득 논란이 심화하자 대선후보 선출 이후 슬그머니 거둬들였다. 그러나 2023년 초 기본사회위원회를 출범하고 기본소득 추진 방향을 재차 밝혔다. 기본소득엔 민주당의 현금복지와 갈라치기 전략이 모두 담겨 있다. 국토보유세를 신설해 기본소득 재원을 마련하겠다는 것이다. 국토보유세는 땅을 소유한 극소수에게 부과하지만 국민 95% 이상에게 혜택이 돌아간다는 논리다. 땅을 소유하고 국토보유세를 내는 사람은 소수지만 기본소득을 받는 사람은 다수라는 갈라치기 전략이 녹아있는 것으로 보인다.

노란봉투법도 민주당식 갈라치기 전략이 녹아 있다. 노란봉투법은 〈노동조합 및 노동관계조정법 개정안〉을 말하는 것인데 간접고용 노동자의 교섭권을 보장하고, 쟁의행위 탄압 목적의 손해배상과 가압류를 금지하는 것을 골자로 하고 있다. 노란봉투법이란 명칭은 2014년 법원이 쌍용차 파업 참여 노동자들에게 47억원 손해를 배상하라는 판결을 내리자, 한 시민이 언론사에 4만7000원이 담긴 노란봉투를 보내온 데서 유래되었다. 노란봉투법은 사실상 파업 조장법이라며 국민의힘과 경제계가 반대하고 있다. 또 민주당이 국회에서 일방적으로 통과시키더라도 대통령 거부권 행사가 유력하다. 이런 여건에서 민주당이 노란봉투법을 밀어붙이는 것은 갈라치기 전략 때문이다. 노동자와 자본가, 가지지 못한 자와 가진 자를 구분하고 숫자가 많은 쪽을 택하는 수법이다.

민주당은 2023년 초 국회 보건복지위에서 간호사 처우 개선 등이 골자인 간호사법 제정안의 본회의 직회부를 밀어붙였다. 국민의힘과 의사단체들이 반대했기 때문이다. 직회부는 전체 의석수 5분의 3인 180석이 동의하면 법사위를 통하지 않고 바로 본회의에 상정하는 제도이다. 당시 민주당 의석은 169석이지만 친야 무소속 7석, 기본소득당 1석, 정의당 6석 등이 원군으로 분류되기도 한다. 의사는 13만명인데 간호사는 44만명 수준으로 알려져 있다. 간호법 개정안도 숫자가 훨씬 많은 간호사와 그에 비해 숫자가 적은 의사를 염두에 둔 갈라치기가 스미어 있다. 윤석열 대통령은 국회에서 민주당 주도로 통과시킨 간호법에 대해 거부권을 행사했다.

양곡관리법도 간호사법과 함께 민주당 주도로 본회의에 직회부된 법안이다. 양곡관리법은 남아도는 쌀을 세금으로 매입하는 것이 주요 골자를 이루고 있다. 정부와 국민의힘은 조(兆) 단위 세금이 들어가는 데다 쌀 과잉 생산이 우려된다고 반대했지만 민주당은 이를 무시했다. 농업에 종사하는 전체 100만 가구 중 53만이 벼농사를 짓는다. 벼농사 가구는 민주당 텃밭인 호남 지역에 집중돼 있다. 양곡관리법은 벼농사 가구와 아닌 가구로 나누고, 영남권·충청권을 지역구로 둔 의원들을 공략하겠다는 정치 셈법이 들어 있다. 양곡법 역시 윤대통령은 거부권을 행사했다.

이재명은 2023년 2월 추경 30조원 편성하며 전체 가구 중 소득 하위 80%에 속하는 1700만 가구에 최고 40만원씩 물가 지원금을 나눠 주자고 했다. 난방비 폭탄이 사회문제가 되자 7조2000억원을 들여 난방비를 지원하자고도 제안했다. 이재명은 난방비 재원 확보를 위해 정유 4사와 같은 에너지 기업들에게 횡재세 부과를 검토하자고도 했다. 정유 4사는 SK이노베이션, GS칼텍스, 에쓰오일(S-OIL), 현대오일뱅크를 말하는데 지난해 고유가 바람을 타고 14조 원에 달하는 영업이익을 거뒀다. 정유 4사는 2022년 4분기부터 영업이익이 급락했다. 횡재세를 도입하려면 국제유가가 떨어졌을 때 정유 4사에 발생하는 막대한 손실에 대한 대책을 마련해야 한다.

당장 먹기엔 곶감이 달다. 하지만 곶감은 자주, 많이 먹으면 변비가 생길 수 있다. 민주당 현금복지와 갈라치기 전략도 단기적으론 효과를 발휘할 수 있다. 너무 자주 쓰면 양치기 소년이 될 수 있다. 2030은 어느 때보다 지속가능성에 관심이 많다. 현금지원은 국민 다수가 반긴다. 여유 있는 사람보다 돈이 궁한 사람들이 훨씬 많기 때문이다.

현금을 준다고 했을 때 반대하는 사람들도 막상 돈을 받게 되면 반색을 하기 마련이다. 현금지원은 재정 부담을 확대하고 결국 미래세대가 갚아야 할 돈이다. 당장은 달지만 나중엔 변비로 돌아온다. 갈라치기도 한두 번이지 자주 쓰면 지속가능성을 훼손한다. 간호사, 벼농사 가구를 보호하면 이 때문에 상대적으로 손해 보는 사람들이 생겨나게 마련이다. 세상에 노조 요구를 다 들어주고 생존할 기업은 없다. 설사 노조 요구를 수용하고 생존한다고 하더라도 하청, 또는 재하청, 또 다른 기업에게 피해가 전가될 수 있다.

내로남불 위에 선 민주주의

뉴욕타임스(The New York Times)에 'naeronambul'이 등장한 것은 2021년 4월이다. 뉴욕타임스는 4·7 재보궐선거에서 민주당이 참패한 소식을 전하며 '내로남불'을 패배 원인으로 꼽았다. 뉴욕타임스는 내로남불의 영어 의미(double standard, 이중 잣대)로 번역하지 않고 영문 그대로 'naeronambul'을 썼다. 세계 어느 나라에도 없는 '한국 여당의 이중 잣대'란 의미의 단어가 탄생한 것이다. 선관위가 특정 당을 연상시킨다는 이유로 사용을 금지했는데, 그 고유성이 세계적 지위를 획득한 셈이다.

내로남불은 '내가 하면 로맨스, 남이 하면 불륜'의 줄임말로 널리 쓰이고 있다. 이중잣대를 비판적으로 일컫는 말이다. 정치권에서도 상대방을 비판할 때 종종 사용되고 있다. 2020년 교수신문에서 '올해의 사자성어'로 아시타비(我是他非)를 채택했다. 이는 내로남불을 한자어로 바꾼 말이다. 내로남불이 민주당 상징이 된 것은 86세대가 주류로 등장하면서부터이다. 86세대는 대부분 학생운동권 출신이다. 1980년대 학생운동은 독재, 쿠데타, 정경유착, 인권침해, 폭력, 탄압과 투쟁하면서 정당성, 명분을 확보했다. 86세대에게 자연스럽게 학생운동은 옳고, 이에 반대하면 틀린 것이 된 것이다. 그 뒤 많은 시간이 흘렀지만 우리가 옳다는 86세대의 신념은 그대로 유지됐다.

조국 사태가 일어났을 때 문재인 정부와 민주당이 제대로 대처하지 못한 이유는 바로 이런 86세대의 정서 때문이다. 86세대가 옳다는 신념은 문(文) 정부와 민주당이 옳다는 공식으로 비약됐다. 그리고 문(文) 정부와 민주당에 반대하는 국민의힘과 보수 세력은 틀린 것이다. 즉 문(文) 정부와 민주당은 선을 대표하는 집단이고 국민의힘과 보수 세력은 악을 대표한다는 논리가 생겼다. 여기서 문제가 생긴 것은 2030, 특히 20대를 제대로 읽지 못했다는 점이다. 과거엔, 10년 전만 해도 당시 2030은 이런 논리를 받아들였지만 이젠 아니었다. 86세대가 주류인 민주당은 1980년대 시선으로 민주주의, 공정·정의 해석을 독점하려 했고 2030은 그들이 자라고 성장한 글로벌 스탠더드 기준을 들이댔다.

민주당 스스로도 내로남불이 4·7 선거 패배 원인이라고 진단했다. 민주당은 2020년 총선에선 촛불, 등대와 같은 긍정적인 이미지가 있었다고 했다. 4·7 선거에선 위선적, 내로남불, 무능력 같은 부정적 이미지가 형성됐다는 것이다. 국민의힘 2020년 총선에선 비호감 정서가 강하게 표출됐는데 4·7 선거에선 리빌딩, 추진력 같은 일부 긍정적 이미지가 형성됐다고 평가했다. 위선, 내로남불, 무능력은 서로 통하는 말이다. 2021년 전후엔 부동산 폭등을 수습하느라 날이 새고 있던 시기였다. 4·7 선거를 코앞에 두고 한국토지주택공사(LH) 투기 의혹이 불거져 문재인 정부와 민주당을 멘붕 사태로 몰아넣었다. 국정능력 의문이 확산했고 이를 변호하느라 위선적인 태도를 취했는데 결론은 '내로남불'이었던 셈이다.

민주당	국민의힘
2020총선 당시 '촛불', '등대'와 같은 긍정적 이미지에서 2021년 재보궐 선거에서는 '위선적', '내로남불', '무능력'과 같은 부정적인 이미지가 형성됨	2020년 총선 당시에는 비호감 정서가 강하게 표출되었다면, 2021년 재보궐 선거에서는 '리빌딩', '불도저(추진력)'와 같은 일부 긍정적 이미지가 형성되고 있음
21대총선(2020년 4월)	
"지금은 여러 가지로 미숙하고 힘들지만 등대처럼 우뚝 설 거라고 믿고 싶어요." "촛불이미지, 아직은 많은 사람들이 지지하고 있다. 끝까지 잘해 주세요."	"다른 당 물어뜯는 날카로운 저질단어 사용한다." "이제는 멸종해야 될 정당이다." "격돌. 심란한 상황. 내부갈등." "최순실 사태 생각하면 분노 가라앉지 않는다." "돈 많고 럭셔리한 기득권. 서민들의 삶과 다른 그들만의 세상?"
4·7 재보궐선거(2021년 4월)	
내로남불 - 내가 하면 노후준비 남이 하면 불법 "잘못한 사람은 벌을 받아야 한다고 내세우며 탄핵심판을 했는데, 과연 민주당 인사가 잘못했을 경우, 합당한 벌을 받았는지 모르겠어요." "이중잣대가 있는 것 같아요. 본인들이 야당일 때 그렇게 내로남불하지 말라고 하더니…" "노력은 하는 것 같은데 역량이 부족한 건지? 추진은 하는데 마무리는 못하는 것 같아요."	"최근 들어 리빌딩을 하는 것 같은, 뭐가 바뀌는 듯한 느낌이 들어요." "자기 할 말만 하는, 소통이 안 되고 자기 말만 하는 것 같아요." "꼰대 느낌도 있어요." "밀어붙이는 추진력이 있는 불도저 느낌이에요."

〈표 14〉 4·7 재보궐선거 이후 정당별 이미지 변화[18]

---

18) 민주당 내부자료,「재보궐 이후 정치지형 변화 분석을 위한 여론조사 결과 보고서」(2021.5)

민주당은 탄핵 이후 민심 변화에 제대로 적응하지 못했다. 탄핵은 헌정중단과 극심한 혼란을 불렀고 민주주의 위기를 심화했다. 대한민국은 군부 쿠데타 이후 수십 년 간 이어진 독재를 겪었고 또다시 군부 쿠데타에 노출됐다. 1987년 직선제를 도입한 후 절차적 민주주의 제도가 자리 잡았지만 과거 헌정 중단사태는 깊은 상처로 남아 있다. 현직 대통령을 끌어내리는데 어찌 편안할 수 있었겠나.

문재인 정부와 민주당은 그런 국민들의 마음을 헤아리지 못했다. 전리품 나눠먹기에 바쁜 것처럼 보였고 대한민국을 어디로 끌고 가는지에 대한 불안은 더욱 증폭됐다. 오죽 했으면 민주당 보고서에서 내로남불을 '내가 하면 노후준비, 남이 하면 불법'이라고 풀이했을까.

정치 분야에서 책임은 두 가지로 구별된다. 하나는 법률적 책임이고, 또 하나는 정치적 책임이다. 법률적 책임은 글자 그대로 헌법이나 법률, 시행령, 시행규칙, 고시나 기준에 나와 있는 규정을 어겼을 때 따르는 책임이다. 정치적 책임은 법률적 책임과 별개로 국민이, 상황이 요구하면 져야 하는 책임이다. 정치인은 스스로 책임이 없다고 생각하더라도 국민이 원하면 책임을 져야 하는 사람들이다. 대선 후보로 나섰거나 총선 또는 지방선거를 지휘하다가 패배하면 대체로 책임지고 물러났다. 그래서 선거 패배는 종종 정계 은퇴, 당대표를 포함한 당직 사퇴로 이어졌다.

이재명 대표는 대선 패배 이후 3개월도 안 돼 지방선거와 함께 치러진 4·7 인천 계양을 국회의원 재·보궐선거에 출마했다. 이재명은 패배 직후 정치적 책임 없이 국회의원선거에 출마한 첫 기록을 남겼다. 인천은 연고도 전혀 없는 곳이다. 이재명은 경기도지사 한 번, 성남시장을 두 번 역임했는데 그 이전 2006년 성남시장, 2008년 성남 분당갑 국회의원선거에 각각 출마했다가 낙선했다. 이재명은 2022년 지방선거에서 민주당 총괄상임선대위원장을 맡았지만 역대급 패배를 막지 못했다. 패배 책임론이 비등했지만 이재명은 같은 해 8월 전당대회 당대표 경선에 출마해 당선했다.

이재명을 둘러싼 대장동 의혹, 프로축구단 성남FC 의혹, 쌍방울그룹 대북송금 의혹 등 수사가 진행되면서 핵심 측근 다수가 구속되고 수사를 받던 5명이 극단적 선택으로 세상을 등졌다. 이재명 핵심 측근이라고 인정했던 정진상 전 당대표 당무조정실장, 김용 전 민주연구원 부원장은 대장동·성남FC 연루 의혹으로 구속됐다. 이화영 전 경기도 평화부지사는 쌍방울그룹 대북송금 연루 의혹으로 구속됐다.

이들의 범죄혐의는 이재명이 성남시장, 경기도지사로 재직하던 시기에 이루어졌다. 법률적 책임과 별개로 정치적 책임은 당연히 이재명에게 있다. 이재명은 무리한 검찰 수사가 측근 구속, 극단적 선택의 원인이라고 남 탓으로 일관했다. 이재명은 경기도 전 비서실장이 다섯 번째 극단적 선택을 하자 그때서야 비로소 책임이 있다고 인정했다.

민주당을 휘감고 있는 내로남불은 우리편 편향(Myside bias) 때문이다. 우리편 편향은 우리가 자신의 사전 견해와 태도를 우호적인 방식으로 증거를 평가, 생각하고 가설을 검증할 때 나타나는 편향이다.[19] 우리편 편향은 잘못과 책임을 인정하지 않는다. 당연히 성찰도 거부한다. 대개 '나는 옳고 네가 틀리다'로 나아간다.

민주당은 4·7 선거 패배원인을 내로남불이라고 진단해 놓고도 잘못을 인정하지 않는다. 이재명은 검찰 수사와 재판, 측근 구속, 극단적 선택에 대해서 일관되게 '검찰 탓'으로 몰고 간다. 민주주의는 대표와 책임의 원리가 핵심이다. 민주당에선 내로남불에 의해서 작동된다.

---

19) 키스 E.스타노비치, 『우리편 편향』(바다출판사, 김홍옥 옮김, 2022.3), 11쪽

2030세대-60대, 세대연합 탄생

보수 언론, 어떻게 부활했나?

보수 언론들은 큰 위기에 처하는 것처럼 보였다. 2016년 촛불시위, 2017년 3월 헌법재판소 탄핵 결정, 2017년 5월 문재인 정부 출범 즈음엔 그랬다. 종합일간지 중에서 국민일보, 동아일보, 문화일보, 세계일보, 조선일보, 중앙일보가 보수 언론으로 꼽힌다. 종합 경제지도 대다수가 보수 기조를 유지한다. 인터넷 전문매체로는 데일리안, 뉴데일리가 보수 정권에서 성장했다. 보수 성향 종편도 마찬가지였다.

동아일보 계열의 채널A, 조선일보 계열의 TV조선, 매일경제 계열의 MBN도 존폐위기에 몰렸다. 다만 중앙일보 계열의 JTBC는 국정농단 주범 최서원(최순실 개명) 태블릿pc를 최초 보도하면서 인기채널로 자리 잡은 터라 위기와는 거리가 좀 있었다. 촛불과 탄핵으로 보수 가치가 크게 위축됐고 문재인 대통령이 당선하면서 위기감이 고조됐다.

보수 언론의 위기는 2002년 노무현 대통령 당선 때도 부각됐다. 대선 승리 직후 오연호 〈오마이뉴스〉 대표는 2002년 12월 19일로 대한민국 언론이 교체됐다고 선언했다. 조중동이 길게는 80여 년간 누려왔던 중앙 권력이 드디어 교체된 것이다. 언론 권력은 종이신문 직업 기자의 손에서 네티즌, 인터넷 시민기자에게 이양됐다. 네티즌은 본성적으로 인터넷 시민기자들이라고 말했다.[20] 여기서 조중동은 조선일보, 중앙일보, 동아일보을 말한다. 문화일보를 포함해서 조중동문으로 불리기도 했다. 86세대는 운동권 시기부터 이들 언론을 적대시했고 일부는 지금도 남아 있다.

이들 보수 언론은 86세대에겐 거의 적이나 마찬가지로 인식됐다. 노무현 전 대통령 기자실 폐쇄는 보수 언론을 바라보는 86세대의 단면을 드러내는 것처럼 보인다. 민주당 계열 정당이나 소속 정치인들의 보수 언론 공격은 종종 이어졌다. 노무현 대통령은 임기말 2007년 정부 37개 부처 기자실들을 단 3개로 통폐합했다. 이른바 '기자실 대못' 사건이다. 공무원을 만나려면 사전 허가를 받도록

---

20) 오연호, 「오마이뉴스 긴급진단」(2002.12.19.)

했고 전자출입증 제도를 도입했다. 전 언론이 대상이었지만 인력과 취재력을 갖춘 보수 언론이 주요 타깃이었다.

문재인 정부는 2018년 10월 판문점 남북고위급회담 취재단에 탈북민 출신 조선일보 기자를 출발 1시간 전에 전격 배제했다. 이재명 대표도 틈나는 대로 보수 언론을 비판하곤 했다. 이재명은 성남시장 시절부터 페이스북 등을 통해 "보수 언론+부패 토건세력+보수 정당이 삼위일체로 '이재명 죽이기'에 올인하고 있다"고 여러 차례 비난했다.

보수 언론은 심각한 경우에는 종종 악마화의 대상이 되기도 했다. 강준만에 따르면 김어준이 "〈TV조선〉(또는 〈조선일보〉)을 너무 많이 보신 것"이라고 하는데, 이게 바로 김어준식 편 가르기의 정수다. 이는 글들이 상대편의 주장을 반박할 때 쓰는 레토릭(rhetoric)이라는 것이다.

보수 언론은 그들에게 악마와 같은 존재이기 때문에 굳이 반론의 과정을 거칠 필요가 없었다. "무슨 〈TV조선〉(또는 〈조선일보〉)에 나오는 이야기를 하는 거야"라는 한마디로 모든 게 정리가 되었다.[21] 조선일보를 읽거나 조선일보 기조에 동의하면 적으로 간주한다고 했다.

나꼼수는 2011년 방송된 팟캐스트로 대박을 쳤다. 지금의 유튜

---

21) 강준만, 『정치 무당 김어준』(인물과사상사, 2023. 2), 109쪽

브라고 보면 된다. 나꼼수 공식 명칭은 〈딴지 라디오 : 나는 꼼수다〉로 딴지일보에서 제작하고 방송했다. 나꼼수는 2011년 첫 방송을 시작하여 2012년 12월 대선 당일까지 계속됐으며 주요 내용은 당시 이명박 대통령을 비아냥거리는 것들이다. 나꼼수 캐치프레이즈는 '국내 유일 가카 헌정방송'이었다. 김어준 딴지일보 총수, 주진우 시사인 기자, 정봉주 전 국회의원, 김용민 전 한양대 겸임교수가 주요 출연진이었다.

나꼼수는 일부 방송이 전체 팟캐스트 다운로드 세계 1위를 달성하기도 했고, 여론조사 업체 리얼미터 설문조사에서 600만명이 듣는다는 결과가 보도되기도 했다. 이때만 해도 보수 언론의 퇴조는 시간만 남은 것처럼 보였다.

보수 언론의 부활은 역설적이게도 86세대가 권력의 중심으로 부상하면서부터이다. 문재인 정부 출범 이후 86세대는 민주당, 정부, 청와대 주요 요직을 장악했다. 이낙연 국무총리, 이해찬 당대표를 보좌하는 참모그룹은 대부분 86세대로 채워졌다. 청와대 비서관, 행정관들도 마찬가지였다.

86세대 권력에서 두 가지 문제가 발생했다. 첫 번째 문제는 대한민국 지속가능성 위기를 심화시켰다는 것이며, 두 번째 내로남불이 국정운영의 핵심원리가 됐다는 사실이다. 지속가능성 위기는 86세대 권력의 핵심 지지기반이 4050이었기 때문에 발생했다. 4050이 주도권을 쥐고 있는 노조, 시민사회 지원을 강화하고 각종 개혁이나 혁신에 미온적인 태도를 취했다. 수요 중심의 부동산 정책, 대기업 규제는 결과적으로 2030에게 그 부담을 전가했다. 내로남불이 국정원리로 자리 잡으면서 반성과 성찰은 사라지고 위선은 또 다른 위선을 낳았다.

86세대 지지기반이 4050으로 축소되면서 보수 언론의 독자층은 60대, 2030으로 확장됐다. 보수 언론은 애국적 기조, 86세대 권력 비판, 규제 개선, 노조와 시민사회의 과잉 비판, 지속가능한 연금 보험제도 개혁을 일관되게 요구해 왔다. 86세대는 1980~90년대 적개심으로 보수 언론을 바라보면서 거리를 뒀지만 2030은 쿨했다. 그들은 지금, 오늘의 눈으로 보수 언론을 받아들이게 된 것이다.

피크 차이나, 중국 당할 뻔했던 K

피크 차이나(Peak China)는 지속할 수 있을까. 시진핑 3연임, 인도 인구 세계 1위 등극과 맞물리면서 중국 미래에 대한 어두운 전망이 늘고 있다. 중국이 뜻하지 않게 G2로 부상한 것은 다섯 가지 이유 때문이다.[22] 호의적인 지정학적 환경, 경제개혁에 대한 열성적인 지도부, 1인 통치를 희석시키고 전문 관료의 권한을 강화한 제도

---

22) 김종수 옮김, 『중국은 어떻게 실패하는가』(책세상, 마이클 베클리·할 브랜즈, 2023. 2), 66쪽

변화, 사상 최대의 인구배당효과(demographic dividend), 풍부한 자원이 결합해 상승세가 나타났다. 그러나 다섯 가지 요소는 거꾸로 중국에 불리한 방향으로 바뀌고 있다. 중국을 겨냥한 미국 중심 동맹, 이른바 중국식 경제노선 추구와 시진핑 일방 독주, 인구 감소와 급격한 고령화, 자원 부족이 중국을 옥죄고 있다.

중국 쇠퇴 징후와 달리 대한민국은 전성기로 접어들고 있다. K는 대한민국과 정체성을 상징한다. K는 참으로 대단하다. 세계 어느 나라도 영어 알파벳 한 글자로 국가 또는 국가의 정체성을 나타내는 곳은 없다. 세계의 제국 미국조차도 A로 표시하지 않는다. 중국도 C라고 부르지 않는다. G2는 경제 분야에서 미국과 중국을 의미하고 외교·군사 분야에선 미국과 러시아를 지칭할 뿐이다. G2는 미국, 중국, 러시아를 지칭하기보다 패권, 관계에 초점이 있다.

임명묵이 쓴 『K-를 생각한다』는 제목으론 기념비적이다. 이 책은 90년대생이 바라보는 대한민국에 대한 글이다. 임명묵은 K가 자부심과 스트레스를 함축하고 있다고 했다.[23] 이 글은 곳곳에서 중국에 대한 부정적인 견해를 담고 있다. 90년대생들에게 중국은 지나치게 통제적이고 불편하고 불안한 나라로 비친다.

86세대에게 중국은 익숙하다. 86세대는 홍콩 느와르와 함께 자랐다. 홍콩 영화는 1980년대 전성기를 맞는다. 1980년대 중반부터

---

23) 임명묵, 『K-를 생각한다』(도서출판 사이드웨이, 2021. 5), 20쪽

1990년대 초반까지 한 해에 100여편 이상 제작될 정도로 최고의 전성기를 구가했다. 성룡, 주윤발, 이연걸, 임청하와 같은 홍콩 스타들은 자주 한국을 방문했다. 86세대에게 중국 초대 주석 마오쩌둥 공부는 필수코스였다. 수많은 버전으로 출간된『마오쩌둥 평전』은 필독서였고 1934년 '마오쩌둥 2만5천리 대장정'은 집중적인 연구 대상이었다. 김일성은 1950년 6·25 남침과 국군, 유엔군 반격으로 위기에 빠졌는데 이를 도운 것도 중국 공산당과 마오쩌둥이었다. 이런 과거 때문에 86세대에게 중국은 협력 또는 연대 세력으로 여겨지고 있는 것 같다.

86세대의 중국 호감은 짝사랑에 가깝다. 역사는 잘 바뀌지도 않고 어떤 때는 되풀이되기도 한다. 역사에는 면면이 이어져 오는 국민들의 생각이 스미어 있다.

중국은 수천년간 한반도를 침탈해 왔다. 중국은 6·25 한국전쟁을 공식적으로 항미원조전쟁이라고 부른다. 미국과 중국 구도를 깔고 있다. 중국 국치지도(國恥地圖)에선 한반도가 원래 중국 영토라고 주장한다. 중국은 동북공정(東北工程)도 모자라 김치까지 자기들이 원조라고 주장하는 실정이다. 중국에게 북한은 포기하거나 다른 무엇과 바꿀 수 없는 국익이다. 북한 생존이 핵 보유, 한반도 통일, 남북교류보다 우선이다.

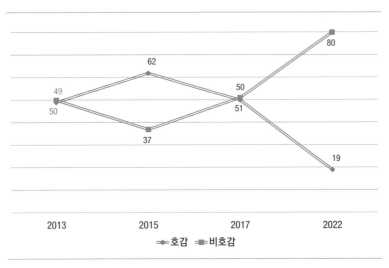

62

49
50

50
51

37

80

19

2013　　　　　2015　　　　　2017　　　　　2022
━◆━호감　━■━비호감

〈표 15〉 미국 퓨리서치센터, 중국 호감도 추이(단위: %)

　최근 한국인들의 중국 감정이 눈에 띄게 악화하고 있다. 중국 호
감도는 2010년대 이후론 2015년 62%로 최고를 나타냈다. 이 무렵
엔 박근혜 대통령과 중국 시진핑 국가주석 간 정상회담이 빈번하게
열렸다. 박근혜는 2013년 6월, 2014년 11월, 2015년 9월까지 세
번이나 중국을 방문했다. 시진핑은 2014년 7월 한국에 왔는데 그
의 방한은 처음이자 마지막이었다. 2017년엔 대 중국 정서가 거의
비슷했는데 그해 11월 베트남 아·태경제협력체(APEC) 정상회담
을 계기로 문재인 대통령과 시진핑 간의 한중 정상회담이 열렸다.
대 중국 정서는 2017년 이후 줄곧 악화되다가 2022년 말엔 비호감
80%, 호감 19%로 벌어졌다. 거의 회복 불능지경까지 온 것이다.
　한국인들의 중국 정서 악화는 한한령(限韓令)이 계기가 됐다. 한

한령은 중국 내 한류 금지령을 뜻한다. 중국 정부에선 공식적으로 인정하지 않지만 한류, 관광, 중국 투자, 무역 등 거의 모든 분야에서 보복조치가 이루어졌다. 2016년 7월 한국의 사드(THAAD, 고고도 미사일방어체계) 배치가 확정되면서부터이다.

국내 5대 그룹이자 유통 최강자인 롯데그룹은 중국인들의 타깃이 됐다. 2016년 롯데가 경북 성주 골프장을 사드 기지 부지로 국방부에 제공하면서 중국의 보복이 본격화되었다. 롯데는 1994년 중국 시장에 첫 진출한 후 다양한 분야에서 사업을 확장했지만 사드 보복 이후 사업 환경이 악화되기 시작했고 전면 철수 마무리단계에 와 있다.

하마터면 중국 당할 뻔했다. 한동안 '중국 당했다'는 말이 유행했다. 자기 마음대로 하면서 남에게 해를 끼치는 사람에게 피해를 입었을 때 쓰는 말이다. 중국의 경제 보복과 몰상식한 무례를 지겹게 보아온 MZ세대가 만들어낸 신조어다.[24] 과거에 '중국스럽다'는 말은 대국답다, 통이 크다는 긍정적 의미로 종종 사용됐다. 지금 중국스럽다고 말하면 대체로 부정적인 뜻을 갖고 있다. 억지를 쓰거나 무례하게 굴 때, 비난받아도 싸다고 할 때 어울리는 말이다. 만약 지난 대선에서 민주당이 승리하고 중국 중시 정책을 지속했으면 어떻게 됐을까?

---

24)　조선일보, 「또 '중국 당할' 판」(2022.12.29.)

정용진 멸공 챌린지, 북한이란 거짓말

북한은 일곱 나라 중의 하나다. 유엔 총회는 2023년 2월 우크라이나 평화 결의안을 채택하고 러시아 철군을 요구했다. 찬성 141표·반대 7표였는데 북한은 러시아, 시리아, 니카라과, 벨라루스, 에리트레아, 말리와 같은 편에 섰다.

중국은 기권했다. 유엔은 2022년 10월에도 러시아 규탄 결의안을 채택한 바 있다. 193개국 중 찬성 143표, 반대 5표, 기권 35표로 나타났다. 당시에도 북한은 러시아, 벨라루스, 니카라과, 시리아와 함께 반대표를 던졌다.

신세계그룹 정용진 부회장의 멸공 챌린지가 논란이 된 적이 있다. 2022년 대선 선거운동이 한창이던 1월 정 부회장이 숙취해소제 사진과 함께 '끝까지 살아남을 테다. 멸공'이라는 해시태그를 달았다. 당시 윤석열 후보는 이틀 후 이마트를 방문해 장을 본 뒤 SNS에 달걀, 파, 멸치, 콩 등을 구입했다며 해시태그를 달았다. 민주당은 철 지난 색깔 공세, 보이콧 정용진 등으로 공세를 취하며 깎아내렸다. 그러나 윤 후보는 이미 만만치 않은 실속을 챙긴 뒤였다. 윤 후보가 가세한 멸공 논란은 한동안 온·오프라인을 뜨겁게 달궜다.

정 부회장 인스타그램 팔로워는 대략 77만명이다. 민주당은 의문의 일격을 당한 셈이 됐다. 대한민국에서 대기업오너의 정치발언 또는 오해를 살 만한 메시지는 철저하게 금기시되어 왔다. 다행히 문재인 정부 임기 말이었고 윤석열 정부로 정권이 교체되었기 때문에 정 부회장 해시태그 논란은 잠잠해졌다.

미국 등 일부 국가에서 스타기업들의 정치발언은 낯설지 않은 풍경이다. 테슬라의 경영자인 일론 머스크가 2022년 11월 미국 공화당 트럼프의 경쟁자로 떠오른 디샌티스 플로리다주지사를 공개적으로 지지하겠다고 선언했지만 이 때문에 머스크를 비난하지는 않는다.

북한은 거대한 거짓말 위에 세워진 김일성 왕조 국가다. 북한은 김일성, 김정일, 김정은 3인 통치체제다. 김일성과 김정일은 죽었지만 소위 유훈(遺訓)으로 곳곳에서 영향력을 발휘한다. 김정은 체제가 쉽게 흔들리지 않은 이유는 3인에 의한 촘촘한 세뇌와 감시, 강제적 동원체제가 작동하고 있기 때문이다. 북한 건국 명분은 김일성 항일 빨치산 투쟁이다. 북한은 보천보 전투를 대대적으로 홍보하고 있는데 함경남도 갑산군에 있는 읍이다. 1937년 있었던 일인데 일부 자료에 의하면 무장병력이 5명 정도 있었다고 전해지기도 한다. 김일성은 1912년생이었으니 보천보 전투가 벌어질 때는 25살이다. 그 이후엔 연해주 등을 전전하며 살아남기 바빴을 것이란 추정도 있다.

1945년 해방되었을 때 김일성 나이는 33세였다. 김일성은 6.25 전쟁 전후 남로당계, 군내 연안계 및 소련계를 숙청했다. 김일성

직계인 만주파가 당·군을 장악하고 일체화했다.[25] 북한은 끊임없이 역사 다시 쓰기를 시도한다. 김정일은 실제 러시아 땅에서 태어났지만 백두산 인근으로 출생지를 바꾼다. 버젓이 역사왜곡을 일삼는 것이다. 북한은 진보정권일 때는 몰래, 보수정권일 때는 대놓고 핵개발을 해왔다. 핵은 곧 백두혈통의 안전보장이라는 속셈 때문이다. 백두혈통이 존재하는 한 비핵화도, 남북관계 진전도 사실상 불가능하다. 민주당은 남북관계 개선을 주요 정당정책으로 채택하고 있다. 그러나 이는 괜한 헛수고일 뿐이라는 게 과거 셀 수도 없는 뒤통수 때리기를 통해 입증됐다. 2030은 북한에 대해 냉정한 잣대를 들이대고 있다.

2018년 평창 동계올림픽에선 2030의 북한 독립이 확인됐다. 1988년 서울올림픽 이후 30년 만에 국내에서 올림픽이 열려 분위기가 달아올랐다. 2017년 문재인 정부 출범 이후 남북관계도 화해무드가 이어졌다. 자연스럽게 여자 아이스하키 남북 단일팀 출전 얘기가 나왔다. 통일, 평화라는 명분 때문에 큰 사회적 반향이 예상됐다. 그러나 의외의 반전이 일어났다. 단일팀 구성 첫 논의가 시작되었을 때 20대 반대여론이 82.2%, 30대는 82.6%에 육박했다.[26] 단일팀을 구성하면 누군가 기회를 박탈당할 수밖에 없고, 한국 선수들이 어렵게 만들어낸 본선진출에 북한 선수가 들어가면 무

---

25) 서동만, 『북조선사회주의체제성립사』(선인, 2005.1), 801~825쪽
26) 주간경향, 「예상하지 못한 '상처뿐인 남북단일팀'」(2018.1.24.)

임승차라는 이유 때문이다. 정부여당은 남북 화해, 한반도 평화라는 명분을 강조했지만 2030은 공정·정의에 반한다고 보았다.

정부는 2023년 국방백서에서 북한정권과 북한군을 적으로 규정했다. 6년 만에 북한을 협력 대상에서 적으로 입장을 바꾸게 되었다. 문재인 정부는 북한과 화해협력을 위해 많은 노력을 기울였지만 2030 분위기는 전혀 다르다. 국방부는 2016년 이후 '장병 정신전력지수'를 매년 측정한다. 대적관, 국가관, 안보정신, 사기, 단결력 등의 요소를 더해 장병들의 정신전력 수준을 수치화하고 있다. 2016년 77.1이었던 지수는 2017년 79.8, 2018년 80.2, 2019년 81.2, 2020년 81.9, 2021년 82.3으로 매년 증가했다. 한마디로 정신무장이 더 단단해졌다는 얘기다.[27] 정부가 북한을 협력대상이라고 하든, 적이라고 하든 이미 북한에 대한 부정적 여론이 확산되고 있다는 점을 정명하고 있다.

한반도 평화는 민주당 정당정책의 주요 골간을 이룬다. 지난 2022년 대선에서도 열 번째 주요 정책이었다. 한반도 평화는 쉽게 말하면 북한과 잘 지내자는 것이다. 그리고 김대중 전 대통령의 성공신화 때문이기도 하다. 김 전 대통령은 2000년 첫 남북정상회담을 열었고 이는 노벨평화상 수상 계기가 됐다. 그러나 김 전 대통령 이후 남북관계 훈풍이 민주당에 도움이 된 적은 거의 없다. 민주

---

27) 한국일보, 「MZ세대 장병은 달랐다」(2023.1.1.)

당의 남북관계 집착은 어떤 경우에는 도를 넘는 경우도 종종 있다. 2007년 노무현 전 대통령이 그렇게 공을 들였던 남북 정상회담은 아무런 실효성이 없었다. 노 전 대통령 후보 시절 "남북대화만 성공하면 다 깽판쳐도 괜찮다"고 말했지만 이미 그런 시기는 지났다.

황정민 출연 영화 〈공작〉에선 명품시계가 등장한다. 북한은 남북인사 만남이나 북한 방문할 때 국경세로 돈이나 현물을 요구하는 것으로 널리 알려져 있다. 베이징에서 북한 인사를 만나게 되면 여럿이 나온다. 〈공작〉에서도 정치 담당, 경호 인력까지 꽤 많은 사람들이 엮인다.

북한 측은 오고 가는 교통비, 숙박비, 누군가에게 바치거나 인사를 해야 하는 비용까지 직간접으로 요구하게 될 수밖에 없다. 김대중 정부 대북송금은 수면 위로 드러난 사례일 뿐이다. 문재인 정부 시기 쌍방울그룹이 추진했던 대북사업은 실현가능성이 애시당초 희박했다. 남북한 정부가 함께 추진했던 금강산관광, 개성공단도 순식간에 망가졌는데 하물며 지차체와 기업의 민간사업이 성공할 확률이 얼마나 될까.

민주당은 남북관계 핫라인을 중요한 정치자산으로 여기는 경향이 있다. 핫라인을 만들기 위해선 돈이 필요하다. 국내외 대북제재를 뚫고 북한으로 돈을 송금하기 위해선 국제법, 국내법을 수도 없이 위반할 수밖에 없다. 돈 마련도 쉽지 않다. 꼬리가 밟히지 않을, 출처가 없는 은밀한 돈이어야 하기 때문이다. 경기도 대북사업을 전담한 이화영 전 평화부지사도 대북송금 사실을 몰랐다고 한다. 진위 여부는 재판을 통해 드러나겠지만 북한과 돈거래는 위험하다. 그리고 돈거래를 통해 남북관계가 진전이 된다고 한들 진정성이 과연 있을지 의문이다. 민주당의 북한 스펙 쌓기는 국민여론은 물론 2030의 반감을 심화할 수 있다.

순위		국가	호감도	순위		국가	호감도
1위		미국	67.7	16위		일본	42.2
2위		스웨덴	64.4	17위		인도	41.5
3위		호주	63.6	18위		러시아	35.9
4위		독일	61.5	19위		중국	35.5
				20위		북한	31.0

〈표 16〉 한국인의 국가별 호감도(단위: %)[28]

한국인 국가별 호감도 조사에서 북한은 최하위다. 북한은 31.0%로 중국(35.5%), 러시아(35.9%)보다 뒤진다. 일본은 42.2%로 나타났고, 인도 역시 41.5%였다. 미국은 67.7%로 1위에 올랐고 스웨덴, 호주, 독일까지 60%대가 넘었다. 최근 일본 호감도는 개선되고 있는 반면 북한은 더욱 악화하고 있다. 북한은 러시아의

---

28) 중앙일보, 「한국인의 日호감도, 34→42점으로…북·중·러는 꼴찌 1·2·3등」 (2023.1.13.)

우크라이나 침략을 적극 지지한다. 러시아에 무기까지 몰래 지원하다가 미국에 덜미를 잡혔다. 또 북한은 중국의 '묻지 마 동맹'이다. 이런 현실은 대한민국의 갈 길을 보여준다. 당분간 북한은 잊는 게 좋다.

남북한은 한민족이지만 이웃 국가보다 훨씬 멀고 낯설다. 북한은 이미 핵 개발을 완료, 실전배치 단계에 들어섰다. 핵개발 이전과 다른 남북관계 설정이 불가피하다. 최근 북한에서 김정은 딸 김주애가 부쩍 자주 등장하고 있다. 김정은과 함께 미사일 발사를 참관하고 북한군을 사열하고 김주애 우표까지 등장했다. 김정은의 아들이 있는지 없는지 확인되지 않아 김주애 4대 세습설까지 확산하고 있다.

86세대에게 북한은 최우선 협력 대상이지만 2030은 그렇지 않다. 북한은 이해할 수 없는 괴물 같은 존재다. 글로벌 스탠다드 기준으론 도무지 맞지 않는 세계 저편의 상식 이하의 왕조 국가일 뿐이다. 2030의 눈에 비친 4대 세습, 핵 위협, 중국·러시아 밀착은 시대착오적이다. 남북관계 핫라인이 정치자산이 되는 시기는 이미 지나갔다.

일본 주적론, 생명력 어디까지

대한민국에선 일본을 때리고 일본은 혐한(嫌韓) 정서를 자극한다.

일본을 때리면 반기는 사람들이 있고 그 때문에 정치적으로 이익을 보는 세력이 있다. 일본도 혐한(嫌韓)을 자극하면 좋아하는 사람들이 있고 정치적으로 이익을 보는 세력이 있다. 윤석열 정부가 2023년 봄 강제징용 제3자 배상안을 내놓자 민주당은 연일 반일정서를 자극하고 있다. 3차 배상에 가장 반대가 많은 연령은 40대이고, 그다음이 50대와 30대이다.

민주당은 바로 이들 연령을 타깃으로 윤 정부와 일본을 때리고 있다. 60대 이상은 윤 정부 3자 배상에 찬성이 많다. 20대에선 반대가 높지만 강도는 상대적으로 약하다. 일본과 관계 개선 쪽으로 조금씩 관심이 이동하고 있다. 일본도 우익 정치인 중심으로 혐한을 자극하고 있다. 대략 4050이 타깃이고 보수층을 대상으로 정치 장사에 열을 올리고 있다. 일본도 젊을수록 혐한이 잘 안 통한다.

일본이 한 일을 생각하면 도저히 같은 이불을 덮고 살 수 없다는 정서가 많다. 우리가 배우는 역사, 예술 작품, 수십 년째 계속되는 두 나라 갈등은 이런 국민정서에 자양분을 공급한다. 국뽕 영화는 대부분 흥행한다. 웬만하면 실패하지 않는다.

김한민 감독 영화 〈명량〉은 지금 보면 조금은 억지스럽고 유치하다. 벌써 10년 전 제작됐고 최근 눈부시게 발전하고 있는 CG를 감안하면 조금은 이해가 되기도 한다. 역사 고증 부실 논란도 있었다. 〈명량〉은 관객을 1,761만명이나 동원했다. 대한민국에서 개봉된 영화로는 국내외 모두 1위에 올라 있다. 2014년 7월 30일 개봉

작품이지만 관객 수에서 지금까지도 압도적 1위를 지키고 있다. 배우 최민식의 강렬한 연기가 인상적인데 8.15와 맞물리면서 대박이 났다.

코로나19 팬데믹 이후 국뽕 영화들이 쏟아졌지만 과거 흥행공식은 깨졌다. 〈명량〉 후속 〈한산: 용의 출현〉이 726만 관객을 모았지만 절반도 안 되는 관객으로 물러났다. 〈한산: 용의 출현〉도 2022년 7월 26일 개봉해 8.15를 겨냥했다.

안중근 의사를 다룬 〈영웅〉은 손익분기점(340만명)을 넘지 못했다. 〈영웅〉은 2022년 12월 영화와 뮤지컬로 동시 개봉돼 큰 관심을 끌었지만 국뽕 작품으론 예기치 않게 실패했다는 평가를 남겼다. 조선 총독 암살 작전을 담은 〈유령〉, 치매 노인의 친일파 복수 〈리멤버〉도 줄줄이 흥행 부진에 빠졌다.

이에 비해 일본 농구 만화 슬램덩크가 원작인 애니메이션 영화 〈슬램덩크〉가 대히트를 쳤다. 2023년 1월 개봉된 슬램덩크는 봄까지 숱한 화제를 뿌렸다. 슬램덩크는 3월 누적 관객수 400만명을 돌파해 2017년 개봉 애니메이션 〈너의 이름은〉을 꺾고 신기록을 썼다. 뒤이어 개봉한 심카이 마코트 감독의 일본 애니메이션 〈스즈메의 문단속〉은 〈슬램덩크〉까지 꺾는 돌풍을 일으켰다. 국뽕 작품은 흥행하고 일본 예술은 통하지 않는다는 공식이 깨진 것은 역사와 과거에 연연하지 않고 작품 그 자체에 주목하는 2030 탓이 크다는 평가가 많다.

정치학에선 국익이란 개념을 종종 사용한다. 국익은 일반적으로 사용되는 국가이익과 달리 나라마다 도저히 양보할 수 없는 국가의 핵심이익을 의미한다. 영토, 주권, 국민, 정체성, 역사 등이 국익에 해당된다. 우크라이나와 러시아 전쟁이 쉽게 마무리되는 못하는 이유도 국익의 충돌 때문이다. 우크라이나는 러시아가 이번 전쟁에서 점령한 4개주를 포기할 수 없고, 2014년 병합된 크림반도 역시 되찾아야 한다. 러시아도 크림반도는 물론 4개주를 내주게 되면 정권이 흔들릴 수도 있다.

북한의 현상유지, 대만 통일은 중국 국가이익이다. 독도는 대한민국의 국익이다. 전쟁을 통해서라도 반드시 지켜야 하는 영토이기 때문이다. 일본도 독도를 그렇게 생각할 가능성이 있다. 우린 이해할 수 없지만 그들은 국익이라고 생각할 수 있다. 일제 강제동원, 위안부 등도 우리의 역사이고 정체성을 구성한다. 일본이 아무리 이제 됐다고 주장해도 우리 입장에선 된 것이 아니다.

국익은 타협하거나 조정할 수 없다. 세계적으로도 영토 분쟁이나 역사 논란은 끝나지 않는다. 전쟁을 통해 일시적으로 문제를 해결한다고 해도 앙금은 남아 다음 세대로 넘어간다. 영국과 아르헨티나는 1982년 포클랜드 제도(아르헨티나 이름: 말비나스)를 두고 전쟁을 벌였다. 포클랜드는 아르헨티나 해안에서 480㎞ 떨어진 섬으로 수백 년째 영토분쟁을 겪었던 곳이다. 영국은 포클랜드 전쟁에서 승리했지만 그걸로 끝이 아니다. 영국과 아르헨티나는 대표적인 국제 앙숙관계로 사안마다 으르렁거리고 있다. 월드컵에서 두 팀이 맞붙게 되면 세계 언론은 축구전쟁으로 주목한다. 아르헨티나 국민 대다수는 포클랜드가 자국 영토라고 생각하고 있고 양국의 영토분쟁은 여전히 계속되고 있다.

구분	전체	18~29세	30대	40대	50대	60대	70대 이상	중도층
필요	49	57	50	33	42	61	53	51
필요 없다	44	36	46	62	53	33	24	42
모름/무응답	7	6	3	5	4	7	23	7

〈표 17〉 북핵 위협 대응 목적 대한민국-일본 군사협력 필요성(단위: %)[29]

2022년 10월, 이듬해 2월 대한국, 미국, 일본 3국 연합 군사 훈련이 있었다. 정치권에서 일본과 군사협력을 두고 논란이 컸다. 민주당은 일본 자위대 한반도 상륙 가능성을 언급하며 강하게 반발했다. 민주당의 일본에 대한 태도는 적대적이다. 북한을 대하는 것보다 훨씬 농도가 진한 증오를 표출한다. 민주당이 이렇게 반응하는 것은 국민들의 반일 정서를 의식하기 때문이다. 특히 86세대를 중심으로 한 4050을 의식한 프레임 전략을 담고 있다. 이른바 '정부여당 친일 vs 민주당 반일' 구도로 가자는 전략이다.

---

29) 한국갤럽, 「데일리 오피니언 제515호」(2022.10)

민주당의 반일 프레임은 되레 포위되고 있다. 의도와 달리 고립되는 모양으로 나타나고 있다. 북한 위협 대응 목적으로 일본과의 군사적 협력 필요성에 대해서는 '필요하다' 49%, '필요하지 않다' 44%로 엇비슷하게 갈렸다.

다만 세대별 차이는 엇갈렸다. 4050에서만 필요하지 않다는 응답이 많았다. 다른 세대에선 모두 필요하다는 의견이었다. 특히 18～29세는 '필요하다' 57%로 60대(61%)와 비슷했다. 중도층에서도 '필요하다' 51%, '필요하지 않다' 42%로 나왔다. 이런 여론조사 결과는 민주당이 일본에 대한 시각을 개선하지 않는다면 지지기반을 4050으로 위축시키는 결과를 초래할 수도 있음을 보여준다.

갈등을 빚고 있는 국가들의 현실적인 대응은 국익과 관계개선의 분리 대응이다. 독도 문제가 해결되지 않는다고, 역사 갈등이 해소되지 않는다고 해서 일본과 관계를 그대로 두면 손해 보는 것은 대한민국이다.

우선 일본은 중국, 러시아, 북한과 달리 민주주의 제도가 운영되고 있다는 점에서 공통점이 있다. 우리와 일본은 자유, 평등, 인권, 경쟁, 공정과 같은 가치를 공유할 수 있다. 또 민주주의는 어느 정도 예측가능하다. 앞으로 일본이 어떻게 행동할지 대략 가늠할 수 있다는 얘기다. 우리와 일본은 당장 중국, 러시아, 북한의 군사적 위협을 막아내야 하는 현실적 목표도 있다.

지금 일본은 매우 어렵다. 수십 년째 경제성장은 거의 멈춰 있

고, 저출산고령화가 심화하면서 사회 전반의 활력이 떨어지고 있
다. 수천 년 한일관계에서 우리가 주도할 수 있는 시간이 온 것이
다. 그리고 2030 시선은 이미 거기로 가 있다.

3장

정치·선거
개인의 탄생

탄핵 대선,
선거 개인의 탄생

탄핵연대 종말, 개인투표 도래

20대 개인 투표 현상이 처음으로 뚜렷하게 나타난 것은 2017년 대선이다. 그해 대선은 보궐선거로 치러졌다. 당초 12월 대선이었지만 탄핵으로 인해 5월로 앞당겨졌다. 보궐선거는 뜻하지 않은 중도 퇴장 때문에 생기는 선거로 임기가 새로 5년이 시작된다는 점이 남은 임기만 인정되는 다른 선거와 다르다. 그해 대선은 이미 승부가 정해진 선거였다. 촛불민심이 강하게 꿈틀댔고 당시 문재인 후보가 반사효과를 누렸다. 문재인은 이미 당선된 것이나 진배없었다. 자유한국당(한국당, 국민의힘 전신)에선 홍준표 후보가 나왔다. 홍준표는 탄핵정당 후보론 어울리지 않게 성찰·쇄신 대신 탄핵에 비판적 태도를 유지했다. 홍준표는 국민의당 안철수 후보와 한때 후보단일화를 시도하기도 했지만 성과는 없었다. 홍준표는 선거승리를 장담했지만 내용상 연습출마였던 셈이다.

20대는 2000년대 들어 대다수 선거에서 3040과 함께 민주당 계열 후보에 투표해 왔다. 2017년 대선에선 20대 투표가 안철수 후보, 바른정당 유승민 후보, 정의당 심상정 후보 등으로 분산됐다. 선거에서 개인이 등장했음을 예고하는 지표였다.

물론 20대에서 문재인 지지가 가장 높았지만 3040과 같은 몰표는 없었다는 얘기다. 안철수는 모든 연령에서 10% 이상 득표한 걸로 조사됐다. 안철수가 중도스텝을 유지했고 진보, 보수가 아닌 중간지대를 선호하는 유권자들을 흡수했기 때문이다. 탄핵정국에도 거대 양당이 아닌 3당에 대한 욕구가 강하게 분출됐다. 안철수는 2017년 대선 이후 각종 선거에서 우클릭을 지속한 끝에 보수정당 국민의힘에 안착했다. 현실정치에서 어쩔 수 없는 선택이었겠지만 3당의 실험이 좌초된 것은 안타까운 일이다. 최종 득표율은 문재인 41%, 홍준표 24%, 안철수 21.4%, 유승민 6.8%, 심상정 6.2% 순으로 나왔다.

3040은 절반 이상이 문재인을 선택했지만 안철수, 유승민, 심상정 등에도 골고루 표를 나눴다. 2017년 대선에서 눈에 띄는 것은 한국당 홍준표 지지가 매우 낮았다는 사실이다. 특히 연령이 낮을수록 홍준표를 거부했다. 2030 남성 중심으로 2018년 평창 동계올림픽, 2019년 조국 사태와 코인 사태, 2020년 부동산 폭등을 만나면서 범(凡)진보 진영을 이탈해 보수 진영으로 넘어갔다. 2030 여성은 여전히 진보 진영에 머물고 있다. 2030에서 3~4년간에 걸쳐 거대한 변화가 일어났는데 밑바탕에는 선거 개인의 탄생이 있었다. 2000년부터 3년 넘게 코로나19 팬데믹이 지속했는데 온라인·디지털화가 심화됐고 선거에서 개인의 분화를 더욱 촉발했다.

2017년 대선 다자구도 역시 개인 투표 현상을 부추겼다. 문재인 승산이 높았기 때문에 굳이 문재인에게 죽자 살자 투표할 이유가 없었다. 안철수, 유승민, 심상정은 각기 독특한 자기색깔을 드러냈고 선거운동 기간 흥행 불쏘시개 역할을 톡톡히 해냈다. 당락에 얽매이지 않는 유쾌한 선거운동이 가능했던 것이다. 탄핵정국이라는 불편한 선거였지만 투표율은 77.2%로 대박을 쳤다. 2000년대 들어 가장 높은 투표율로 나타났고 아마도 앞으로 쉽게 깨지지 않을 기록으로 보인다.

6년여가 흐른 지금 세대도 절반은 물갈이됐다. 10대 중후반이 대거 20대에 진입했다. 개인 특성이 가장 강한 Z세대는 투표에서도 마찬가지 특성을 보일 가능성이 크다. 20대 중후반은 30대로 들어왔다. 이 때문에 30대에서도 민주당 지지 약화, 개인 투표 현상이 심화되어 가고 있다. 또 젠더가 핵심 이슈로 부각되면서 30대는 점점 복잡해지고 있다.

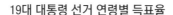

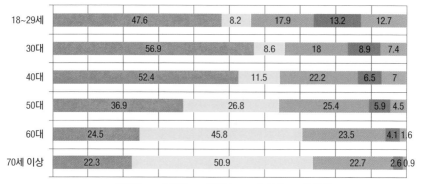

〈표 1〉 방송 3사 출구조사

2030은 묶어서 탈(脫)이념 탈(脫)진영으로도 볼 수 있다. 탈이념 탈진영은 탈(脫)정치의 이면이다. 종종 투표율 하락으로 나타난다. 투표의 이유가 분명하지 않거나 재미 또는 놀이가 아니면 선거 참여는 낮아질 수 있다. 진보 성향이 강한 30대 중후반이 40대로 진입해 40대는 더욱 왼쪽으로 갔다. 그래서 40대는 지금 민주당 핵심기반이 됐다. 50대는 세대효과와 연령효과가 공존한다. 정치사회 분위기, 정책에 따라 스윙보터(swing voter) 특징을 보이기도 한다. 50대 전체로는 민주당 지지가 상당하지만 꼭 그렇지도 않다. 유동성이 다소 많은 연령이다.

정치와 선거의 양극화 심화도 주요한 흐름을 형성하며 흘러갔다. 문재인 정부 출범 후, 문 정부와 민주당은 진영 정치에 주력했다. 2018년 지방선거 싹쓸이, 2020년 총선 180석 압승에 취한 탓이다. 촛불민심이 요구했던 대한민국 리셋, 국민통합, 정치의 다양성 존중엔 큰 관심을 보이지 않았다. 국민의당과 바른정당은 분화와 통합을 거듭하며 3당으로 뽑아준 국민의 제3지대 갈망을 무력화시켰다. 총선 민의를 팽개치고 떡고물 협상에 매달리다가 거대 양당 속으로 흡수되고 말았다. 결국 대한민국 정치는 범(凡)진보 민주당과 범(凡)보수 국민의힘으로 양분됐고 극한 대립을 이어가고 있다. 정의당은 확장의 길을 찾지 못한 채 주요 선거에서 연전연패하고 있다. 고 노회찬 후 진보적 대중정당의 빛은 여전히 희미하다.

지선·총선 압승, 민주당 착각

2018년 6월 지방선거는 남북, 미북 정상회담 국면에서 실시됐다. 2018년 제1차 남북정상회담은 4월 27일, 판문점 평화의 집에서 실시됐다. 한 달 후 5월 26일, 제2차 남북정상회담이 판문점에서 비공개로 진행됐다. 6월 지방선거를 20여일 앞둔 시기였다. 4월, 5월 두 번의 남북정상회담은 징검다리 회담이었다. 회담 자체 목적보다 미북 정상회담을 성사시키기 위한 목적이었다. 6월 12일 미국 트럼프와 북한 김정은이 싱가포르에서 마주 앉았다. 최초의 역사적인 만남이었다. 그 전해까지만 해도 트럼프는 김정은을 '로켓맨'으로 비난했고 북한은 '늙다리 미치광이'로 받아쳤다. 그런 북미 정상회담이 열리니 세계는 발칵 뒤집힐 수밖에 없었다.

회담 전날, 그러니까 6월 11일 지방선거가 치러졌다. 우리가 투표하고 있던 그날 싱가포르에선 트럼프와 리셴룽 총리가 만났고, 김정은은 여유만만하게 싱가포르 관광에 나섰다. 우린 지방선거 기표지에 도장을 찍으며 싱가포르에서 일어나고 있는 세기의 쇼에 흥분했다. 북한 비핵화는 물론 미북 관계개선, 남북 화해를 넘어 통일까지 머지않았다는 분위기가 만들어졌다. 문재인 정부와 민주당은 한껏 폼을 잡았다. 봤지! 우리가 해냈어. 이런 태도였다. 투표율은 60.2%로 1995년 1회 지방선거를 제외하곤 가장 높았다. 지방선거 개표는 해보나마나였다. 17개 광역단체장 중에서 민주당이 14곳을 쓸어갔다. 한국당은 간신히 대구·경북 2곳을 지켰다. 제주도지사는 보수 정당 출신 원희룡 지사가 무소속으로 출마해 당선됐다. 민주당은 226명을 선출하는 기초단체장 선거에서 151곳을 차지했다. 또 국회의원 재보궐선거에서 12석 가운데 11석을 얻어 한국당과 의석수 차이를 크게 벌렸다.

2020년 총선은 민주당이 180석을 확보해 미래통합당 103석, 정의당 6석을 압도했다. 의석수로만 보면 의심할 것 없이 민주당 완승이다. 그러나 내용을 보면 큰 차이가 없는 박빙 승부였고 민주당은 가까스로 이긴 선거였다. 민주당은 전체 254개 지역구에서 과반을 훌쩍 뛰어넘는 163석을 확보했는데 지역구 득표율 합계는 49.9%였다. 득표율은 절반이었지만 실제 의석은 64%를 확보했다. 통합당은 84석을 확보했는데 지역구 득표율 합계는 41.5%였다. 41% 넘게 득표하고도 실제 의석수는 33%에 불과했다.

구분	전체	서울	인천	대전	경기	충북	충남
미래한국당	33.84	33.10	31.32	32.25	31.39	36.26	35.40
더불어시민당	33.35	33.20	34.57	33.68	34.72	30.86	31.23
정의당	9.67	9.73	11.82	9.80	10.42	10.36	9.68
국민의당	6.79	8.26	6.68	7.93	7.27	6.15	6.39
열린민주당	5.42	4.60	5.21	5.46	5.91	4.64	4.64

〈표 2〉 정당별·시도별(접전지역) 비례대표 득표수[1]

비례대표 득표수는 되레 통합당이 앞섰다. 통합당 비례정당인 미래한국당(한국당)은 33.84%를 득표했다. 민주당 비례정당인 더불어시민당(시민당)은 33.35%에 그쳤다. 친(親)민주당 비례정당인 열린민주당 득표율 5.42%를 감안해도 한국당의 선전이 돋보였다. 한국당은 서울, 대전에서 시민당과 거의 같은 득표율을 기록했으며 인천, 경기에서 소폭 뒤졌다. 충북, 충남에선 꽤 큰 격차로 시민당을 따돌렸다. 정의당은 민주당 계열 비례정당들에 밀려 기대보다 한참 떨어진 9.67%에 그치고 말았다. 중도 성향을 보인 국민의당은 6.79% 득표로 4위를 차지했다.

---

1) 중앙선관위, 『제21대 국회의원선거 총람』(2020.12), 454~457쪽

2020년 총선은 겉은 민주당 완승이었지만 내용상 접전이었던 셈이다. 총선 이후 민주당 내에선 20년 집권이 현실화되는 것이 아니냐 말이 돌았다. 당시 이해찬 대표는 2018년부터 민주당이 개혁진영의 중심을 잡아야 한다며 20년은 집권해야 한다고 말했다. 이해찬 대표 20년 집권론에 대해 당내 일각에선 역풍이 우려된다는 시각도 있었다. 이해찬 대표는 2020년 총선을 승리로 이끈 후 그해 8월 퇴임 간담회에서 20년 집권론을 더 자신감 있게 언급하기도 했다. 민주당 내에서도 낙관론이 확산했다. 선거승리에 도취해 디테일에 신경 쓰지 않았다.

당시 2030 이탈은 물밑에서 조용하게 진행되고 있었다. 2018년 평창 동계올림픽에서 남북단일팀 비판이 확산되었다. 2019년엔 코인 사태가 터지면서 암호화폐에 투자했던 2030이 큰 피해를 입기도 했다. 2019년 하반기엔 조국 사태가 불거졌고 6개월 이상 계속됐다. 후임으로 추미애 법무부장관이 임명됐지만 당시 윤석열 검찰총장과 갈등은 더 격화됐다. 조국에서 추미애로 사람이 바뀌었을 뿐 사실상 조국 사태의 연장전이나 다름없었다. 2020년 폭등하기 시작한 부동산도 2030을 정신적 공황상태로 내몰기 시작했다.

박지현 손절, 그리고 뉴DJ플랜

정당의 변화는 금세 민심에 반영되지 않는 경향이 있다. 시간이 필요하다. 정당에선 전국 규모 선거를 앞두고 정치 이벤트를 기획하는 경우가 많다. 주로 인기 있는 사람을 영입하거나 기조변화를 부각하기 위해 새로운 정책을 발표하기도 한다. 민주당은 박지현 비대위원장을 영입해 2022년 대선과 지방선거 반전을 꾀했지만 성공하지 못했다. 정의당 심상정 후보는 2022년 대선에서 노조가 금기로 삼는 연금개혁을 전격 제안해 많은 조명을 받았다. 그런데도 심상정은 2.37% 득표에 그쳐 2017년 절반에도 미치지 못했다. 정당의 변화가 민심을 움직이려면 진정성이 필요하다. 선거 직전 깜짝 영입이나 전격 발표로는 국민들의 마음을 움직일 수 없다. 안하는 것보다는 나을 수 있다. 판세를 바꾸기에는 한계가 명확하다.

"언론에서 본 DJ(김대중)는 늘 백범 김구선생 같은 두루마기에 지팡이를 의지해서 걷는 차림새였다. 독립투사 정통성 계승과 고문의 흔적이랄까? 1987년 대선 당시의 DJ모습이다. 늘 누군가가 옆에 와서 귓속말하는 사진이 찍혀 나왔다. 뭔가 중요한 밀담을 하는 것 같기도 하지만 실제로는 음모적으로 비쳐지기도 했다.

사실 알고 보면 정치인들이 자신의 위상을 제고하기 위해 연출한 것인데도 늘 언론에 비치는 사진은 그랬다. 막상 민주당에 출입하고 보니 1992년 총·대선을 앞둔 DJ는 양복정장 차림에 지팡이 대신 양복 주머니에 행커칩을 한 모습이었다. 어? 저건 뭐지. 미국 영화에서나 보는 장면, 한국에서는 춤꾼들이 하는 것 아닌가? 하는 호기심이 돋았다. 저런 변신을 한 지 두 달 가까이 되었다고 한다."

당시 기자로 민주당을 출입하던 민병두 보험연수원장 블로그 글이다. DJ는 1992년 대선에 나가서 졌다. 1990년 2월 민주정의당, 통일민주당, 신민주공화당 3당이 합쳐 민주자유당을 만들었는데 이는 곧 김영삼(YS) 전 대통령 대세론으로 이어졌다.

DJ는 그런 YS에 대한 반격으로 뉴DJ 플랜을 들고 나왔다. DJ는 선거 때마다 빨갱이란 공격에 시달렸다. 빨갱이 공세는 영남이나 40대 이상 보수 감성을 자극했고 선거 패배의 원인으로 지적되곤 했다. 뉴DJ 플랜은 급진적 이미지를 완화하려는 목적에서 실시됐는데 이미지 변화, 보수 인사 영입, 정당 기조 변화가 전방위적으로 이루어졌다. 뉴DJ 플랜은 5년이나 계속됐고 결국 1997년 대선에서 승리하고 말았다.

DJ플랜의 정점은 DJP 연합이다. DJP 연합은 1997년 대선 전 새정치국민회의, 자유민주연합(자민련) 지역 연대였다. 자민련은 충청을 기반으로 하는 지역 정당이었고 김종필(JP) 총재 체제였다.

DJP 연합은 정치적 상상력에 의해 탄생했지만 당시 진보 진영은 강력하게 반발했다. 적과의 동침이라는 비판이었다. DJ는 비교적 성공한 대통령으로 평가받고 있다. 임기 말 자녀 비리가 문제가 되기도 했지만 외환위기 극복, IT 붐 기반 마련, 첫 남북 정상회담, 정권재창출에도 성공했다. 뉴DJ 플랜은 선거 승리뿐만 아니라 원만한 국정운영으로 이어졌다. DJ는 대통령 취임 후 민정당 국회의원과 노태우 정부 청와대에서 정무수석비서관을 지낸 김중권 비서

실장을 임명했다. 이런 파격은 정권 초기 안정된 국정운영으로 이어졌다.

박지현의 쓸쓸한 사진 한 장이 기억에 남는다. 박지현은 2022년 7월 15일 국회 앞 길거리에서 당대표 출마를 선언했다. 내로남불·강성팬덤 작별이 명분이었다. 출마 선언 후 걸어가는 뒷모습 사진과 함께 이런저런 가십 글이 언론에 실렸다.

그중엔 민주당 의원들이 아무도 도와주지 않아 국회 기자실을 이용할 수 없다는 짠한 내용도 있었다. 기자실을 이용하려면 현역 의원 명의로 예약을 해야 하기 때문이다. 결국 박지현은 자격 미달로 당대표 출마가 불발했다. 박지현은 그 직전인 2022년 6월 지방선거 패배 후 책임론이 일면서 민주당 공동비대위원장에서 물러났다. 재미있는 것은 박지현은 책임을 지고 사퇴했지만 지방선거 총괄선대위원장이었던 이재명에겐 아무 일도 일어나지 않았다는 사실이다. 두 달 뒤 열린 전당대회에서 이재명 체제가 압도적인 지지를 얻어 출범했다.

박지현은 대선 패배 직후 공동비대위원장에 위촉된 뒤 첫 공식회의에서 세 가지 원칙을 밝혔다. 권력형 성범죄 무관용 원칙, 여성·청년 공천 확대, 정치권력 온정주의 근절이 그것이다. 박지현 발언이 성폭력 논란으로 중도 퇴진했던 민주당 소속 광역단체장 비판, 당내 586그룹 비판으로 받아들여지면서 악플과 루머에 시달렸다. 박지현은 정치 에세이에서 메시지와 댓글 등으로 온갖 욕설이 쏟아졌다고 밝혔다. 학력에 대한 비웃음, 생김새에 대한 평가와 입에 담기 힘든 성희롱 글들을 가족들이 볼까 두려웠다고 했다.[2] 2023년 2월 이재명 대표 체포동의안 찬성을 촉구하자 민주당 국민 응답센터엔 '박지현 출당 권유 내지 징계 요구' 청원이 올라왔고 8만 여 명이나 동의했다. 이는 당 공식 답변 기준인 5만명을 훌쩍 넘어 선 수치다.

박지현에 대한 민주당 강성 지지층의 공격은 반(反)지성적이다. 박지현은 검수완박, 위장탈당, 당내 성희롱 발언 등을 비판했다. 또 차별금지법 제정이나 기초의원 중대선거구제 약속을 지키라고 촉구했다. 대선 기간엔 586 퇴진을 요구하기도 했다. 박지현 요구 는 민주당 내부에서도 나왔던 것들이고, 국민들의 찬성여론도 높았 다. 586 퇴진은 송영길 전 민주당 대표를 비롯한 민주당 일각에서 제기됐던 해묵은 쟁점이다. 박지현이 주장하고 있는 비전도 민주당 기조와 크게 다르지 않다. 그는 이주노동자, 최저임금, 복지, 성폭 력 무관용, 기후와 평화 등을 '박지현의 꿈'으로 내세웠다.[3]

민주당은 2022년 대선 패배 이후 6월 지방선거에서 박지현·우 상호 공동비상대책위원장 체제를 가동했다. 박지현을 영입해 사실 상 당대표로 내세운 셈이다. 박지현은 5대 혁신안을 제안했다. 더 젊은 민주당, 더 엄격한 민주당, 약속을 지키는 민주당, 폭력적 팬

---

2) 박지현, 『이상한 나라의 박지현』(저상버스, 2023.1), 454~457쪽
3) 박지현, 같은 책, 181~262쪽

덤과 결별한 민주당, 미래를 준비하는 민주당 등이다. 민주연구원은 박지현 영입이 여성표 결집에 큰 역할을 했다고 평가했다.

구분	도움이 되지 못했다	도움이 되었다	구분	도움이 되지 못했다	도움이 되었다
전체	65.3	23.8	호남 전체	67.0	24.1
18~29세 남성	58.1	22.9	호남 20대 남성	52.9	25.2
18~29세 여성	40.9	38.8			
30대 남성	73.7	19.3	호남 20대 여성	45.3	45.5
30대 여성	63.7	28.3			

〈표 3〉 박지현 위원장 쇄신 메시지 지방선거 도움 정도(단위: %)[4]

특히 2030 여성에서 박지현 쇄신 메시지를 긍정적으로 받아들였다. 민주연구원은 박지현의 반성과 혁신을 내세운 쇄신론은 이탈 민주층과 중도층에게 투표 명분을 줄 수 있는 최상의 선거전략이라고 분석했다.[5] 이런 민주연구원 평가에도 불구하고 2023년 2월 이재명 체포동의안 표결 후 민주당 강성 지지층에서 박지현 비판 여론은 더욱 거세졌다.

박지현의 비전으론 민주당을 치유할 수 없다. 약속을 지키는 감기 치료 정도의 효과를 거둘 수 있을 뿐이다. 온정주의, 연고주의를 없애는 것도 안 하는 것보다 낫겠지만 민주당의 근본 변화를 이

---

4) 민주연구원, 「6·1 지방선거 평가」(2022.7)
5) 민주연구원, 같은 자료

끌어내는데 필요충분조건은 아니다. 차별금지법, 다문화와 권력형 성폭력 근절은 좀 더 왼쪽으로, 정의당 방향으로 가는 노선이다. 꼭 필요한 것들이지만 민주당의 뉴DJ플랜과 같은 효과는 발생하지 않을 것이다. 민주당 변화는 바로 진보라고 여기는, 1980년 전후 운동권들이 신념으로 삼았던 진보 의제 재설정에서 시작될 수 있다. 현재 4050 기득권을 유지 강화하는 것이 아니라 대한민국 미래가 주요 타깃이 되어야 가능한 일이다. 박지현도 넘지 못하는데 민주당이 해낼 수 있을지 의문이다.

MZ세대,
대한민국 질문들

유권자, 왜 3개로 갈라졌나!

유권자는 보통 투표권이 있는 대한민국 국민을 지칭한다. 18세 이
상 모든 국민은 국민투표, 각종 선거, 지방자치단체 주민소환에서
참여할 수 있는 권리를 갖는다. 중앙선관위에선 선거인이라고 한
다. 유권자와 선거인은 같은 말이지만 의미는 조금 다르다. 유권자
는 권리에 방점이 찍힌다. 여기에 참여 의미도 묻어난다. 선거인은
가치중립적이다. 선거를 할 수 있는, 또는 선거권이 있는 사람이
다. 언론은 일반적으로 권리, 참여가 내포되어 있는 유권자를 즐겨
쓴다. 중앙선관위는 선거인을 공식으로 사용하고 투표한 사람들은
투표자라고 말한다.

유권자는 세 덩어리로 구분할 수 있다. 첫 번째는 연령효과(age effect)가 주로 나타나는 60대 이상이다. 두 번째는 세대효과(co-hort effect)가 주로 작동되는 4050이다. 세 번째는 개인이 중시되는 2030이다. 대략 3개 단위로 구분되지만 무 자르듯 똑 부러지는 것은 아니다. 60대 초반은 세대효과가 힘을 쓸 수도 있다. 50대 중후반 중 일부는 연령효과가 발휘될 수도 있다. 30대 중후반 일부는 세대효과로 더 잘 설명할 수도 있다.

60대 이상, 또는 60대 중후반부터일 수도 있다. 이들은 6·25 한국전쟁, 지독한 가난과 극심한 혼란, 박정희 경제발전을 기억한다. 즉 한국전쟁과 박정희로 요약할 수 있다. 전후 휴전 무렵 태어난 사람들은 70세 전후인데 직접적으로 경험하지 않은 60대까지도 부모, 학교, 언론, 각종 기관·단체를 통해 간접적으로 그 시대를 경험했다. 이들은 나이가 들수록 전쟁과 박정희 경험을 소중하게 여긴다.

영국 캠브리지대학교 장하준 교수와 국민대학교 정승일 교수가 쓴 『쾌도난마 한국경제』는 박정희 경제발전을 한 칼로 정리해준다. 장하준, 정승일은 박정희 중공업 경제개발 정책이 없었다면 삼성, 현대, 포스코도 나오지 않았고 오늘날 대한민국도 없었다는 주장이다.[6] 이들은 박정희와 함께 가난을 극복했고, 선진국 대한민국 기

---

6) 장하준·정승일, 『쾌도난마 한국경제』(부키, 2005.7), 61~82쪽

초를 만들었다. 60대 이상은 박정희를 긍정적으로 기억한다. 이들은 나이가 들수록 보수화가 진행된다. 전국이 대체로 그렇다.

다만 호남은 다소 다르다. 똑같이 전쟁과 박정희를 경험했지만 박정희 때문에 여러 차례 죽을 고비를 넘기고, 빨갱이란 이미지 때문에 세 번이나 대선에서 낙선한 김대중이 우선이다. 즉 김대중이 전쟁과 박정희를 대체한 것이다. 호남의 60대, 그리고 호남을 원적으로 하는 전국의 60대는 나이가 들어도 진보성향을 유지하고 민주당 지지자로 남는다. 60대 이상에선 '국민의힘 60~70% 대(對) 민주당 30%~40%' 구도가 유지된다. 60대 이상 유권자 비중은 2022년 지방선거에서 30%를 처음으로 넘어섰다. 이들은 시간이 흐를수록 점점 늘어나게 된다. 다만 새로 진입하는 60대 초반 유권자들은 연령효과보다 세대효과의 영향을 더 받을 수도 있다.

두 번째 덩어리 4050은 세대효과로 진보 성향이 유지된다. 4050은 김대중·노무현을 상징한다. 여기에 정신을 붙여 김대중 정신, 노무현 정신이라고 하기도 한다. 김대중 정신은 최초의 정권교체, 한반도 평화, 국민통합 등으로 기억된다. 노무현 정신은 실질적 민주주의의 심화, 반칙과 특권 배격, 균형발전, 실용적 국정운영 등을 떠오르게 한다. 4050은 김대중·노무현에 투표한 사람들이다. 86세대는 김대중·노무현의 활동 무대였던 민주당 계열 정당, 선거 캠프, 진보 정부에서 핵심 실무를 맡았다. 4050은 이런 경험 때문에 20-30년이 흘렀지만 여전히 진보 성향을 유지하며 민주당의 핵심 지지기반이 되고 있다.

4050으로 묶여 있지만 40대와 50대는 조금 다르다. 86세대가 중심인 50대보다 40대가 더 진보적이다. 50대는 연령효과와 세대효과가 공존한다. 50대 후반일수록 연령효과가 나타나고 이는 진보 성향을 완화한다. 남녀 차이도 있다. 여성은 다소 연령효과가 강하게 나타나고 남성은 세대효과에 좀 더 근접해 있다. 40대는 세대효과가 상대적으로 강하게 나타난다. 다만 40대 초반은 밀레니얼세대와 겹친다. 40대 초반은 중후반에 비해 덜 진보적일 수 있다. 따라서 40대는 50대, 60대 이상처럼 투표율이 높지는 않다. 40대에선 남자보다 여성의 진보 성향이 강하고 투표율도 상당히 높다. 이재명 핵심 지지층 '개딸'의 한 근거지이기도 하다. 4050은 수도권, 호남에선 진보 성향이 강하지만 인천, 충청에선 상대적으로 약하다. 영남에선 어떤 경우엔 보수 성향을 보이기도 한다. 유권자 비중은 38% 남짓인데 조금씩 줄어드는 추세다.

2030은 개인, 탈(脫)이념, 탈(脫)진영으로 요약된다. 2030은 개인을 가운데 놓고 생각하는 경향이 있는데 나이가 젊을수록 더욱 그렇다. 2030은 이념, 진영에서 자유롭다. 탈이념, 탈진영은 탈정치로 이어져 정치 무관심, 투표 불참으로 이어지기 십상이다. 여성은 남성보다 상당히 강한 진보 성향을 표출한다. 최근 투표율도 남성보다 매우 높게 형성되어 있다. 여성은 주로 민주당을 지지한다. 이들이 진보 성향을 갖게 된 것은 2014년 세월호 참사, 2017년 촛불과 탄핵정국, 문재인과 연관이 많다. 이 문제는 뒤에서 좀 더 상세하게 다루기로 한다.

남성은 여성보다 더 탈이념, 탈진영 성향을 지닌다. 2021년 4·7 선거, 2022년 대선, 같은 해 지방선거에서 남성 투표율은 여성보다 상당히 낮았다. 이런 원인은 남성의 탈이념, 탈진영 성향 탓이다. 즉 남성이 여성보다 훨씬 탈정치 성향을 보였기 때문이다. 남성은 보수화가 상당히 진행되어 왔다. 보수화가 꼭 보수 정당 지지를 의미하지는 않는다. 대체로 그럴 가능성이 크다고 보는 게 적절한 표현인 듯하다. 2030 남성의 탈정치 흐름이 2021년, 2022년 선거들에서 보수 정당 지지로 나타난 것이다. 반대로 여성은 진보 성향이 유지된 가운데 투표율도 높았다. 이는 2030 여성은 남성보다 더 정치적일 수 있음을 의미한다. 2030 세대 전체로 보면 탈정치의 흐름이 점차 강해지고 있다. 2017년 대선에선 투표율이 4050과 비슷했지만 2021년 4·7 선거를 기점으로 점차 하락하고 있다.

20년 후 2030은 더 개인적이고, 더 탈이념, 탈진영 성향을 지닐 것이다. 더 탈정치적인 2030 투표율은 지금보다 현저하게 낮아질 가능성이 크다. 2022년 11월 미국 중간선거에서 예상을 깨고 민주당이 선전했다. 이는 2030이 낙태, 민주주의와 같은 쟁점에 반응하면서 민주당을 지지했기 때문이란 분석이 제기된 적이 있다. 20대 투표율은 27%로 추정돼 역대 두 번째로 높았다. 경합지에선 31%를 기록하기도 했다. 이는 1990년대부터 30년간 2018년 31%

에 이어 두 번째로 높은 투표율이다. 아마도 대한민국 2030 투표율도 이런 추세가 계속될 수 있다.

2030은 20년이 지나면 4050이 된다. 우리 사회 중심으로 자리 잡는다. 세대효과를 생각하면 20년 후 4050은 개인, 탈이념, 탈진영 성향이 유지된다. 그리고 투표율은 낮아질 것이다. 지금 주요 선진국들 투표율은 50% 남짓이다. 아마 대한민국도 그렇게 될 가능성이 높다. 그리고 지금의 4050은 6070으로 늙어간다. 이들은 세대효과 때문에 진보 성향이 그대로 유지될 것으로 보인다. 또 일부는 연령효과가 나타나면서 보수 성향이 강해질 수도 있다. 60대 이상은 80대가 된다. 평균 기대수명이 늘어나고 있기 때문에 대부분 생존해 있을 가능성이 많다. 이들은 보수 성향을 유지하며 높은 투표율로 보수 정당에 투표하게 된다.

대한민국 미래 정당 운명도 2030에 달려 있다. 어느 정당이 2030의 개인, 탈이념, 탈정치 성향을 잘 반영할 수 있느냐에 따라 잘 될 수도 있고, 잘 안 될 수도 있다. 지금 시점으로 보면 민주당이 가장 불리하다. 민주당은 너무 정치적이다. 민주당은 거의 모든 사안을 정치적으로 해석하고 정치적으로 대응하려는 경향을 보인다. 이런 면에서 민주당은 미래형 정당이라고 보기 어렵다. 정의당도 민주당에 견줄 만하지는 않지만 정치적이다. 미래로 갈수록 적응하기가 쉽지 않다. 국민의힘은 경제, 안보, 2030에서 상대적인 강점을 지닌다. 이런 것들은 정치와 거리가 있는 것처럼 보이기도 한다. 국민의힘은 다른 정당에 비해서 미래를 연상하게 한다는 점에서 상대적인 우위를 점할 수 있다.

심심한 사과 논란이 남긴 것들

겉과 속이 다르다는 것을 4자성어로 뭐라고 하지? 엄마가 질문한다. 중학생쯤으로 보이는 아이는 머리를 굴려 보지만 잘 생각이 나지 않는다. 표로 시작하는 네 글자 있잖아. 엄마가 힌트를 준다. 한참을 생각하던 학생은 대답하며 멋쩍게 웃는다. 혹시 겉바속촉? 그 말을 듣고 엄마나 학생이나 빵 터진다. 겉바속촉은 겉은 바삭하고 속은 촉촉한 치킨, 튀김, 다른 음식을 말할 때 등장하곤 한다. 알파세대가 쓰다가 MZ세대로 확산됐다가 이젠 두루 쓰인다. 재미있기도 하고 요즘 줄여서 말하는 트렌드에 맞기도 하고 알아듣기 쉽다. 알파세대의 재기가 번득이는 말들이다. 표리부동(表裏不同)은 어려운 말은 아니지만 점점 골동품처럼 되고 있다.

2022년 '심심한 사과' 논란이 일었다. 어느 회사에서 SNS에 사과문을 올리면서 '심심한 사과'라는 표현을 언급하면서 발단이 됐다. 한자로 심심(甚深)은 깊다는 뜻이다. 진심으로 또는 깊이 사과한다는 말이다. 그런데 사람들이 심심하다를 지루하다는 뜻으로 해석하고 댓글을 달면서 큰 논란으로 불거졌다. 이는 대한민국 학생들의 문해력 미달이라는 분석이 제기되기도 했고[7] 문해력과 관련된 책들도 출간됐다. 문해력(文解力)은 글을 읽고 이해하는 능력을 말하는 것인데 이것도 어렵기는 마찬가지다. 실제 현실에선 거의 쓰지 않는 말이다. 그런데 일부 언론에선 아이들이 '심심한 사과'를 알아야 한다고 주장한다.[8]

심심하다는 옛날엔 종종 사용된 말이긴 하지만 점차 죽은 말이 되고 있다. 정중한 표현, 예를 갖춘 말로 인식되는 경향이 있다. 굳이 한자로 써야 의미가 살아나는, 평소에 쓰지도 않는, 그리고 한자도 병기하지 않는 여건에서 심심하다의 문해력을 논하는 것은 요즘 세대를 무시하는 처사다.

4050에게도 심심을 한자로 쓰라고 하면 제대로 할 수 있는 사람이 거의 없다. 그냥 '진심으로', '깊이 있게'라고 풀어쓰면 된다. 또 심심하다엔 일반적으로 알려진 뜻이 있다. 하는 일이 없어 지루하고 재미가 없다, 음식 맛이 조금 싱겁다, 이렇게 알기 쉬운 뜻이 있지 않은가. 굳이 진심으로 또는 깊이 있다는 의미를 표현하려면 한자를 병기하면 된다.

심심한 사과 논란 후 교육부는 호들갑을 떨었다. 정책토론회를 열고 국어수업을 대폭 늘리고, 범(凡)부처 대책을 모색하겠다고까지 한다. 죽어가는 '심심한 사과'를 살리겠다는 의도인 듯했다. 평

---

7) 매일경제, 「학생 문해력 OECD 평균 미달, 신문 읽기가 답이다」(2023.2.21.)
8) 부산일보, 「'심심한 사과' 모르는 우리 아이」(2023.2.6.)

소에 잘 쓰지도 않는 한자의 의미를 굳이 남겨놓겠다는 의지를 밝힌 셈이다. 교육부의 이런 대책은 MZ세대를 전혀 고려하지 않는 60대 이상 또는 4050 패권의 연장선상이다. 쉽게 가면 된다. 심심한 사과는 문자 박물관에 보내면 된다. 대신 지루하다, 싱겁다와 같은 순수한 우리말을 그대로 활용하면 되지 않을까 싶다.

심심한 사과 논란은 정당에도 여러 가지 시사점을 던져준다. 말로는 청년 정치, MZ세대 소통을 얘기하지만 그들끼리의 리그에 갇혀 있다. 그나마 국민의힘은 이준석 등장 후 청년들의 언어를 정치에 끌어들였다. 쉽고 재미있고 은근히 경쟁상대는 비꼬는 말들이 등장하며 정치와 청년의 거리를 좁혔다. 정의당 류호정 의원도 문신 또는 반영구 화장을 뜻하는 타투를 새로운 쟁점으로 띄웠다. 류호정 자신도 팔에 '42299'란 타투를 새겼다. 42299는 타투, 반영구 화장 노동자에게 부여된 직업분류코드다. 류호정은 타투 합법화를 위해 많은 노력을 기울이고 있다.

섹스리스와 '보는 연애' 신드롬

86세대에겐 대략 세 가지 선택지가 있었다. 학생운동, 연애, 학과 공부로 나뉘었다. 대학에 갓 입학한 1학년은 대부분 학생운동에 관심을 가졌다. 다만 고학년이 되거나 군 입대, 해외 연수 등으로 복학생이 되면 진로 때문에 학과 공부에 관심이 많아질 수밖에 없었다. 연애는 학생운동이나 학과 공부를 선택하는 경우에도 따라붙기 일쑤였다. 혹여 버스나 기차여행이라도 하게 되면 옆자리에 또래 여성이 앉는지가 관심사이기도 했다. 그 시절 낭만이기도 했지만 연애는 결혼으로 가는 징검다리였다. 이런 분위기는 1990년대 학번, 즉 40대에게도 이어졌다. 하지만 연애는 점차 실종되기 시작했고 이젠 스마트폰이 그 자리를 꿰차 버렸다.

연애 실종 사태는 개인의 등장과 관련이 많다. 연애와 결혼은 가정과 사회를 의미하게 되고 이는 집단, 연대, 공동체와도 연결된다. 개인은 이것들을 뛰어넘어 그냥 개인으로 남는다. 연애, 결혼은 짝이 있어야 한다. 짝은 수많은 비용을 필요로 하고 또 관리도 어렵다. 쉽게 헤어질 수도, 쉽게 만날 수도 없다. 짝을 갖는다는 것은 좋은 일이기도 하지만 어떤 경우엔 극도로 피곤한 일이기도 하다.

개인은 짝이 필요 없어도 된다. 짝을 대신할 것은 점점 많아지고 있다. 스마트폰은 짝의 단점이 하나도 없다. 언제든 버릴 수도, 바꿀 수도 있다. 넷플릭스가 몰고 온 OTT(온라인 동영상 서비스)도 짝을 대신한다. 약간의 돈만 내면 원하는 드라마, 영화를 지칠 때까지 볼 수 있다. 최근엔 챗GPT도 놀라운 진화를 거듭하고 있다. AI 연애도 머지않아 일상이 될 수 있다.

구분	결혼			
	해야 한다	해도 좋고 하지 않아도 좋다	하지 말아야 한다	잘 모르겠다
2010	64.7	30.7	3.3	1.3
2012	62.7	33.6	1.8	1.9
2014	56.8	38.9	2.0	2.2
2016	51.9	42.9	3.1	2.2
2018	48.1	46.6	3.0	2.3
2020	51.2	41.4	4.4	3.0
2022	50.0	43.2	3.6	3.2
남자	55.8	37.7	2.8	3.8
여자	44.3	48.7	4.4	2.6

〈표 4〉 결혼 필요성에 대한 인식(단위: %)[9]

'꼭 결혼해야 한다'는 필요성은 날로 줄어들고 있다. 2022년엔 절반에 그쳤다. 2010년엔 64.7%였는데 12년 만에 15%포인트 가까이 줄어들었다. 이에 비해 '해도 좋고 하지 않아도 좋다'는 반응은 43.2%나 됐다. 2010년엔 30.7%였는데 12년 만에 12.5%포인트나 늘어났다. 결혼 필요성에 대한 부정적 인식은 개인 외에 소득, 주택, 아이 출산과 양육 같은 경제적 요인도 큰 원인이다. 그러나 경제문제들은 옛날에도 있었다. 공동체 해체와 개인의 등장이 워낙

---

9) 통계청, 「2022 한국의 사회지표」(2023.3.23.)

압도적인 요인인 것만은 분명해 보인다.

대한민국은 점점 섹스리스로 가고 있다. 2021년 기준으로 지난 1년 금욕자는 36%였다. 2000년엔 11%였는데 21년간 무려 세 배나 늘어난 셈이다.[10] 연애도, 결혼도, 섹스도 없는 사회가 되어 간다. 빈 공간은 드라마와 OTT가 채우고 있다. 2018년 16부작으로 방영된 tvN 〈나의 아저씨〉는 섹스 없는 사랑 얘기다. 이지안으로 나온 아이유(본명 이지은)와 박동훈을 연기한 이선균을 둘러싼 애틋한 스토리를 다루고 있지만 섹스는 물론 신체 접촉도 없다. 마지막 16회에서 한번 안아보는 정도가 끝이다.

2022년 티빙 화제작 〈환승연애2〉은 연애 리얼리티 프로그램이다. 전 연인도 섞여 있는데 3주 동안 새로운 사람들과 합숙을 하며 낮에는 데이트를, 밤에는 속마음 문자를 주고받는다. 2022년, 2023년 넷플릭스 드라마 〈더 글로리 1, 2부〉는 학폭(학교폭력)과 복수를 그렸는데 전 세계를 강타했다. 경찰청 국가수사본부장으로 임명됐다 취소된 정순신 변호사 아들 학폭 논란과 오버랩되면서 큰 반향을 일으켰다. 하는 연애, 섹스는 가고 보는 연애와 OTT 시대가 왔다.

MZ세대 찾아 3만리. 후보 캠프는 선거 때만 되면 2030 찾기에 애를 먹는다. 고령층은 경로당이나 마을회관, 복지센터에 가면 만

---

10) 염유식·최준용, 「2021년 서울 거주자의 성생활」(2021.7.2.)

날 수 있다. 4050은 조기 축구회나 동네 운동회에서 종종 모인다. 주부들은 아파트 인근 카페로 가면 만날 수 있다. 엄마들은 놀이터에 아이와 함께 자주 나타난다. MZ세대, 특히 Z세대는 어딜 가도 만나기 어렵다. 대선은 투표율도 높고 전국 선거라 다소 수월하다. 투표율이 낮고 2030 관심이 떨어지는 총선, 지방선거에선 MZ세대 찾기에 골몰한다. 포털 댓글도 이전 60대 이상이나 4050 놀이터로 변했다. 지금 정당의 기조는 점점 개인으로 존재하는 MZ세대를 만나기 어렵다. 특히 정치적 색깔이 강한 민주당은 점점 더 MZ세대를 찾기가 어렵게 될 수 있다.

MZ세대 인재상으로 본 꼰대사회

권력은 이미 기업의 손을 떠나 개인으로 이동했다.[11] 임홍택은 〈90년생이 온다〉에서 이렇게 주장한다. 재능 있는 개인들은 직장에서 그들의 요구와 기대를 확대하고 성취할 만한 협상력을 가지게 되었다. 기업이 능력 있는 젊은 직원들을 잡아두려면 새로운 인재관리가 필요하다는 것이다. 이 책은 나오자마자 큰 반향을 일으켰다. 90년대생들, 즉 MZ세대들의 내면을 잘 드러냈다는 평가를 받았다. 다만 권력이 기업에서 개인으로 넘어갔다는 부분에선 짤막하

---

11) 임홍택, 『90년생이 온다』(웨일북, 2018.11), 135~136쪽

게 기술되어 있어 다소 아쉽다.

MZ세대, 특히 Z세대는 과거에 얽매이지 않고 오늘을 중심으로 우리 사회를 본다. 대기업에 대해서도 마찬가지다. 86세대와 생각 차이가 크다. 86세대에게 대기업은 정경유착의 상징이고 노동자를 착취해서 돈을 끌어 모은 부도덕한 집단으로 비치기 십상이다. Z세대는 그런 과거를 경험하지 못했고 애써 그런 옛날을 찾으려 하지 않는다. 그냥 현재의 대기업 그 자체로 본다. 그렇다고 Z세대가 과거처럼 대기업에 충성하는 마음이 있는 것은 아니다. Z세대는 헌신 대신 수평적인, 또는 일시적인 파트너로 대기업을 보는 듯하다.

"항상 자신이 옳다고 생각하는, 그리고 상대방은 항상 틀리다고 생각하는 나이 많은 사람"(An older person who believes they are always right (and you are always wrong)).

2019년 영국 공영방송 BBC의 TV 채널 중 하나인 BBC Two가 '오늘의 단어(Word of the day)'로 '꼰대(KKONDAE)'를 선정하며 위와 같이 풀이했다. 꼰대가 사회적 쟁점이 되면서 대한민국은 탈(脫)꼰대 사회를 향한 몸부림이 치열하다. 여러 가지 버전의 꼰대 테스트가 등장했고 같은 나이에서도 꼰대를 감별하는 '동기꼰대'도 등장했다. 권위주의적으로 널리 알려진 대기업에서도 탈꼰대 바람은 거세다. 이재용 삼성전자 회장, 정의선 현대차그룹 회장은 계열사를 방문할 때마다 MZ세대 직원들과 셀카를 찍어 홍보한다. 최태원 SK그룹 회장은 MZ세대 직원들과 치맥회동도 한다. 정용진 신세계그룹 부회장은 널리 알려진 인스타그램 스타다. 최근 대기업 등에서 이름 뒤에 님을 붙여 부르는 서열 파괴 호칭도 확산하고 있다. 이런 변화는 긍정적이지만 우리 대기업들의 꼰대 의식은 여전하다.

대기업은 여전히 꼰대다. 대한상공회의소는 5년마다 매출액 상위 100대 기업이 바라는 인재상을 조사해 발표한다. 100대 기업에는 공기업과 금융업이 포함된다. 2008년에 첫 조사가 이루어졌고 5년 주기인데 2023년 1월 발표는 네 번째 조사결과이다. 2008년엔 창의성이 1위에 올랐는데 도전정신, 소통·협력, 책임의식으로 변해왔다. 책임의식은 2008년에 8위였는데 2013년에 2위로 상승했다가 2023년엔 1위로 올라섰다. 인재상은 신입직원들에게 요구하는 덕목인 셈이다. 기업들은 새로 입사하는 직원들의 책임의식이 부족하다고 느끼는 것으로 보인다.

도전정신, 소통·협력, 창의성도 상위에 포진했다. 100대 기업들은 MZ세대에게 책임의식, 도전정신, 창의성을 요구하고 있다. 한마디로 요약하면 충성을 요구하는 셈이다. 하지만 이런 요구는 꼰대성에서 비롯된다. 대한민국은 역동성을 조금씩 잃고 있다. 격차사회는 점점 공고해지고 부의 양극화도 점점 심해지고 있다. 아무리 열심히 일해도 부자가 되기 어렵다. 10억대 아파트를 사기 위해선 월급을 한 푼도 안 쓰고 10년 이상 모아야 한다.

구분	2008년	2013년	2018년	2023년
1위	창의성	도전정신	소통·협력	책임의식
2위	전문성	책임의식	전문성	도전의식
3위	도전정신	전문성	원칙·신뢰	소통·협력
4위	원칙·신뢰	창의성	도전정신	창의성
5위	소통·협력	원칙·신뢰	책임의식	원칙·신뢰
6위	글로벌역량	열정	창의성	전문성
7위	열정	소통·협력	열정	열정
8위	책임의식	글로벌역량	글로벌역량	글로벌역량
9위	실행력	실행력	실행력	실행력
10위				사회공헌

〈표 5〉 인재상 변화 추이[12]

　코인 열풍은 절망 사회의 단면일 뿐이다. 2020년 전후 아파트값이 폭등했고 2022년엔 폭락세로 전환했다. 영끌로 아파트를 샀던 2030은 대부분 빚더미에 올랐다. 충성하고 싶어도 충성할 수 없는 사회가 됐다. 청년들은 사퇴를 품은 '퇴준생'들이다.[13] 전문성, 글로벌 역량, 실행력, 사회공헌은 하위에 자리 잡고 있다. 100대 기업 인재상은 MZ세대가 역설적이게도 이런 덕목을 갖추고 있음을 의미한다.

　책임의식 요구에 대해서 MZ세대는 '3요'로 대응하고 있다. 3요

---

12)　대한상공회의소, 「100대 기업 인재상 보고서」(2023.1.31.)
13)　동아일보, 「사표 품은 청년 '퇴준생'들」(2023.2.13.)

는 이걸요? 제가요? 왜요?[14)]이다. 이걸요, 지시받은 업무의 정확한 내용과 목적에 대한 설명을 요구한다. 제가요, 많은 임직원 중 해당 업무를 수행해야 하는 사람이 왜 자신인지 설명을 요구한다. 왜요, 해당 업무를 해야 하는 이유와 필요성, 기대 효과 등에 대한 설명을 요구한다. 책임의식이 두루뭉술한 충성 요구를 담고 있는데 비해 3요는 보다 구체적이고 명쾌하다.

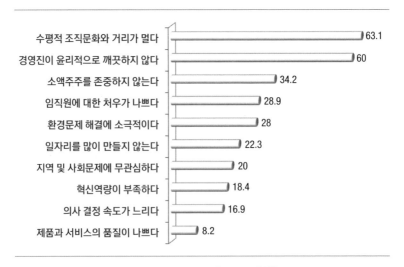

〈표 6〉 해외 기업 대비 한국 기업들 단점(단위: %)[15)]

---

14) 서울경제, 「이걸요? 제가요? 왜요?…MZ '3요'에 임원도 떤다」(2022.10.6.)
15) 동아일보, 「호칭 파괴-비혼지원금… 기업들 MZ직원 맞춰 '변신 중'」(2023.2.23.)

MZ세대는 재벌, 대기업을 편견 없이 수용한다. 86세대의 적대적 태도와 사뭇 다르다. 이재명은 2021년 대선 경선에 본격 뛰어들면서 억강부약(抑强扶弱)을 주장한 적이 있다. 강자를 누르고 약자를 돕는다는 얘기다. MZ세대는 부에 대한 이재명 인식에는 반대하지만 그렇다고 무조건 옹호하지는 않는다. 2023년 3월 고용노동부가 '주 69시간' 근로시간 개편안을 내놨을 때 기업은 환호했지만 MZ세대는 싸늘했다. 30대 이하에게 물었다. 해외 기업들에 비해 한국 기업들의 단점은 수평적 조직문화와 거리가 멀다는 응답이 63%나 됐다. 경영진이 윤리적으로 깨끗하지 않다는 답변도 60%였다. 대기업 회장들이 MZ세대와 셀카를 찍고 치맥 회동을 한다고 해서 꼰대가 아니라고 생각하는 것은 아니다.

2부

젠더선거

4장

젠더선거,
어떻게 변화했나!

역대 선거로 본
여성과 선거

진보 집권과 잠든 여성들

여성운동, 페미니즘, 젠더 이슈들은 대개 진보로 받아들여진다. 진보는 과거 가치에서 미래 가치로, 주류에서 비주류로, 권위주의에서 수평적 리더십으로, 불평등에서 평등으로, 특권에서 기회 균형 등으로 읽힌다. 한마디로 요약하자면 여성은 곧 진보이기도 하다. 최근엔 반(反)페미니즘도 사회의 한 흐름으로 자리 잡고 있기 때문에 논란은 있다. 만약 누군가, 또는 어떤 세력이 '여성=진보'를 비약 또는 과잉으로 해석한다면, 젠더는 새로운 가치에 의해 도전받을 수도 있기 때문이다. 인류 발전에서 젠더는 미래의 핵심 가치 중 하나였다. 서구에선 수백 년 동안 젠더가 사회발전을 이끌어왔다.

현대사회도 젠더는 진행 중이다. 대한민국 현대사도 젠더는 빼놓을 수 없는 주제였다. 젠더는 시민사회에서 거의 한가운데 자리했다. 젠더는 민주화 이후 더욱 전면에 부각됐다.

2012년 제19대 국회의원 선거까진 남자 투표율이 여자보다 높았다. 진보정권 집권 시기 젠더가 부각되지 않은 것은 지금 생각해 보면 놀라운 일이다. 김대중 정부 출범 이후 10년 진보 집권 시기에 많은 변화가 일어났다. 1997년 12월 대선은 대한민국 헌정사상 첫 정권교체였고 쿠데타 우려를 불식시켰다. 그해 대선은 대한민국 민주주의 정착이 확인된 기념비적인 선거였다. 우리 사회 전반에서 실질적 민주주의가 진전되기 시작한 것이다. 그러나 젠더는 예외였다. 특히 정치, 선거 분야에서 젠더는 철저히 잠들었다. 여성 정치 참여는 저조했고 정치관심, 투표율 등에선 남성에 밀렸다.

2004년 총선은 탄핵국면에서 치러졌다. 국회는 2004년 3월 12일 〈노무현 대통령 탄핵소추안〉을 의결했다. 이때부터 노무현 탄핵에 반대하는 대규모 촛불집회가 확산됐다. 2000년대 이후 대규모 촛불시위는 네 번 있었다. 2002년 미군 전차에 희생된 여중생 항의 촛불시위가 첫 번째였고, 이때가 두 번째였다. 세 번째는 2008년 광우병 반대 시위였고, 네 번째는 2016년 국정농단 규탄 촛불이었다. 2004년 촛불은 2002년 노무현에게 표를 던졌던 2030이 주력이었지만, 오래지 않아 전 지역, 전 연령에서 반대 여론이 급속히 확산했다.

2004년 총선은 4월 15일 치러졌다. 헌법재판소(헌재)가 탄핵소추안을 심의하는 도중이었다. 헌재는 총선 약 한 달 후인 5월 14일 탄핵을 기각했다. 노무현은 열린우리당을 창당하는 승부수 끝에 그해 총선에서 과반인 152석을 확보해 안정적인 국정운영 기반을 마련했다. 2004년 총선은 탄핵, 창당, 촛불, 헌재 심판 와중에 열기가 매우 높았다. 투표율도 매우 높았는데 2000년대 이후 총선에서 2020년에 이은 두 번째를 기록했다. 총선 열기는 주로 남성들이 주도했다. 남성 투표율은 63.0%였는데 여성은 59.2%에 그쳤다. 남성들의 투표 열기는 2012년 대선 직전까지 줄곧 이어졌다. 특히 총선에서 남성은 여성에 비해 상당히 높은 투표율을 보였다.

　　정치에 관심이 많으면 대체로 투표율도 높아지기 마련이다. 2012년 이전까지 여성의 투표율은 낮았다. 이는 여성이 남성보다 정치적이지 않았음을 방증한다. 총선은 대선과 지방선거에 비해 정치색이 강한 선거다. 인물보다는 정당 중심으로 경쟁이 펼쳐지고 대형 정치 이슈들이 부각한다. 2004년, 2008년, 2012년 총선에서 여성 투표율은 남성보다 3~4%포인트나 낮았다. 이는 여성들이 상대적으로 정치에 무관심하거나 정치를 거부했기 때문으로 해석된다. 대선도 정치선거 성격을 갖지만 인물 중심 대결 구도가 형성되고 지방선거는 인물과 지역 중심의 선거가 부각된다. 대선, 지방선거는 상대적으로 덜 정치적이다. 2012년에도 여성들은 총선에선 투표 열기가 떨어졌지만 그해 대선에선 여성 투표율이 처음으로 남성을 앞질렀다.

여성이 역전한 2012년 대선 이후부터 지금까지 여성 투표율이 남성을 앞서고 있다. 다만 2014년 지방선거에선 남성과 여성 투표율이 동률을 기록했다. 그리고 2016년 총선에선 남성 투표율이 여성보다 높았는데 그 차이는 1.4%포인트로 그리 크지 않았다.

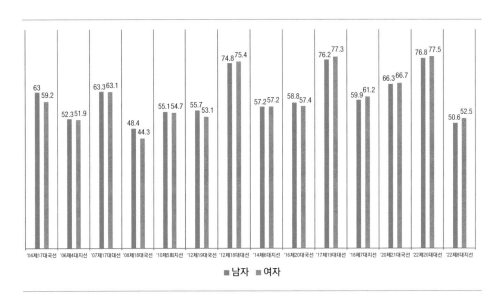

〈표 1〉 최근 선거의 성별 투표율 변화[1]

여성 투표율 상승은 주로 2030 주도로 이루어졌는데 이들은 진보 성향을 강하게 표출했고 민주당 계열 정당을 지지했다. 또 여성

---

1) 중앙선관위, 『제8회 지방선거 총람』(2022.12), 558쪽

투표율이 상승한 대부분의 선거에서 민주당 계열이 승리했다. 다만 2021년 4·7 선거 이후엔 여성 투표율이 높았지만 국민의힘 계열이 승리했다.

구분	2006년 지방선거				2004년 총선				2002년 대선			
	매우	조금	별로	전혀	매우	조금	별로	전혀	매우	조금	별로	전혀
여성	14.0	44.2	31.3	10.5	27.5	50.2	19.2	3.1	37.2	43.5	17.1	2.2
남성	19.6	49.6	25.6	5.8	42.2	40.7	12.3	4.8	50.1	38.4	10.1	1.4

〈표 2〉 역대 선거에서 나타난 성별 선거 관심도 비교분석(단위: %)[2]

　김대중·노무현 진보 정권에서 선거에 대한 성별 관심도 차이는 매우 컸다. 노무현은 2002년 대선에서 기적 같은 드라마를 쓰며 당선됐다. 그러나 여성의 관심은 매우 낮았다. 매우 관심 있다는 여성은 37.2%에 그쳤는데 남성은 50.1%였다. 헌재 탄핵심판 와중에 치러진 2004년 총선에서도 매우 관심 있다는 여성은 27.5%였고 남성은 42.2%나 됐다. 노무현 임기 말에 치러진 2006년 지방선거에선 여성 14.0%, 남성 19.6%로 나왔다. 여성의 저조한 선거 관심은 낮은 투표율로 나타났다. 다만 낮은 여성 투표율과 선거 승패 연관성은 발견되지 않았다. 앞의 두 선거는 민주당 계열 정당이 승리했고 맨 마지막 선거는 보수 정당이 이겼다.

---

2)　김형준, 『젠더 폴리시스』(인디, 2012.1), 121쪽

왜 박근혜를 지지했나

여성을 깨운 것은 박근혜 대통령 당선이었다. 2012년 대선을 계기로 여성의 정치관심이 크게 늘어났고 투표율 상승으로 이어졌다. 박근혜는 박정희 전 대통령 딸이다. 박정희는 대한민국 압축성장 신화를 쓰기도 했지만 군사 쿠데타로 권력을 잡고 오랫동안 독재자로 군림한 것은 부인할 수 없는 사실이다. 독재자는 대체로 비(非) 또는 반(反) 젠더로 분류할 수 있다. 박근혜는 보수 정당인 새누리당(국민의힘 전신) 후보로 나왔다. 당시 정치권에선 새누리당이 비(非) 또는 반(反) 젠더에 가까웠다고 볼 수 있다. 이런 박근혜 때문에 여성이 깨어나기 시작한 것은 놀라운 사실이다. 2012년 대선에서 박근혜 당선은 여성이었기 때문에 가능했다.

당시 선거운동 기간엔 박근혜 후보 열풍이었다. 특히 여성들에겐 대단한 인기를 끌었다. 길 가던 초등학생에게 물어봐도 대선 후보가 누구인지 알았다. 2012년 늦은 여름쯤으로 생각된다. 하루는 퇴근 무렵 놀이터에서 유치원생으로 보이는 아이들에게 이번 대선 후보 이름을 아느냐고 물어본 적이 있다. 아이들은 망설이지 않고 박근혜란 이름을 또렷이 발음했다. 어떻게 아느냐고 했더니 친구들이랑 많이 얘기한다고 했다. 그 아이들은 여성이었다. 2012년 대선에선 '여성 박근혜'가 핫템이었던 셈이다.

구분	D-19	D-12	D-7	D-5	D-2	D-1
박근혜	55.0	55.6	57.4	53.3	54.1	52.8
문재인	44.9	42.8	41.6	45.2	45.5	47.0
기타 후보	0.1	1.7	1.0	1.5	0.5	0.3

〈표 3〉 2012년 18대 대선 후보 여성 지지도 추이(단위: %)[3]

박근혜는 여성에서 상당한 우위를 지킨 가운데 당선됐다. 선거 19일 전 여론조사에선 박근혜가 10%포인트 이상 앞섰다. 선거일이 다가오면서 박근혜와 문재인 지지율 격차는 다소 줄어드는 흐름을 보였다. 당시엔 이명박 대통령 지지율이 좋지 않았다. 당연히 정권교체 요구가 높았다.

실제 선거일이 임박하면서 문재인 후보 역전 가능성을 점치는 여론조사 기관, 전문가들도 일부 나왔다. 한국리서치·YTN, 리서치뷰·오마이뉴스는 문재인 당선을 예측했다. 리얼미터·JTBC도 박근혜 49.6%, 문재인 49.4%로 전망했다. 선거 막판 문재인 추격세가 계속되면서 우열을 가릴 수 없는 접전이란 예측이 늘었지만 결국 박근혜의 여유 있는 당선이었다. 박근혜 당선은 여성의 힘이었다.

한국갤럽 사후조사에서 박근혜 투표자(482명)의 지지 이유로 '최

---

3) 한국갤럽, 『제18대 대통령 선거 투표행태』(2013.5), 61쪽

초의 여성 대통령'이란 응답이 14%로 나타났다.[4] 1위 응답은 '신뢰감/약속'이 22%로 1위였는데 이 항목도 여성과 관련이 있어 보인다. '공약/정책이 좋아서'란 응답은 14%로 공동 2위였다. '박정희 딸'이란 응답도 5%로 10위에 올랐다. 반면 문재인 투표자(462명)는 '정권교체/심판'이란 응답이 26%로 1위에 올랐다. 2위는 '공약/정책이 좋아서'란 응답이었다. '상대 후보가 싫어서'란 응답은 15%로 3위를 차지했다.

2012년 대선은 '여성 대(對) 사람'으로 치러졌다. 박근혜는 여성을 전면에 내세웠고, 문재인 슬로건은 〈사람이 먼저다〉였다. 여성은 진보이고 긍정적 이미지가 담겨 있다. 보수 정당 대선 후보와 어울리지는 않지만 박근혜가 여성이었기 때문에 의외로 시너지가 발생했다. 박근혜는 독재자의 딸이었지만 굴곡진 현대사를 관통했고, 불행한 가족사 때문에 설득력 있는 스토리를 구성했다. 어눌한 말투, 구부정한 어깨, 약간 올드하고 촌스럽게 느껴지는 의상들은 되레 박근혜의 신뢰도를 높였다. 문재인의 사람은 네거티브를 은밀하게 내포하고 있다. 2008년 이명박 집권 후 전 정권에 대한 전방위 수사, 노무현 대통령 서거 등을 겨냥한 슬로건으로 비칠 수 있었다. 즉 문재인의 사람은 나의 장점을 강조한 게 아닌 박근혜를 포함한 보수 정권을 겨냥한 것이었다.

---

4) 한국갤럽, 같은 책. 87쪽

전체(1,036명)		박근혜 투표자(482명)		문재인 투표자(462명)	
네거티브	43	네거티브	49	네거티브	39
언론 불공정 보도	8	지역감정 자극	5	언론 불공정 보도	14
TV토론 미흡	6	TV토론 미흡	4	TV토론 미흡	6
지역감정 자극	4	미검증 후보 출마	3	지역감정 자극	4
공약 부족/남발	3	공약 부족/남발	2	관건선거	4

〈표 4〉 2012년 대선의 문제점(단위: %)[5]

　　네거티브는 2012년 대선의 가장 큰 문제로 지적됐다. 특히 박근혜 투표자에서 네거티브의 심각성이 제기됐는데 이는 문재인에게 불리하게 작용할 수 있는 사안이었다. 여성들이 네거티브를 민감하게 받아들일 수 있기 때문이다. 2012년 대선은 여러 가지 요인들이 복합적으로 얽히면서 여성들의 정치관심을 크게 불러일으켰다. 여성 투표율은 76.4%로 남성에 비해 1.6%포인트나 높았다. 정치·선거에서 젠더의 씨앗이 뿌려진 것이다. 2012년 대선을 계기로 여성들은 정치와 선거에 적극 참여하기 시작했고, 2014년 세월호, 2016년 촛불·탄핵정국을 거치면서 2030 여성은 진보 성향을 더욱 강화했다.

---

5) 한국갤럽, 같은 책, 87쪽

세월호, 젠더의 재발견

여성은 남성에 비해 대체로 진보 성향을 지닌다. 2030일수록 이런 경향은 강하게 나타난다. 2022년 11월 미국 중간선거에서 민주당은 예상을 깨고 선전했다. 2030 투표율이 생각보다 높았고 낙태, 민주주의 이슈에 민감하게 반응한 20대 여성들이 민주당 선전을 주도했다. 유럽은 여성 대통령과 총리가 10명을 훌쩍 넘는다. 40대 여성 총리도 이젠 흔한 사례가 됐다. 유럽 여성들의 정계 진출은 2030에서 폭넓은 진보 성향의 지지기반을 구축하고 있기 때문에 가능하다.

대한민국 2030 여성들의 진보 성향은 세월호 참사, 촛불시위·탄핵정국을 빼놓고 설명하기 어렵다. 세월호 참사는 지금도 몸서리쳐질 만큼 생생한 기억으로 남아 있다. 2014년 4월 16일 막 출근한 뒤였다. 500여 명이 탄 세월호가 침몰했다는 소식이 긴급 속보로 나왔고 뒤이어 대부분 구조했다는 안도의 뉴스도 이어졌다. 나중에 알고 보니 물 위에 뜬, 혹은 눈에 띈 사람들은 구조했다는 의미였다. 침몰된 배 안에 갇혀 있거나 쓸려간 사람들은 구조되지 못했다. 결국 304명이나 사망·실종자로 밝혀졌고 이중 대다수가 학생들이었다. 세월호 참사는 우리 사회에 엄청난 충격을 던져줬다. 온 나라가, 전 국민이 슬픔에 잠겼다. 4050은 자책감에 눈물을 흘렸고 10대는 절망으로 울었다.

이때 희생된 학생들은 고등학교 2학년들로 16세 남짓이다. 그때 고등학교를 다니던 학생들을 세월호 세대라고 부르기도 한다. 벌써 10여 년이 흘러 그들은 20대 중반이 됐다. 깊은 상처를 안은 그들은 어느새 청년으로 성장했다. 세월호 참사의 아픔은 나이가 많은 위로도, 나이가 적은 아래로도 전이된다. 아픔은 참사 당시 고등학교 2학년들이 가장 고통스럽고 멀어질수록 조금씩 엷어진다. 박근혜 대통령과 정부여당의 부적절한 대응 논란도 수년간 비등했다. 그중엔 박근혜의 사라진 7시간이 있었는데 적절하지 못한 해명, 조금은 뻣뻣한 박근혜 태도, 민주당의 집요한 공세가 합쳐져 문제를 더욱 키웠다. 사라진 7시간은 촛불시위와 탄핵정국에서 점점 괴물이 되어갔다.

대형 참사가 나면 여성들은 모성애가 발동한다. 보호본능을 자극하게 된다. 2012년 여성들의 정치참여 열기는 세월호 참사를 만나 숨을 죽였다. 애시당초 박근혜에게 비판적이던 3040은 침묵모드로 돌아서 때를 별렀다. 세월호 참사의 영향이 가장 많은 20대는 박근혜에게 등을 돌리기 시작했다. 미래의 20대가 될 10대 중반 전후에서도 박근혜는 물론 보수 정당의 비토 정서가 점점 커졌다. 이런 감정은 전국으로 확산했고 공유됐으며, 또 비슷한 나이대로 전이되기 시작했다. 이렇게 축적된 반 박근혜 에너지는 3년이 지나지 않아 촛불로 분출하게 된다.

구분		2월	4월	6월	8월	10월	12월
전체	긍정	56	57	44	46	47	40
	부정	33	31	46	44	43	50
19~29세 여성	긍정	27	30	12	16	21	15
	부정	63	50	75	70	68	69

〈표 5〉 2014년 박근혜 대통령 전체-20대 직무수행 평가(단위: %)[6]

세월호 참사 이후 20대 여성의 박근혜 지지율은 빠르게 하락했다. 전체 지지율도 하락세를 보였지만 20대 여성에선 거의 반토막 수준으로 추락한 것이다. 20대 여성의 박근혜 지지율은 2월 27%에서 6월엔 12%까지 빠졌다. '사라진 7시간' 논란 등으로 세월호 참사 박근혜 책임론이 고조된 탓이다. 같은 시기 박근혜 전체 지지율은 56%에서 44%로 하락했다.

6월 이후 20대 박근혜 지지율은 조금 오르기도 했는데 결국 15%에 그쳤다. 전체 지지율은 완만한 하락세가 지속돼 12월 40%를 기록했다. 세월호 참사는 20대 여성에 큰 충격을 줬고 박근혜 지지율 하락으로 이어졌다. 그때 20대 여성은 지금은 대부분 30대가 됐고 여전히 국민의힘 거부 정서가 강하다. 여론조사 대상이 아닌 19세 미만 여성에서도 이러한 정서는 더욱 강하게 형성되었을 것으로 추정할 수 있다. 그리고 이들은 대부분 20대 여성으로 성장

---

6) 한국갤럽, 「데일리 오피니언 2014년 1~12월 월간통합」(2014.12)

했고 강한 진보 성향을 보이고 있다.

세월호 참사 후 박근혜와 새누리당 비판여론이 즉각적으로 반영되지 않은 건 고령층 특성 때문이다. 고령층은 일반적으로 지지 정당이나 후보를 잘 바꾸지 않는 경향이 있다. 또 대통령 지지를 철회하는데 충분한 이유와 시간이 필요하다. 할아버지나 할머니, 아빠와 엄마를 떠올리면 이해하기 쉽다. 박근혜, 새누리당 지지기반은 주로 50대 이상, 영남권과 충청권 등이다.

고령층과 영남권은 지지율 변동이 미미했다. 2030, 호남, 수도권 등은 당초 지지가 약했기 때문에 일부 지지율이 떨어져도 의미 있는 변화로 나타나지 않는다. 무당층, 중도층에선 참사 경위를 놓고 공방이 오가는 여건이었기 때문에 관망세를 보였다. 가장 비판적이었던 10대는 여론조사 대상도 아니었다. 2030 여성의 진보 성향은 결국 시간을 두고 오늘까지 영향을 미치게 된 것으로 보인다.

촛불·탄핵, 진보 불렀나

옛날이었으면 통치행위로 퉁치고 넘어갔을지도 모른다. 대법원에서 징역 20년 형을 선고받은 박근혜 전 대통령 주요 혐의는 국정농단이다. 최서원(최순실 개명)이 박근혜 권력을 이용해 각종 이권을 챙겼다는 게 핵심이다. 박근혜는 직접적으로 챙긴 것도 없었다. 그런데 범죄 혐의가 입증된 것은 박근혜와 최서원이 경제공동체였다는 검찰의 논리가 먹힌 탓이다. 사실 경제공동체란 개념은 법률 용어도 아니고 유죄 판단의 근거로 삼기엔 다소 모호하다. 박근혜 중형은 경제공동체 때문이라기보다는 탄핵되었기 때문이다. 헌재는 종종 정치적 결론을 낸다는 비판에 직면하곤 한다. 국민들의 압도적인 여론 탓인지 헌재는 만장일치로 탄핵을 인용했고 이로 인해 중형이 불가피했다. 당시 국민들의 분노는 최서원의 딸 정유라의 공짜 말에서 시작됐다.

2016년 4월 총선에서 새누리당(국민의힘 전신)은 원내 2당으로 밀려났다. 국회가 여소야대로 재편된 것이다. 박근혜 국정 장악력은 약화되기 시작했고 여권 균열도 조금씩 커졌다. 2016년 여름 즈음부터 최서원 관련 논란이 쟁점으로 부상했다. 국정농단 항의 촛불시위는 10월 말 '최순실 테블릿 PC' 보도와 석연찮은 박근혜 해명으로 되레 활활 타올랐다.

그해 겨울 모든 대학이 시국선언문을 발표하고 촛불집회에 참석했다. 10월 26일 이화여대 총학생회는 2012년 대선 캠페인에서 박근혜가 내세웠던 '내 꿈이 이뤄지는 나라'라는 슬로건을 패러디해 '대한민국, 최순실의 꿈이 이뤄지는 나라입니까?'라는 제목의 선언문을 발표했다.

박근혜 모교였던 서강대학교 학생들은 '최순실 게이트 해결을 바라는 서강인 시국선언'을 발표했다. 10월 26일부터 시작된 대학생들의 시국선언은 28일까지 단 3일 만에 41개 대학으로 확산됐다.[7] SNS에선 네티즌들이 촛불집회 참석을 독려하는 운동이 활발하게 일어났다. 총학생회에 이어 시민사회, 대학교수들이 시국선언에 합류했다. 정의당을 필두로 한 원내정당들은 11월에 들어 박근혜 대통령 사임을 거론하기 시작했다. 당시 성남시장이던 이재명 대표는 촛불시위 초기부터 적극 참석했고 박근혜 탄핵, 구속을 선도적으로 주장해 눈길을 끌었다. 그해 촛불시위는 이재명이 전국적인 인물로 도약하는 기반이 됐다. 이재명은 이를 발판으로 2017년 대선에 앞서 민주당 경선에 참여했다.

이화여대 학생 선언문이 맨 먼저 나오고 전국 대학가로 들불처럼 번진 것은 최순실 딸 정유라와 관련이 있다. 정유라는 승마 특기생으로 이화여대에 들어갔는데 삼성에서 공짜로 제공한 말을 탔다. 이런 사실이 알려지면서 20대의 공분을 샀다. 권력형 대입 특혜 의혹에 대기업 공짜 말이 뒤섞여 공정, 정의, 평등에 민감한 대학생들을 분노의 광장으로 내몬 것이다. 특히 20대 여성들의 분노가 컸다. 이런 분노는 입시를 준비하는 중고등학생, 특히 여학생들에게 전이됐다. 이는 정치참여, 높은 투표율, 민주당 지지의 자양분을 제공했다.

---

7) 이지호·이현후·서복경, 『탄핵광장의 안과 밖』(책담, 2017.7), 40쪽

구분	18세 미만	20대	30대	40대	50대 이상
남성	45.6	39.0	51.9	52.5	61.8
여성	54.4	61.0	48.1	47.5	38.2

〈표 6〉 2016년 촛불집회 참가자 연령/성별 구성비율(단위: %)[8]

　　20대 여성이 촛불집회에 가장 많이 참석한 것으로 나타났다. 이는 세월호 참사 영향으로 분노가 축적해 있었고, 여기에 정유라가 기름을 부었기 때문이다. 20대 여성 촛불집회 참가비율은 61.0%나 됐다. 반면 남성은 39.0%에 그쳤다. 18세 미만에서도 여성이 54.4%였고 남성은 45.6%에 머물렀다. 20대 일부는 지금은 30대가 됐고 또 일부는 20대 후반에 이르렀다. 18세 미만 상당수는 20대로 성장했다. 이러한 촛불집회 참가비율은 왜 20대 여성이 진보 성향을 유지하고 있는지를 보여주는 상징적인 사례다. 50대 이상에선 남성 참가비율이 높았는데 이는 진보 성향 중심으로 참가가 이루어졌기 때문으로 풀이된다.

　　2030 여성은 세월호 참사, 촛불·탄핵정국 등을 거치면서 진보 성향이 점점 강화됐다. 그리고 이는 국민 전체의 진보 성향이 짙어지는 계기가 되기도 했다. 보수 및 진보 성향은 선거 승패에 영향을 미치는 직접적인 요소다. 보수 성향이 증가하면 보수 정당이 유

---

8)　이지호·이현후·서복경, 같은 책, 224쪽

리하고, 진보 성향이 늘면 민주당 계열 정당의 승리로 귀결되곤 한다. 2016년 총선 당시엔 보수와 진보 비중이 비슷했다. 선거결과도 민주당이 원내 1당이 되기는 했지만 단 1석 차이에 불과했다.

2017년 5월 대선 무렵엔 보수 성향 비중은 20% 초반에 머문 반면 진보는 30%를 넘어섰다. 촛불시위, 탄핵정국 이후 보수 비중이 역대급으로 축소되었다. 2018년 6월 지방선거에선 민주당이 역대급 승리를 거두었는데 이때도 보수 비중은 20% 초반에 그쳤다. 반면 진보 비중은 30% 초반까지 팽창했다. 민주당이 180석을 확보한 2020년 총선에서도 보수와 진보 비중이 2018년과 거의 비슷했다. 국민의힘이 승리한 2022년 대선과 지방선거에선 2020년, 2018년과 정반대로 나타났다. 보수 비중이 30%를 넘어선 반면 진보는 20% 초중반에 그쳤다.

정치 성향은 정당 지지율과도 직접적으로 연관된다. 보수 성향 비중이 늘어나면 국민의힘 지지율이 상승하고, 반대로 진보 성향이 늘면 민주당 지지율이 상승했다. 2017년 대선 즈음 5월(한국갤럽, 5월 통합) 진보 성향은 30%를 넘었는데 이때 민주당 지지율은 45%나 됐고 자유한국당(국민의힘 전신)은 10%에 그쳤다. 2018년 지방선거 무렵 6월(한국갤럽, 6월 통합)도 정치 성향과 정당 지지율이 2017년 5월과 비슷했다. 2022년 지방선거 즈음인 6월(한국갤럽, 6월 통합)엔 보수 성향 비중이 30% 전후를 기록했고 국민의힘 지지율은 43%였다. 이에 비해 진보 성향은 20% 중반까지 하락했고 민주당 지지율도 29%를 나타냈다.

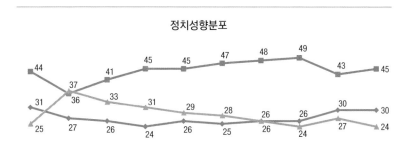

정치성향분포

〈표 7〉 주관적 정치 성향 분포(2016년 1월~2023년 1월)[9]

2016년 이후 정치 성향 그래프는 완만하게 움직인다. 촛불시위와 탄핵정국, 남북·미북 정상회담 국면에선 파동이 컸지만 이는 예외적이었다. 2022년 대선, 지방선거 이후 정치 성향은 보수 20% 중후반, 진보 20% 초중반 구도가 이어지고 있다. 보수가 상대적으로 우세를 점하고 있지만 진보를 압도할 정도는 아니다. 보수 우위는 60대 이상 연령에서, 또 2030 남성 중심에서 나타나고 있다. 진보는 4050에서 강세를 보이고 있고, 2030 여성에서도 마찬가지다.

---

9)   한국갤럽, 「데일리 오피니언 제531호」(2023.2)

이런 흐름은 정당 지지율과도 연동되어 있다. 파괴력이 큰 국내외 이벤트가 없다면 앞으로도 완만한 정치 성향 그래프는 유지될 가능성이 크다. 이런 그래프에선 보수, 진보가 접전을 펼치는 가운데 보수 정당에 다소 유리한 환경이 만들어질 수 있다.

02

젠더선거,
어디서 나왔나

방황하는 젠더, 4·7 재보궐선거

젠더선거가 수면 위로 모습을 드러낸 것은 4·7 재보궐 서울시장 선거에서다. 2012년 대선에서 여성들의 정치 관심과 투표율이 크게 높아진지 9년 만에 본격적인 젠더선거가 도래한 것이다. 2017년 대선은 촛불시위, 탄핵정국 여파로 문재인 당선은 예정된 수순이었다. 그해 대선은 사실상 당선을 확정지은 다음 선거를 치른 셈이다. 다른 이슈들이 떠오를 여지가 별로 없었다. 자유한국당(국민의힘 전신) 홍준표 후보와 당시 국민의당(현재 국민의당과 다름) 안철수 후보의 단일화 논의가 잠깐 있었을 뿐이다. 2018년 지방선거에선 남북, 미북 정상회담이 주요 이슈였다. 2020년 총선에선 선거운동

기간 막판에 보수결집 움직임이 나타나면서 재차 보수 정당 심판 여론이 형성됐다.

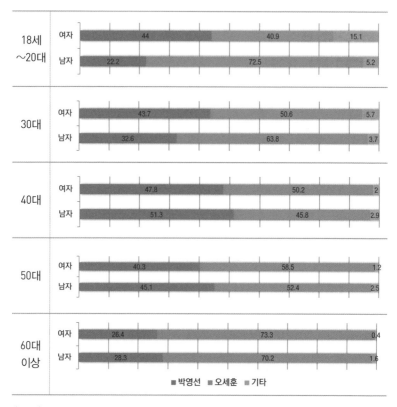

		박영선	오세훈	기타
18세~20대	여자	44	40.9	15.1
	남자	22.2	72.5	5.2
30대	여자	43.7	50.6	5.7
	남자	32.6	63.8	3.7
40대	여자	47.8	50.2	2
	남자	51.3	45.8	2.9
50대	여자	40.3	58.5	1.2
	남자	45.1	52.4	2.5
60대 이상	여자	26.4	73.3	0.4
	남자	28.3	70.2	1.6

〈표 8〉 2021. 4·7 서울시장재보궐선거 방송 3사 출구조사

4·7 서울시장 선거에선 세 가지 특징이 동시에 나타났다. 2050 선거연합 붕괴, 젠더선거, 20대 여자의 제3후보 지지가 그것이다. 민주당은 40대에서만 국민의힘에 우위를 보였다. 40대와 함께 핵심 지지기반인 50대에서도 선전했지만 결집 강도는 눈에 띄게 약화

했다. 20대에서 젠더선거가 가장 두드러지게 나타났다. 20대 여자에선 민주당이 국민의힘에 우세를 보였다. 20대 남자는 전 연령에서 국민의힘 결집 강도가 가장 높았다. 특히 60대 이상을 제친 것은 놀라운 일이다. 20대 여자 15.1%는 민주당이 아닌 제3후보를 지지했다. 젠더의 방향이 지지후보 분산으로 표출된 셈이다. 30대는 젠더와 세대 특성이 공존했다. 30대 남자는 국민의힘 쪽으로 결집했지만 강도는 20대보다 완화됐다. 30대 여자는 국민의힘 손을 들어줬지만 쏠리지는 않았다. 이는 젠더 이외에 세대효과가 함께 반영된 것으로 풀이된다.

젠더는 지지후보 결집이 아닌 투표율에서 강하게 확인되고 있다. 20대 후반, 30대 전반은 전통적으로 투표율이 낮다. 투표권을 첫 행사하는 18세·19세, 20대 전반에 투표율이 높았다가 낮아지는 흐름이 일반적인 패턴이었다. 그리고 30대 후반이 되면 정치, 사회관심이 늘어나면서 투표율도 상승세로 돌아서곤 했다. 4·7 선거에선 20대 후반, 30대 전반 투표율이 떨어지지 않았다. 20대 전반이나 30대 후반이 거의 같았다. 이는 20대 후반, 30대 전반의 정치관심이 높게 유지되고 있음을 나타내주는 지표들이다. 이들 연령은 세월호 참사를 겪었고 3년이 지나지 않아 촛불시위와 탄핵정국을 경험했다. 민주당에 몰표를 주진 않았지만 상당한 투표율을 유지하며 높은 정치 관심을 보였다. 이런 현상은 부산시장선거에서도 똑같이 관측됐다.

구분		전체	18세	19세	20대 전반	20대 후반	30대 전반	30대 후반	40대	50대	60대	70대	80세 이상
서울	남자	56.9	45.5	48.1	49.5	41.3	43.8	45.8	50.9	60.2	75.5	82.9	68.9
	여자	59.1	53.5	48.7	47.8	49.8	51.5	51.6	55.8	62.5	74.4	74.7	46.4
부산	남자	51.1	37.9	40.2	39.4	30.4	32.8	34.2	40.1	53.8	71.4	80.6	65.9
	여자	54.2	46.8	37.7	36.5	39.1	40.7	41.5	47.0	57.8	72.2	71.7	42.0

〈표 9〉 2021년 4·7 재보궐선거 성별·연령대별 투표율[10]

　　남자, 여자의 투표율 차이도 눈에 띄는 대목이다. 남자 투표율은 여자와 달랐다. 전통적으로 낮은 투표율을 보였던 20대 후반, 30대 전반은 그대로였다. 서울시장선거에서 20대 후반 남자 투표율은 41.3%였는데 이는 여자보다 8.5%포인트나 낮았다. 부산시장 선거에서는 남자 20대 후반은 30.4%로 여자(39.1%)보다 한참 뒤졌다. 30대 전반은 남녀 투표율 격차가 다소 줄었지만 간극은 여전히 컸다. 2030 남자는 정치 관심이 줄어들면서 투표율도 하락한 것이다. 남자 투표율은 전망도 좋지 않다. 첫 투표권을 행사하는 18세, 19세 투표율이 낮았는데 이는 예고 지표였다. 실제 2022년 대선, 지방선거에선 20대 투표율이 하락했다. 반면 여자의 18세, 19세 투표율은 높았고 이는 같은 해 대선, 지방선거에서도 높은 것으로 나타났다.

---

10)　중앙선관위, 『2021 4·7 재보궐선거 투표율 분석』(2021.6), 21쪽

투표장에 가기 위해선 선거에 관심이 있어야 한다. 선거에 대한 관심은 정치 전반에 대한 관심이기도 하다. 정치 관심은 대개 비판적으로 표출된다. 특히 2030에선 더욱 그렇다. 2030 여자의 높은 투표율은 높은 정치 관심을 의미한다.

선거가 다가올수록 민주당 후보의 패배 위기감이 커지고 2030 남자의 국민의힘 후보 결집 흐름은 점차 강해졌다. 이런 여건에서 2030 여자는 투표를 통해 제동을 걸고 나선 것이다. 4·7 선거는 젠더와 세대 특징이 함께 반영된 과도기 형태를 보였다. 이를테면 젠더의 방황이 두드러졌던 선거였다. 결과는 또 다른 변화를 부르는 측면이 있다. 4·7 선거 이후 2030, 특히 남자의 민주당 이탈이 전국으로 확산되었듯 젠더선거도 마찬가지였다. 2022년 3월 대선은 2030에선 극단적인 젠더선거로 치러졌는데, 그해 6월 지방선거는 그 정도가 더욱 심해졌다.

이대남 여성혐오, 그리고 놀이

이대남 여성 혐오는 2010년 즈음으로 거슬러 올라간다. 일간 베스트 저장소(일베 저장소)는 2011년 디시인사이드(www.dcinside.com)에서 독립했다. 디시인사이드는 1999년 개설된 국내 최대 규모 커뮤니티 포털 사이트다. 일베 저장소는 디시인사이드 갤러리의 일간 베스트 게시물을 모아 저장할 목적으로 개설되었다가 독립한 것이다. 2012년 대선 전후로 이용자가 크게 늘었다. 디시인사이드도 그렇지만 일베 저장소는 보수적 경향을 보였는데 시간이 흐르면서 중고등학교 남학생, 20대 남자들의 방문이 늘었다. 보수적 남초 커뮤니티로 점점 변해 갔고 여성 비하 또는 여성 혐오 유행어들이 사용되기 시작했다.

2015년 즈음엔 중고등학교 남학생들의 일베 저장소 인지도가 크게 늘었다.[11] 일베 저장소에 대해서 '자세히 알고 있다'는 응답이 9.2%에 달했다. '대강은 알고 있다'는 47.9%나 됐고 '들어 본 적은 있다'도 35.7%였다. 이에 비해 '전혀 모른다'는 7.5%에 그쳤다. 당시 일베 저장소에서 자주 등장하던 단어들은 주로 여성, 정치인, 여성 비하 내용들이다.[12]

노무현 비하는 '노무노무', 전라도 비하는 '홍어', 여성 비하 '김치녀', 민주주의 비하 '민주화' 등의 용어들이 사용됐다. '삼일한'도 종종 사용됐는데 '여자와 북어는 3일에 1번씩 때려야 한다'는 표현이다. 진보, 젠더와 연관된 것들이 다수였다. 페미니즘 또는 페미니스트 거부감은 이렇게 싹이 트고 있었다.

당시 중고등학교 남학생은 이제 10년이 흘러 20대가 됐다. 2016년 촛불시위, 2017년 탄핵정국에선 이들의 보수 성향이 수면

---

11) 경기도교육연구원, 『중고등학생의 맹목적 극단주의 성향에 대한 연구』 (2015.2), 59쪽
12) 경기도교육연구원, 같은 책, 78~79쪽

아래로 잦아들었다. 당시 정치사회 여건에서 침묵의 나선이 작동한 셈이다. 이들이 목소리를 내기 시작한 건 2018년 평창 동계올림픽 남북 단일팀 반대였다. 2019년엔 코인 폭락, 조국 사태가 발생했는데 20대 남성이 비판적 여론을 주도했다. 비슷한 또래의 여성들은 다른 길을 걸었다. 일베 저장소를 혐오하며 여성시대와 같은 여초 커뮤니티에 관심을 가지기 시작했다. 세월호 참사의 아픔을 간직한 채 촛불시위, 탄핵정국에서 진보 색채가 짙어졌다.

2015년 무렵에도 20대의 남녀 정당 지지율은 서로 엇갈렸다. 남성의 새누리당(국민의힘 전신) 지지율은 30% 전후를 오갔다. 이에 비해 여성은 10%대 중후반이었다. 20대 남성의 새정치민주연합(민주당 전신) 지지율은 20%대 중반이었지만 여성은 30% 중반 전후로 상당히 높았다.

당시 20대는 1985년~1995년 사이에 태어난 밀레니얼세대이다. 집단보다는 개인이 중시되기 시작했고 포털, 커뮤니티, 페이스북, 인스타그램 등을 혼용해 활동했다. 2050 진보 연합에 균열이 시작된 세대였다. 이들은 대부분 30대가 됐다. 남녀는 조금씩 달라지기 시작해 지금은 남남처럼 됐다. 30대 남성은 20대 남성과 비슷한 성향으로 바뀌기 시작했고, 여성은 40대 혹은 20대 여성과 닮아갔다.

구분		2월	4월	6월	8월	10월	12월
새누리당	남성	35	28	31	29	25	27
	여성	14	19	16	14	19	14
새정치 민주연합	남성	29	28	24	21	25	21
	여성	39	37	35	38	34	30

〈표 10〉 2015년 19~29세 새누리당·새정치민주연합 지지율 비교(단위: %)[13]

젠더, 특히 안티 페미니즘은 이준석의 이대남 프로젝트로 정치적 쟁점으로 부상했지만 경제성장의 정치, 밀레니얼 등장, 디시인사이드의 인기 등에서 점차 폭발력을 키우고 있었던 셈이다. 2015년 즈음 정당 지지율에서도 남녀 차이는 확연했다. 그러나 젠더는 잠복했다. 젠더가 제때 부상하지 못한 것은 촛불시위, 탄핵정국 때문이다. 박근혜와 새누리당이 일방적으로 잘못했다는 여론, 즉 죽일 놈이란 분위기가 형성되면서 안티 페미니즘이나 보수 정서가 설 자리를 잃었다. 안티 페미니즘은 집을 잃고 거리로 내쫓겼다.

문재인 정부 출범 후 달라지기 시작했다. 촛불시위, 탄핵정국의 충격이 가신 뒤 원형대로 복귀가 시작되었다. 페미니즘과 페미니스트에 대한 거부감은 2021년 4·7 선거 이후 2022년 대선을 앞두고 본격적으로 분출했다. 민주당 서울시당에 따르면 20대 남자에서 페미니즘·페미니스트 거부감에 동의한다는 답변이 82%나 됐다.

---

13) 한국갤럽, 「데일리 오피니언 2015년 1~12월 월간통합」(2015.12)

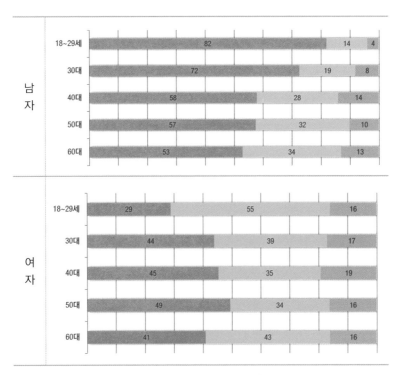

<표 11> 페미니즘·페미니스트 거부감(단위: %)[14]

   30대 남자에선 72%를 기록했고 40대 이상에도 50%를 넘어섰다. 페미니즘·페미니스트 거부감은 여성에서도 상당한 것으로 나타났는데 20대 여자만 29%였고 나머지 연령에선 모두 40%대였다. 남녀, 연령 가리지 않고 페미니즘·페미니스트에 거부감을 표출하는 경우가 많았다.

---

14) 민주당 서울시당,「서울시 유권자 정치지형과 대선전략 함의」(2022.1)

20대 남자의 안티 페미니즘, 여자의 페미니즘의 극렬한 대치는 이대남 전략으로, 또 이대녀 역풍으로 2022년 대선, 지방선거에서 그 모습을 드러냈다. 그리고 그 뿌리는 2010년대부터 형성된 남초 커뮤니티의 여성혐오에서 시작됐다. 중고등학교 남학생, 이대남의 여성혐오는 놀이로 시작했지만 2030의 젠더선거로 귀결된 것이다.

2030 여성혐오가 심화된 것은 2020년부터 3년간이나 지속된 코로나19와도 깊은 관계가 있다. 장기간 격리와 비대면 일상은 온라인 생활의 심화를 촉발했고 여성혐오가 자랄 수 있는 숙주를 제공했다. 이준석과 같은 정치인들도 득표전략 일환으로 여성혐오와 역풍을 부추겼다. 여성혐오는 개인을 더욱 개인으로 몰아갔고 연애, 결혼, 출산은 점점 멀어지게 만들었다.

갈라치기 달인, 이준석 미래

탁월한 한 사람이 선거결과를 바꿀 수 있을까. 이런 질문은 대체로 성립되기 어렵다. 패배가 불을 보듯 뻔한 선거판에서 뛰어난 전략을 통해 승리로 이끈 선거는 거의 없다. 수백, 수천 표 차이 초박빙 판세라면 모를까 대부분의 선거는 그 당시를 관통하는 민심에 따라 승부가 갈린다. 민심은 일종의 유권자 총의이기도 하다. 물론 유권자 총의는 고정된 것은 아니다. 정당이나 후보가 어떻게 하느냐에 따라 달라질 수도 있다. 또 큰 실수를 범하거나 중대한 돌발변수가 생기면 판세가 바뀔 수 있다. 큰 틀에서 보면 선거 당시의 민심, 즉 유권자 총의는 강력한 상수다. 선거 때만 되면 캠프에선 전략가를 찾곤 하는데 헛심만 쓰고 돈만 낭비하게 될 가능성이 더 크다.

이준석 전 국민의힘 대표가 선거에서 실력 발휘를 한 것은 2021년 4·7 서울시장 재보궐선거에서다. 이준석은 오세훈 캠프의 뉴미디어 본부장을 맡아 청년들을 유세차에 오르게 해 자유발언을 하는 '2030 시민유세단'을 꾸린 바 있다.

이를 통해 청년 지지와 선거 흥행을 이끌었다는 평가를 받았다. 그런데 여기서 생각해 볼 것은 이준석이 얼마나 승리에 기여했느냐에 대한 문제다. 4·7 선거에서 국민의힘은 서울뿐만 아니라 부산, 국회의원 재보궐선거에서 모두 크게 이겼다. 이준석이 없었다고 해도 이런 판세는 바뀌지 않았다고 보고 있다. 2030이 민주당을 이탈해 국민의힘 후보를 지지한 것은 어느 정도 예정된 수순이기 때문이다.

2022년 3월 대선에서도 이준석은 당 대표로 선거를 주도했다. 특히 이대남 전략을 구사해 방송 3사 출구조사 결과 2030에서 윤석열·이재명 후보가 거의 비슷한 득표율을 기록했다. 특히 2030 남자에선 윤석열이 이재명에 상당한 차이로 앞섰다. 1987년 직선제 도입 이후 2030에서 범보수 정당 대선 후보가 범진보 정당 후보와 접전을 펼친 것은 사실상 최초의 일이다. 2022년 대선에서 이준석의 기여는 분명히 있었다. 윤석열 승리는 그러나 이준석 때문은 아니다. 국민의 정권교체 여론이 강했고, 2030 특히 남자가 민주당을 이탈해 국민의힘 지지로 옮겨왔기 때문이다. 오히려 지나친 이대남 전략으로 2030 여성들의 이재명 쏠림을 부추긴 면도 있다. 자칫 선거판세가 기울 수도 있었다. 결국 2022년 대선은 이준석이 아니라도 윤석열 승리로 끝날 가능성이 높았다는 점이다.

2022년 6월 지방선거도 이준석 중심으로 치러졌다. 그러나 지방선거를 관통한 핵심 민심은 이재명과 민주당 재심판 정서였다. 이재명은 대선 패배 후 책임과 성찰 대신 4·7 국회의원 재보궐선거에 출마하면서 민심과 등을 졌다. 민주당은 3월 대선 패배 후 윤석열 정부 출범에 협조하지 않았다. 한덕수 국무총리를 비롯한 주요 국무위원 인사청문회를 지연시켰다. 용산 대통령실 이전에도 비협조로 일관했다. 대통령실 이전 예산 편성에도 온갖 핑계를 갖다 붙이며 어깃장을 났다.

민주당의 윤 정부 출범 비협조는 국정발목 이미지를 강화했다. 결국 2022년 지방선거를 관통했던 유권자 총의는 이재명과 민주당 재심판, 윤석열 재신임이었다. 선거 전략이나 선거 운동과 관계없이 승부는 이미 판가름 난 뒤였다.

이준석의 한계가 여실히 드러난 사건은 2023년 3월 국민의힘 전당대회다. 이준석은 오랜 침묵을 깨고 전당대회에 적극 참전했다. 이른바 천아용인(천하람·허은아·김용태·이인기) 지원에 나섰다. 당대표 경선에서 천하람이 15% 정도를 득표했을 뿐 최고위원 선거에선 모두 낙선했다. 천하람 선전도 경선 막판 안철수, 황교안 등의 네 거티브 공세가 가열되면서 얻은 어부지리이다. 이준석은 기적, 이 변 등을 주장하며 승리를 자신했지만 결과는 철저한 외면이었다. 물론 이준석 효과도 있었다. 자칫 맥 빠질 분위기였던 전당대회에 활기를 불어넣었고 국민의힘에서 여전히 청년 정치가 살아 있음을 환기시켰다. 그러나 그 이상은 아니었다. 이준석 영향력이 점차 약화하고 있음을 각인했다.

이준석은 갈라치기의 달인이다. 2022년 대선에서 이준석이 주장했던 세대 포위론은 4050을 고립시키고 국민의힘 집권기반을 확장하는 것이다. 이를 위해 2030 남성과 여성을 갈라치기하겠다는 핵심 전략을 세웠다. 범위를 좁히면 이대남 전략이다.

그러나 이준석의 갈라치기는 큰 위기를 맞았다. 이대남 역풍으로 이대녀 결집이 강하게 나타나게 되었다. 이대녀 결집은 대선 이후 지방선거에서 더 심화했고 2024년 총선, 2027년 대선에서도 마찬가지일 가능성이 높다. 게다가 이대남에서 정치무관심층이 증가하고 투표율 하락추세가 지속하고 있다. 만약 민주당이 성찰, 쇄신 면에서 국민을 설득하고 전통적 지지층인 4050과 이대녀를 최대한 결집한다면 이준석의 갈라치기는 되레 족쇄가 될 수 있다.

이준석은 2023년 3월 『이준석의 거부할 수 없는 미래』를 펴냈다. 2021년 4·7 서울시장선거, 세대포위론 등 자화자찬 내용들과 정책 단상, 보수 변화 등을 다루고 있다. 윤석열이 세대포위론 때문에 이겼다는 주장,[15] 출산율을 높이려면 결혼율을 높여야 한다는 주장[16] 등에선 웃음 밖에 안 나온다. 당대표까지 지냈고, 국민의힘 차기로 거론되는 정치인 치곤 통찰이 미흡하다는 생각이다. 이준석의 정치, 국가 비전이 무엇인지 불분명하다. 너무 일반적인, 피상적인, 자아도취적인 내용들로 채워져 있다.

---

15) 이준석, 『이준석의 거부할 수 없는 미래』(21세기북스, 2023.3) 87쪽
16) 이준석, 같은 책, 221쪽

이재명,
개딸의 유효기간

이대녀, 왜 이재명을 지지했나

이재명 민주당 대표는 사실 여성 친화적인 인물은 아니다. 민주당 소속 어느 대통령 대선 후보와 비교해도 이재명은 가장 거칠고 남성적이다. 김대중 전 대통령은 '뉴DJ 플랜' 이후 부드러운 이미지를 유지했다. 국민통합이란 브랜드에 맞게 온화한 대통령상으로 남아 있다. 노무현 전 대통령은 기타를 치며 눈물을 자주 흘리기도 했다. 권양숙 여사에 대한 애틋한 사랑을 표현하기도 했는데 이는 정치적 자산을 축적하는 데도 큰 도움을 줬다. 문재인 전 대통령은 여성의 강한 지지 때문에 레임덕 없이 임기를 마쳤다. 문재인 최종 지지율은 40% 초중반에 달했다. 소탈하고 서민적인, 그리고 자상해 보이는 문재인 태도는 상당히 여성 친화적이다. 이에 비하면 이재명은 강력한 추진력, 갈등을 불러일으키는 화법으로 인해 오히려 남성적인 힘이 느껴지는 인물이다. 그럼에도 불구하고 이재명 여성 득표율이나 지지율은 매우 높다.

2022 대선에서 이재명은 0.78%포인트 차이로 아슬아슬하게 졌다. 선거 직전 다수 여론조사 결과나 여론으로 볼 때 의외의 결과였다. 그만큼 이재명이 선전했는데 2030 여성의 결집이 그 이유다. 이재명은 20대 여성에서 58%를 득표해 윤석열을 크게 앞섰다. 30대 여성에선 49.7%를 득표했다.

20대와 30대 득표율이 다른 이유는 젠더와 세대 때문이다. 20대에선 젠더선거 특징이 강하게 분출했고 30대에선 상대적으로 세대 특징이 반영됐다고 평가할 수 있다. 20대 여성 쏠림이 이재명 선전의 원인인데 사실 이는 의외의 결과였다. 민주당에서도 국민의힘 이대남 드라이브에 따른 이대녀 역풍은 없다고 분석하기도 했다.[17] 20대 여성 이재명 쏠림은 4·7 재보궐선거 20대 남성들의 국민의힘 후보 지지 반사효과로 볼 수 있다. 20대 남성들이 국민의힘 후보에게 몰표를 주자 20대 여성들도 이재명 지지로 더욱 결집한 것이다.

---

17) 민주당 서울시당, 같은 자료

		민주당		국민의힘	
		대선(이재명)	지방선거	대선(윤석열)	지방선거
20대 이하	여성	58%	66.8%	33.8%	30.0%
	남성	36.3%	32.9%	58.7%	65.1%
30대	여성	49.7%	56.0%	43.8%	42.2%
	남성	42.6%	39.6%	52.8%	58.2%

〈표 12〉 방송 3사 출구조사 2022 대선·지방선거 성별 득표율(단위: %)[18]

　　2030 여성의 이재명 지지는 대선 3개월 뒤 치러진 6·1 지방선거에서 민주당 지지로 그 방향을 분명히 했다. 이재명은 지방선거와 함께 치러진 재보궐선거에 출마하고 총괄상임선대위원장을 맡아 선거를 지휘했다. 2030 여성 민주당 쏠림은 대선에 비해 훨씬 강해졌다.

　　특히 20대 여성 민주당 지지는 66.8%까지 올랐고 국민의힘은 30.0%에 그쳤다. 상대적으로 세대 특징을 보였던 30대 여성 민주당 지지도 56.0%로 상승했고 국민의힘은 42.2%에 머물렀다. 여성과 남성의 지지가 민주당, 국민의힘으로 정확히 양분되었다. 지방선거에서 강화된 2030 여성 민주당 결집의 원인은 이재명이라기보다는 2030 남성의 국민의힘 결집 반사효과 때문이다. 그리고 이는 2021년 4·7 선거의 나비효과로 예측된다.

18)　민주연구원, 「6·1 지방선거 평가」(2022.7)

구분		18세	19세	20대 전반	20대 후반	30대 전반	30대 후반
지방선거	남자	32.0	36.7	36.1	30.5	33.8	36.6
	여자	40.6	34.6	38.0	41.3	40.4	40.6
대선	남자	67.8	70.7	70.0	66.3	68.3	69.0
	여자	75.0	74.5	73.4	75.2	73.7	72.2

〈표 13〉 2022년 대선, 지방선거 18세~30대 후반 투표율 비교(단위: %)[19]

　　투표율에서도 2030 남녀 차이는 컸다. 2022년 6월 지방선거의 경우 전통적으로 낮은 투표율을 보였던 20대 후반에선 여자 투표율이 남자보다 10%포인트 이상 높았다. 또 같은 해 대선에 비해서도 남녀 투표율 차이는 더 확대됐다. 30대 전반에서도 20대 후반과 비슷한 양상을 나타냈다. 대선 이후 남자는 정치 관심이 낮아지면서 투표율 하락으로 이어졌다. 반면 여자는 여전히 정치 관심을 유지한 가운데 상대적으로 투표율도 높았다. 대선보다 지방선거에서 2030 여성 민주당 득표율이 더 늘어난 건 남녀 투표율 격차 확대에 따른 측면도 있다. 2030 여성의 민주당 쏠림도 강화되고 있고 투표율도 높아 민주당에겐 다소 우호적인 것으로 해석할 수도 있다.

　　20대 전반에선 2030과 조금 다른 모습이 관찰됐다. 남녀간 투표

---

19)　중앙선관위, 『2022 제8회 지방선거 투표율 분석』(2022.12), 29쪽

율 차이가 크지 않은 것이다. 그리고 지방선거에선 투표율 하락 현상이 뚜렷했다. 18세에서 20대 전반까지는 처음으로 투표를 하거나 투표 경험이 많아야 두세 번이다. 설렘, 기대 등으로 이들 연령에선 투표율이 높은 게 일반적이다. 그런데 남녀 모두 낮은 투표율을 보였다. 이는 정치 무관심이 증가했기 때문으로 볼 수 있는데 남녀가 비슷했다. 나이가 젊을수록 투표율이 하락할 수 있음을 예고하는 지표다. 이렇게 되면 20대 전반 여성에선 민주당 쏠림도 차차 완화될 수 있다는 사실을 알 수 있다.

개딸, 이대녀? 4050?

정치인에겐 소극적으로 지지하는 100만명보다 적극적으로 지지하는 1만명이 더 필요할 때가 있다. 적극 지지층은 행동할 수 있기 때문이다. 이들은 서울광장으로 모이라고 했을 때 당장 나올 수 있는 사람들이다. 정치인이 위기에 빠질 때 행동대는 요긴하다. 행동대는 검찰, 경찰의 수사, 현 정권의 공세, 당내 경쟁자들의 비난에 맞서 몸을 던질 수 있는 사람들이다. 특히 야당 정치인에겐 팬덤과 같은 적극 지지층이 필요하다. 과거처럼 야당을 대상으로 한 정치공작이나 조작수사가 자주 일어나지는 않지만 당사자들이 느끼는 위기감은 클 수도 있기 때문이다.

개딸은 개삼촌과 개이모들이다. 개딸은 보수 성향을 보이고 있는 이대남에 대응한 개념으로 이대녀들로 이루어진 이재명 강성 지지층으로 알려져 있다. 개삼촌은 개혁의 삼촌으로 이재명을 지지하는 삼촌이고 개이모는 개혁의 이모로 이재명을 지지하는 이모다. 사실 개딸은 이대녀로 위장된 민주당의 전통적인 지지층 4050들이다. 개딸은 행동하는 적극적 지지층으로 10만명 정도로 추산된다. 대략 8만명 정도가 이낙연 전 대표, 박지현 전 비대위원장 제명과 출당에 서명했다. 이들이 개딸인 셈이다.

개딸은 2022년 3월 대선 직후 공식적으로 세상에 나왔다. 커뮤니티 '재명이네 마을'이 개딸의 주요 활동무대인데 대선 패배 직후 3월 10일 새벽에 개설됐다. 재명이네 마을 회원은 대략 21만4천명이다.[20] 즐겨 찾는 멤버는 약 1만9천명이다. 재명이네 마을에선 2030은 청년회관에서, 4050은 마을회관에서 활동하라고 권유하고 있다. 청년회관, 마을회관 사용자들은 대략 반반 정도로 보인다. 그러니까 재명이네 마을에 자주 들르는 2030 개딸은 약 1만명 정도로 추산된다. 이재명은 대선 패배 직후 재명이네 마을에 글을 올리고 개딸, 개이모, 개삼촌을 언급하며 감사를 표했다. 또 재명이네 마을 이장도 맡겠다고 했다.

이재명은 2023년 1월 검찰 소환조사 요구에 처음으로 출석했다. 장소는 수원지검 성남지청이었고 그가 시장을 두 번 역임한 정

---

[20]   재명이네 마을(https://cafe.naver.com/jamgallery, 검색일 2023.4)

치적 고향이기도 했다. 첫 검찰 출석으로 민주당에선 위기감이 고조됐고 현장엔 지지자들이 수백 명 나왔다. 항의, 응원 등이 뒤섞여 대선 유세장을 방불케 할 만큼 소란스러웠다. 그러나 2030은 거의 찾아볼 수 없었다.[21] 이재명은 그 뒤 2023년 2월까지 검찰에 두 번 더 출석했다. 그때도 2030 개딸은 거의 찾아볼 수 없었다. 2023년 2월 이재명 체포동의안이 국회에서 가까스로 부결된 이후 개딸의 수박 비판 집회가 이어졌지만 마찬가지였다. 개딸로 보이는 2030 여성은 그리 많지 않았다는 게 다수 언론의 보도였다.

이재명 적극 지지층으로 '손가혁'이란 사람들이 있었다. '손가락 혁명군'으로 불리는 일단의 SNS 부대다. 이들은 댓글, 문자, 카톡, 커뮤니티와 같은 온라인에 적극 참여해 이재명을 지지했다. 2010년 성남시장 선거에서부터 활약하기 시작한 손가혁은 2017년 대선 민주당 경선에서 이재명 주력으로 활동했다. 친노, 친문보다 조금 젊은 30대가 주축이었고 진보 성향은 더욱 짙었다. 손가혁은 친노, 친문과 충돌도 마다하지 않아 친명반문이란 논란을 불러일으키기도 했다, 손가혁은 2018년 지방선거에서 이재명 경기도지사 당선 후 공식 해산을 선언했다.

이재명 대선 패배 이후 당비를 납부하는 권리당원이 급증한 것으로 알려졌다. 2023년 4월 기준으로 120만명을 넘어섰다. 대선

---

21) 중앙일보, 「다행히 '개딸'은 없었다」(2023.1.11.)

이후 수십만 명이 새로 유입된 것이다. 이들 당원들은 국민의힘을 지지하는 이대남에 맞선 2030 여성, 민주당에 입당하지 않았지만 손가혁 활동을 했던 진보 성향 4050으로 추정된다. 이재명은 개딸 논란이 일면서 이들을 제도권 안으로 흡수하려는 노력을 기울였다. 유튜브인 당원존 라이브를 개설하고 총선 공천에 당원평가 도입을 추진했다. 당원존 라이브 구독자는 2023년 4월 기준으로 약 77만 명이다.

개딸엔 이재명과 민주당의 고도의 전략이 담겨 있다. 우선 개딸을 2030인 것처럼 포장해서 4050에 갇힌 민주당의 지지기반을 확장하겠다는 전략이다. 이대남 갈라치기에 대응해 이대녀 전략을 추진하겠다는 의도 역시 담고 있다. 이재명 리더십은 남성 캐릭터에 가까운데 이를 여성 친화적인 리더십으로 전환하겠다는 의지도 스미어 있다. 하지만 팩트는 조만간 체크되고, 진실은 반드시 드러나게 마련이다. 지금 개딸은 너무 거칠고 패권적이다. 누가 봐도 개혁의 딸과는 거리가 느껴진다. 겹겹으로 포장한다고 해도 포장은 포장일 뿐이다. 언젠가 포장지가 벗겨지고 내용물이 확인되면 되레 역풍이 불어 닥칠 수도 있다.

콘크리트에 비친 이재명 의혹들

선거에서 가정은 부질없는 짓이지만 만약 2022년 대선에서 이재명 후보가 김대중 전(前) 대통령만큼 콘크리트 지지층을 결집했으면 어떻게 됐을까. 아마도 승부를 알 수 없는 대혼전이었을 것으로 보인다. 호남 유권자는 전체의 10%를 조금 넘는다. 440만명을 약간 웃도는 수준이다. 지난 대선 호남 투표율은 81% 남짓이었다. 여기에서 5%포인트 내외로 호남 투표율이 올라가고 이들이 모두 이재명을 선택했다면 최종 격차는 훨씬 더 줄어들었을 것이란 가정이 성립한다. 선거에선 지지층 결집이 매우 중요하다는 얘기를 하고 싶어서 쓸데없이 상상해 본 것이다.

	2022	2012	2002	1997
민주당	이재명 84.6	문재인 89.0	노무현 93.2	김대중 94.4
국민의힘	윤석열 12.9	박근혜 10.5	이회창 4.9	이회창 3.3

〈표 14〉 광주/전라 역대 대선 결과(단위: %)

이재명은 지난 대선 호남에서 84.6%를 득표하는데 그쳤다. 반면 윤석열 후보는 호남 득표 12.9%로 보수 정당 대선 후보론 가장 많은 득표율을 기록했다. 이재명 호남 득표율은 김대중에 비해선 거의 10%포인트가 낮았다. 이재명과 마찬가지로 영남 출신이었던 노무현 전 대통령도 김대중과 거의 비슷한 득표율을 기록했다. 문재인 전 대통령은 박근혜 전 대통령에게 10%대 돌파를 허용했지만 90%에 육박하는 득표율을 지켜냈다. 민주당 대선 후보의 호남 득표율이 중요한 이유는 전국의 호남 원적자에게 영향을 미치기 때문

이다. 전국의 호남 원적 유권자 비중은 21.8%에 달한다. 수도권도 이와 비슷한 수준이다.[22]

　호남은 민주당에게 변하지 않는 콘크리트 지지를 보내고 있다. 호남의 민주당 지지는 대의에 기반하고 있다. 호남의 대의는 김대중, 문재인 때는 정권 교체였고 노무현 때는 진보 가치를 지키는 것이었다. 진보 가치는 고도의 도덕성, 정치적 박해와 고난, 서민 지향을 품고 있다. 이재명 의혹들은 호남의 대의와 어긋나는 것처럼 보이기도 한다. 의혹을 대하는 이재명 태도, 잦은 말 바꾸기, 이재명 정체성에 대한 의문 앞에 호남은 머뭇거린다. 호남은 대의를 위해 많은 것을 희생해 왔다. 김대중 외엔 호남 출신 대선 후보를 아예 배출하지 못했다. 2007년 대선에서 정동영 후보가 선출되긴 했지만 애시당초 당선권은 아니었다. 호남 중진 의원들은 총선 공천 때마다 물갈이 대상에 올랐다. 공천이 곧 당선이나 마찬가지인 호남에서 공천 혁신이란 명분에 밀려나기 일쑤였다. 호남의 대의는 희생 위에 만들어졌기 때문에 대의에 걸맞는 인물을 요구하는 것은 당연해 보인다.

　이재명 형수 욕설 논란은 4050 여성들의 결집을 망설이게 한다. 욕설의 진위와 별개로 이재명 인성에 대한 의문을 증폭시킨다. 4050은 민주당 핵심 지지기반이다. 특히 40대는 이재명에겐 최후

---

22)　민주연구원, 같은 자료

의 보루와 같은 요새다. 그런 40대 투표율이 지난 2022년 대선에서 하락했고, 지방선거에서도 지속됐다. 지지층이 결집하지 않았다는 얘기다. 지지층 결집 이완은 이재명을 넘어 민주당으로 위기가 확산할 수 있다. 이재명 가족사는 누군가는 겪을 만한 고통으로 점철돼 있어 안타까움을 자아내게 한다. 또 이미 엎질러진 물은 주워 담을 수 없다. 그래도 어떻게 수습하는지는 중요하다. 4050 여성 결집은 이재명하기 나름에 달려 있다.

대장동 의혹을 비롯한 여러 가지 수사·재판도 이재명에겐 치명적인 리스크로 비화될 수 있다. 의혹 자체보다는 의혹을 대하는 이재명 태도가 문제로 보인다. 주변 사람들이 극단적 선택을 하고, 이 과정에서 대두되는 것이 이재명과 핵심 측근들에 대한 인성 논란이다. 위로와 격려, 따뜻한 시선에 관한 것이다. 이재명은 검찰 책임론으로 몰아가면서 자신도 피해자라고 주장하지만 그것으론 불충분하다. 김대중, 노무현, 문재인의 공통점은 '인간적인 면에서 대통령 감'이란 평가였다. 지지층 결집을 위해선 이재명이 채워야 하는 뼈아픈 지적일 수 있다.

지지층 결집을 위해선 의혹을 뛰어넘을 수 있는 이재명 정치가 필요하다. 이재명은 왜 대통령이 되려고 하는 걸까? 이런 질문에 대한 촌철살인의 한마디가 필요하다. 검찰정권의 종식, 친일 대 반일 프레임, 노동개혁에 대한 발목잡기를 연상케 하는 정치공세는 너무 네거티브 기조다. 대한민국 지속가능성 위기에서 윤석열 정부의 국정기조는 합리적인 측면도 있다. 김건희 여사 주가조작 특검은 이재명다운 정치로 보기는 어렵다. 그건 누가 봐도 약간은 치졸한 정치공세에 불과할 뿐이다. 이재명 지지층이 투표장으로 향하기 위해선 그럴듯한 정치적 명분이 필요하다. 지지층은 진정성 있고 포지티브하고, 대한민국을 위한 그런 대의가 인정될 때 결집할 수 있다는 생각이다.

5장

젠더선거의 미래

젠더인가,
세대인가

여전히 살아 있는 젠더 이슈들

여성 지위와 출산율은 대체로 정비례관계에 놓여 있다. 성평등지수가 높은 유럽은 덩달아 출산율도 높다. 반면 성평등지수가 낮은 나라들은 역시 출산율도 낮다. 가정을 중시하는, 유교적 질서가 강조되는 나라들은 낮은 출산율로 골머리를 앓고 있다. 중국, 일본, 홍콩, 대만, 싱가포르가 그렇다. 유럽에선 이탈리아를 들 수 있다. 미국은 가족 가치를 중시하는 국가이지만 출산율은 상당히 높다. 다만 미국의 출산율은 히스패닉, 아시아계 등 이민자들이 주도한다는 특징이 있다. 출산율이 낮다는 사실은 여성 지위가 아직은 낮다는 얘기다. 또 젠더 이슈가 계속 갈 수 있다는 점이다.

2.9명. 2020년 이스라엘 합계출산율이다. 후진국에서나 나타
날 정도의 비정상적으로 높은 출산율이다. 그해 OECD 38개국 평
균 출산율은 1.59명이었는데 이스라엘은 거의 두 배 수준이다. 이
스라엘 출산율은 1970년대 4명에서 1980년대 3명대 초반으로 떨
어진 뒤 계속 현재의 수준을 유지하고 있다. 이스라엘 출산율이 높
게 유지되고 있는 이유는 대략 네 가지를 꼽을 수 있다.[1] 첫째, 아
랍 국가들과의 투쟁에서 살아남기 위해서 인구를 유지하기 위한 목
적이다. 둘째, 국가의 전폭적인 지원이다. 셋째, 70%대에 달하는
여성의 높은 취업률인데 우린 50%대에 그치고 있다. 넷째, 비혼
출산의 장려와 지원이다. 특히 넷째 요인인 비혼 출산은 유럽의 높
은 출산율 원인이기도 하다. 비혼 출산을 범죄처럼 인식하는 대한
민국에선 쉽게 꿈꾸기 어려운 환경이다.

부문	2016	2017	2018	2019	2020	2021	'20년 대비 증감
국가성평등지수	71.3	72.1	73.1	73.9	74.9	75.4	0.5
성평등한 사회 참여 영역	65.1	66.2	67.7	68.7	69.1	69.7	0.6
여성의 인권 · 복지 영역	79.5	79.5	79.8	80.7	82.6	82.9	0.3
성평등의식 · 문화 영역	72.0	73.6	74.6	74.3	75.0	74.9	−0.1

〈표 1〉 대한민국 국가성평등지수(단위: %)[2]

---

1) 주간조선, 「출산율 1위 이스라엘의 비결」(2023.2.26.)
2) 여성가족부, 「국가성평등지수」(2023.1)

성평등을 위한 수십 년간의 노력에도 불구하고 대한민국은 여전히 성평등 후진사회다. 2023년 1월 여성가족부 발표에 따르면 2021년 우리의 국가성평등지수는 75.4점으로 세계 주요 국가 가운데 하위권이다. 2016년 71.3점을 기록한 후 상승추세를 보이고 있지만 2020년 이후엔 다소 정체 국면에 접어들었다. 특히 성평등한 사회참여 영역에선 좋지 않은 성적표를 받았다. 특히 의사결정 분야에선 38.3점으로 가장 낮았다. 주요 의사 결정에서 여성들의 참여가 배제되고 있는 점이다. 그나마 여성의 인권복지 영역에선 82.9점으로 상당히 높았다. 성평등 의식·문화 영역에선 되레 퇴행하는 것으로 나타나기도 했다. 2021년 74.9점으로 1년 전보다 0.1점이 줄어들었다.

구분	2018	2019	2020	2021	2022
여성 생애 최고소득(도달연령)	255만 (36세)	262만 (33세)	265만 (33세)	273만 (33세)	293만 (35세)
남성 생애 최고소득(도달연령)	382만 (54세)	410만 (51세)	402만 (49세)	421만 (50세)	467만 (51세)
남성의 여성최고소득 추월시점 소득(도달연령)	262만 (30세)	277만 (30세)	267만 (30세)	287만 (30세)	304만 (30세)

〈표 2〉 남녀 임금 격차(단위: 월)[3]

---

3) 경향신문, 「여성이 평생 못 넘는 벽 '28~30세 남성'」(2023.2.24.)

경향신문은 2023년 1월 재미있는 기획기사를 실었다. 제목은 〈여성이 평생 못 넘는 벽 '28~30세 남성'〉이다. 여성 생애 최고 소득 도달 연령과 남성의 그것을 비교했다. 여성이 생애 가장 높게 달성할 수 있는 평균임금은 남성이 28~30세에 받는 평균임금의 문턱을 넘지 못하고 있다. 2022년 여성 생애 최고 소득은 35세 때 월 293만원이었다. 남자는 30세 때 월 304만원으로 여성 생애 최고 소득을 넘어섰다. 2022년 남성 생애 최고 소득은 51세에 월 467만원에 달했다.

이러한 남녀 임금격차는 시간이 흘러도 별로 개선되지 못하고 있다. 2018년 여성 생애 최고 소득은 36세 때 월 255만원이었는데 남자는 30세에 월 262만원으로 여성 최고 소득을 추월했다. 2018년 남성 생애 최고 소득은 54세에 월 382만원이었다. 남녀 임금격차는 27년째 OECD 꼴찌 불명예를 안고 있다.

대한민국에서 젠더문제는 여전히 유효하다. 그리고 젠더문제가 해소되지 않는다면 국가발전은 심각한 도전에 직면할 수밖에 없다. 당면한 저출산도 해결하기 어렵다. 젠더에 대한 정치적 접근은 중장기적으로 정치적 신뢰를 훼손할뿐더러 탈정치를 부추길 수도 있다. 젠더 갈등은 단기적으로도 효율적인 득표 전략은 아니다. 4·7 재보궐선거에서 이대남은 국민의힘 후보 쪽으로 결집했지만 2022년 대선에선 이대남 역결집이란 반사효과를 낳기도 했다. 같은 해 지방선거에서 민주당 경기도지사로 출마한 김동연은 이대녀의 몰

표를 받아 당선됐다. 정치권의 젠더 갈라치기 때문에 2030은 세대
전쟁에 이어 젠더 갈등까지 겹치면서 점점 다른 종족이 되고 있다.

미혼 사회와 젠더 생명력

최근에 노처녀란 말을 들어봤는가. 말은 시대 또는 시대전략을 반
영한다. 노처녀는 혼기를 놓친 여성으로 풀이할 수도 있고, 빨리
결혼해야 한다는 재촉의 의미도 담겨 있는 것처럼 보인다. 이젠 노
처녀란 말을 거의 쓰지 않는다. 노총각도 마찬가지다. 혼기를 놓친
총각으로 풀이되는데 빨리 결혼해야 한다는 의무를 담고 있는 것
처럼 들린다. 노처녀, 노총각이란 말이 사용되지 않는 것은 시대와
시대전략이 변했기 때문이다. 대한민국은 미혼 사회다. 결혼 연령
은 점점 높아지고 비혼율도 점점 증가하고 있다. 기업에선 비혼 직
원을 위한 복지제도를 도입하고 있다.

비혼 현상은 이미 세계적으로 확산하고 있다. 앤 헬렌 피터슨은
〈요즘 애들〉 저자다. 피터슨은 미국의 대표적인 온라인 미디어 〈버
즈피드(Buzz Feed)〉의 수석 작가이자 〈뉴욕 타임스〉 기고가로 활동
하고 있다. 피터슨은 이 책에서 미국 밀레니얼 얘기를 다루고 있는
데, 그녀 자신의 나이가 밀레니얼 상단(40세 전후)이라고 밝히고 있
다. 피터슨은 결혼도, 아이도 낳지 않겠다고 단언한다. 왜냐하면
결혼과 출산은 어렵게 얻은 안정을 파괴할 뿐만 아니라 미래도 불

안하게 만들기 때문이다. 그녀뿐만 아니라 주변의 수많은 밀레니얼도 같은 생각이라고 증언한다. 결혼을 유지하고 아이를 기르느라 힘들게 일생을 보내고 있는 엄마처럼 되고 싶지도 않고, 태어난 아이가 그렇게 살기를 원하지도 않는다고 털어놓는다.[4] 출산율 열쇠는 거의 모든 국가에서 여성이 쥐고 있다.

2022년 대한민국 합계출산율은 0.78명이다. 1970년대 통계 집계 이후 최저치다. 당연히 OECD 국가 중에서 꼴찌다. 세계에서도 유례가 없을 정도로 최악의 출산율이다. 문제는 앞으로도 출산율 개선의 기미가 없다는 사실이다. 자녀가 필요하다는 인식은 20대 여성에서 고작 35%이다. 남성은 68%로 상당히 높았지만 출산은 여자가 하는 것이므로 비관적인 전망일 수밖에 없다. 지금 20대는 10년~20년 후 결혼하게 되고 출산해야 될지 말아야 할지 결정을 하게 된다. 20대의 자녀에 대한 인식은 결국 낮은 출산율이 지속할 수밖에 없음을 예고하는 불길한 지표인 셈이다. 자녀가 필요하다는 인식은 50대 여성에서 84%였고 남성도 90%였다. 아이를 출산하는데 남녀의 인식 차이가 크지 않았다. 30대에선 여성이 58%로 급락했고 남성도 70%로 남녀 간의 격차가 확대됐다.

결혼에 대한 인식도 급격하게 나빠지고 있다. '결혼은 하는 편이 낫다'고 생각하는 20대 여성은 34%에 그치는 것으로 나타났다. 반

---

4) 앤 헬렌 피터슨, 『요즘 애들』(알에이치코리아, 박다솜 옮김, 2021. 10). 369~384쪽

면 남성은 62%나 됐다. 결혼은 혼자 하는 게 아니므로 남성의 의지
가 두 배 가까이 높은 것은 큰 의미가 없다. 최근 비혼자들이 증가
하고 결혼을 해도 늦게 하는 사회 분위기가 만들어지고 있는데 이
를 주도하는 것은 여성들인 셈이다. 결혼에 대한 부정적인 인식은
30대 여성도 마찬가지였다. 결혼에 대해서 43%만 긍정적으로 본
것이다. 30대 남성의 경우엔 20대와 비슷한 61%였다. 50대 여성
에선 결혼에 대한 긍정적 인식이 71%였고, 남성에선 86%였다.

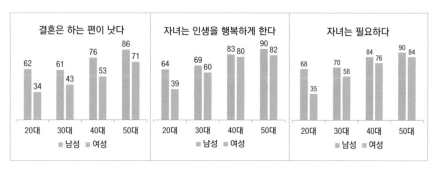

〈표 3〉 자녀·양육 성·연령별 동의율(단위: %)[5]

'자녀는 인생을 행복하게 한다'는 질문에 대한 응답도 연령이 낮
을수록, 그리고 여성일수록 부정적이었다. 20대 여성에선 39%에
그쳤는데 남성은 64%로 꽤 높은 축에 들었다. 다만 30대 여성에서
긍정적으로 보는 견해가 상당히 높게 나타났다. 이는 아마도 결혼

---

5) 한국갤럽, 「갤럽리포트, 결혼과 양육 관련 인식」(2022.5)

을 앞둔 사람들의 응답이 많았기 때문으로 해석된다. 결혼을 결정했거나 이미 결혼을 한 사람들은 출산에 대해 긍정적 시각으로 변한 것으로 추정된다. 4050에선 자녀에 대한 긍정적 인식이 80%를 넘었고 남성은 90%에 육박하기도 했다. 이들은 결혼도 했고 자녀도 있는 연령들이다. 하지만 4050은, 대개는 더 이상 출산하기 어려운 연령이다.

결혼, 자녀에 대한 부정적 인식은 연령이 낮을수록, 여성일수록 높았다. 20대 여성은 젠더 이슈에 가장 민감하다. 젠더 부각은 출산율에 부정적일 가능성이 더 높다. 또 당분간 젠더가 완화될 기미도 크지 않다. 대한민국 출산율은 앞으로가 더 문제다. 출산율 키는 20대 여성이 쥐고 있다. 2021년 첫째 아이 출산 엄마 평균 나이는 32.6세다.[6] 2000년엔 27.7세였는데 21년 새 거의 5세나 늘어났다. 지금의 20대가 10년쯤 지나면 첫째 아이 출산 연령에 도달한다는 얘기인데 결혼, 자녀에 대한 부정적 인식으로 볼 때 출산율 전망은 비관적이다. 다만 긍정적인 것은 자녀, 결혼에 대해 20대 남성의 긍정적인 인식이다. 결혼, 자녀는 남성 힘으로 이루어지는 것은 아니지만 앞으로 개선될 소지도 있다는 희망적 징후다. 또 자녀 필요성에 대한 인식도 13~19세에선 증가세로 돌아섰다.[7] 이들 연령에서 자녀 필요성에 대한 긍정적 인식은 2022년 41.1%로 2020

---

6) 통계청, 「2022 한국의 사회지표」(2023.3)
7) 통계청, 같은 자료

년(39.4%)에 비해 조금 높아졌다. 이는 모든 연령 중에서 유일하게 증가세이기 때문에 희망적이라는 얘기다.

최근 대한민국의 저출산이 외국의 주요 관심사가 되고 있다. 남성주의 사회에 대한 여성의 저항이 저출산을 낳고 있다는 분석이다. 2023년 4월 이탈리아 언론엔 여성들의 헤어 롤이 저항의 상징이란 보도까지 등장했다. 그러나 헤어 롤을 여성들의 저항 상징이라고 보는 시각은 다소 억지스럽다. 헤어 롤은 핑크색이 일반적이었지만 최근엔 검은색도 등장하고 있다. 검은색 헤어 롤은 굳이 튀지 않아도 된다는 여성들의 심리가 담겨 있다. 외국 언론에 비친 대한민국은 4B 사회다. 4B는 비(非)연애, 비(非)섹스, 비(非)혼, 비(非)출산을 뜻한다. 포털에선 4B가 여성주의 운동 또는 페미니즘 용어라는 설명을 곁들이고 있다. 4B 사회 주도권이 여성들에게 있다는 점에서 젠더의 문제이기도 하지만 세대 갈등에서 비롯된 측면도 있다. 어쨌든 대한민국 젠더의 생명력은 상당히 오랫동안 지속될 것으로 보인다.

데이터로 본
2030 정당 지지율

20대 정당 지지율, 어떻게 변했나!

대형 참사는 여성들에게 좀 더 오래, 아프게 각인된다. 2022년 11월 이태원에서 도무지 믿을 수 없는 참사가 터졌다. 잠결에 얼핏 들은 긴급 속보는 마치 꿈속 한 장면 같았다. 눈을 여러 차례 비비고 간신히 정신을 차린 다음에야 서울 한복판에서 터진 어처구니없는 참사임을 알아차렸다. 희생된 이들의 평균 연령은 27세, 그리고 여성이 거의 3분의 1을 차지했다. 세월호 참사 이후 8년이 흘렀다. 8년 전 아픔을 잊을 수 없는 바로 그 세대에게 또 다른 고통이 닥친 셈이다. 이태원 참사는 대한민국의 모순이 쌓여서 결국 폭발한 것이지만 현(現) 정부여당의 정치적, 법률적 책임이 가장 크다고 할 수 있다. 참사 수습은 아직 진행 중이지만 책임논란이 확산됐고 희생된 세대, 특히 여성들의 진보 색채는 한층 더 짙어질 수 있는 사안이다. 세월호 참사와 촛불시위, 탄핵정국이 그랬듯이.

역풍은 역풍을 부르고 반사효과는 반사효과를 부른다. 2020년 총선까지 20대 남녀의 방향은 같았다. 20대 여성의 민주당 지지율이 상대적으로 남자보다 높았지만 20대 전체로 보면 국민의힘 비토 정서는 유지됐다. 2021년 4·7 재보궐선거에서 20대 남자의 국민의힘 후보 결집이 확인되면서 그 뒤 선거에선 20대 여자의 역결집이 나타나기 시작했다. 2022년 대선, 지방선거에선 20대 남녀의 치열한 결집, 역(逆)결집 경쟁이 벌어졌다. 현재 20대 남녀는 다른 궤도를 똑같은 속도로 나란히 달리는 평행 열차와 같다. 20대 정당 지지율에선 이런 현상이 정확히 관찰된다.

정당 지지율은 민주당에서 자유한국당(국민의힘 전신)으로 곧장 이동하기는 어렵다. 한국당에서 민주당으로, 민주당에서 정의당, 정의당에서 민주당으로 이동할 때도 마찬가지다. 지지 정당을 바꾸기 위해선 그럴 만한 명분도 필요하고 시간도 필요하다. 주변 사람들이 어떻게 생각하는지도 살펴야 하고, 지지 정당을 바꾸면 비난받지는 않을지와 같은 의문도 해소돼야 하기 때문이다. 이성 친구와 헤어진 뒤 바로 다른 파트너를 찾기 어려운 것과 같은 이치다.

20대 남자 정당 지지율은 3단계를 거쳐 변화했다. 1단계는 탄핵정국 이후부터 조국 사태까지로 민주당 지지율이 40% 전후까지 유지된 가운데 한국당은 한 자리수를 벗어나지 못했다. 다만 2019년부터 20대 남자의 민주당 지지율은 급락하기 시작했다. 국민의힘 지지율이 본격 상승세로 전환하지는 않았지만 바른정당이나 정의당과 같이 3당으로 분산되거나 무당층으로 일시 옮겨간 측면도 있기 때문이다.

구분	2017 7월	2018 1월	2018 7월	2019 1월	2019 7월	2020 1월	2020 7월	2021 1월	2021 7월	2022 1월	2022 7월	2023 1월
민주	49	39	45	33	28	24	31	25	15	19	16	15
국힘	4	5	7	9	12	14	15	13	35	44	46	34
무당층	25	33	33	41	44	47	44	53	42	27	37	48

〈표 4〉 19~29세 남자 정당 지지율 추이(단위: %)[8]

2단계는 2021년 4·7 선거까지로 민주당 지지율 20% 중반대로 하락한 가운데 국민의힘은 10% 중반까지 상승했다. 이 기간에도 무당층이 40% 중반이었는데 이들은 국민의힘으로 이동을 대기하는 성격으로 볼 수 있다. 3단계는 2021년 4·7 선거 이후로 민주당은 10%대 중반으로 급락했고 국민의힘은 40% 전후까지 상승했다. 2023년 1월엔 민주당 지지율은 그대로인데 국민의힘은 34%까지 하락했다. 이는 무당층이 48%로 급증했기 때문인데 이중 상당수는 국민의힘에서 일시 빠진 것으로 추정된다.

---

8) 한국갤럽, 「데일리 오피니언 제269호~제527호」(2017.7~2023.1)

구분	2017 7월	2018 1월	2018 7월	2019 1월	2019 7월	2020 1월	2020 7월	2021 1월	2021 7월	2022 1월	2022 7월	2023 1월
민주	57	53	54	46	44	38	42	35	33	30	40	27
국힘	1	2	4	4	6	5	9	6	11	11	18	16
무당층	30	27	31	38	40	42	37	49	43	42	38	50

〈표 5〉 19~29세 여자 정당 지지율 추이(단위: %)[9]

　20대 여성의 정당 지지율은 큰 변화가 없이 촛불시위, 탄핵정국 직후 수준을 유지하고 있다. 민주당 지지율은 완만하게 하향곡선을 그리고 있지만, 국민의힘에서도 뚜렷한 상승세는 나타나지 않고 있다. 2021년 4·7 선거를 기점으로 20대 여성 민주당 지지율은 30%대로 하락했고, 국민의힘은 10%대 초반까지 상승했다. 다만 무당층이 40~50% 사이를 오가는데 이중 상당수가 민주당에서 일시 이탈한 것으로 추정된다. 즉 계기만 주어지면 언제든 민주당으로 복귀할 수 있는 예비군 성격으로 볼 수 있다.

　20대 남녀 정당 지지율은 거의 반반으로 양분돼 있다. 또 일부는 무당층에 분포해 있다. 무당층엔 친민주당, 친국민의힘 성향이 골고루 섞여 있고 또 일부는 정치 무관심층이기도 하다. 20대 무당층은 탈(脫)이념 탈(脫)진영 특성을 지닌다. 즉 탈(脫)정치 성향이 점점 짙어지고 있다. 다만 정치·사회 여건에 따라 행동에 나설 수도, 정치와 선거를 아예 외면할 수도 있다.

---

9)　한국갤럽, 「데일리 오피니언 제269호~제527호」(2017.7~2023.1)

20대 정치 성향에 숨어 있는 속내

정치 성향은 좀 더 솔직하다. 여론조사에서 면접원이 정당 지지율을 물어보면 실제 생각과 다르게 답변하는 경우도 있다. 정치권에 대한 비판이 최고조에 이를 때는 답변을 회피하거나 무당층을 선택하기도 한다. 특정 정당에 대한 나쁜 여론이 형성되어 있으면 지지하는 정당이라고 하더라도 다르게 답변할 수도 있다. 자신의 의사를 드러내기 싫은 사람도 있고 장난처럼 답변하는 사람도 있다. 그러나 정치 성향에 대한 질문은 정당 지지도에 비해서 정직한 답변을 이끌어 낼 수 있다. 정당 지지도와 다르게 주변을 덜 의식하면서 편안하게 답변할 수 있기 때문이다. 정치 성향은 이념 성향으로 봐도 무난하다. 한국갤럽은 매주 여론조사 결과를 통합해 매월 〈주관적 정치 성향〉을 발표하고 있다.

구분	2012 (연간)	2017 1월	2018 1월	2019 1월	2020 1월	2021 1월	2022 1월	2023 1월
보수	24	25	24	25	24	25	30	33
중도(중도+유보)	39	39	43	45	50	58	53	51
진보	36	35	33	30	26	17	17	16

〈표 6〉 20대 남성 주관적 정치 성향(단위: %)[10]

---

10) 한국갤럽, 「데일리 오피니언 제505호·제527호」(2022.7·2023.1)

20대 남성의 정치 성향 추이는 세 가지 시사점을 던져준다. 첫째 보수 우세가 점점 뚜렷해지고 있다. 2019년까지 진보 우위가 확고하게 유지됐지만 2020년을 기점으로 보수가 우위로 바뀌고 있다. 2023년 1월엔 '보수 대(對) 진보'의 격차가 17%포인트까지 확대됐다. 둘째 중도(중도+성향 유보)가 점점 늘어나고 있다. 중도는 이념에서 자유로운 사람들인데 탈정치의 성격도 지닌다. 중도는 보수나 진보에 비해 정치 또는 선거 참여 열기가 크지 않을 수 있다. 셋째 정치 성향은 종종 정당 지지율 선행지표가 되기도 하는데 이런 점에서 20대 남자의 국민의힘 지지는 당분간 지속할 가능성이 있다.

정치 성향 변화의 원인은 여러 가지가 있을 수 있다. 정부여당의 실책이 쏟아지면 보수는 줄고 진보는 증가한다. 반대로 민주당의 하락세가 커지면 보수가 늘고 진보는 위축될 수 있다. 국제정세도 영향을 미친다. 지금처럼 '한·미·일 대(對) 북·중·러' 대치가 계속되면 보수가 팽창할 수 있다. 새로 유입되는 유권자들의 정치 성향도 관련 있다. 20대 후반은 30대로 넘어가고 10대 후반이 계속 유입되기 때문이다. 20대 남자의 보수 성향이 늘어나고 있는 이유는 국제정세, 신규 유입 유권자 성향 때문이다. 2023년 상반기 윤석열 대통령과 국민의힘 지지율 정체는 되레 보수 위축의 소재이다.

구분	2012 (연간)	2017 1월	2018 1월	2019 1월	2020 1월	2021 1월	2022 1월	2023 1월
보수	18	12	13	12	11	17	14	20
중도(중도+유보)	43	39	46	46	51	49	56	47
진보	40	49	41	42	38	34	30	33

〈표 7〉 20대 여성 주관적 정치 성향(단위: %)[11]

정당 지지율이나 대통령 국정수행 평가는 그때그때 이슈에 따라 출렁일 수 있다. 또 대형 쟁점이 부상하면 일시적으로 상승하거나 하락할 수 있다. 탄핵정국처럼 초대형 이슈는 수년간 정치 성향 변동을 가져오고 또 수년간 정당 지지율과 대통령 평가에 영향을 미칠 수 있다. 그러나 웬만한 단기 이슈는 한두 달 지나면 원래 지지율이나 평가로 되돌아가곤 한다. 20대 여성 정치 성향 추이는 세 가지 의미를 담고 있다.

첫째, 진보 우위가 유지되고 있는 가운데 조금씩 약화되는 추세도 동시에 관측된다. 다만 중도(중도+성향 유보) 중 일부가 친(親) 진보일 수 있다.

둘째, 중도가 점점 늘어나고 있는데 이는 20대 남자와 같은 이유로 분석된다. 셋째, 보수가 조금 증가하고 있는데 이는 중장기적으로 볼 때 국민의힘 지지율 상승 가능성을 예고하는 지표로 볼 수

---

11) 한국갤럽, 「데일리 오피니언 제505호·제527호」(2022.7·2023.1)

있다. 다만 그 시기가 언제인지는 아직은 불투명하다.

20대 남녀의 정치 성향 추이는 팽팽한 정치 성향의 차이를 나타내주고 있다. 당분간 남성은 국민의힘 지지가 계속될 수 있다. 반면 여성은 민주당을 지지하게 될 가능성이 크다.

20대 남녀의 공통점도 일부 확인되고 있다. 남녀 모두 중도가 증가하고 있다는 점이다. 중도는 탈정치로도 볼 수 있는데 결국엔 투표율 하락 요인이 될 수 있다. 남녀 모두 보수 증가 추이를 보이고 있는 것도 공통적이다. 현재 국민의힘은 이대남 일변도 이미지가 남아 있어 20대 여성의 지지를 흡수하기는 쉽지 않다. 그러나 여성을 흡수할 수 있도록 정당 기조를 바꾼다면 20대 여성의 국민의힘 지지는 늘어날 수 있다. 20대 남녀 모두 진보 성향이 위축되고 있는 것은 민주당엔 중장기적으로 악재가 될 수 있다.

30대 정당 지지율, 어떻게 변했나!

30대는 모든 연령에서 가장 복잡한 세대다. 30대는 20대의 개인 특성과 40대의 공동체 특성이 섞여 있는 연령이다. 20대 커뮤니티 시대와 40대 포털 시대 사이의 낀 세대다. 20대 남자가 쿨하게 국민의힘을 지지할 수 있는 세대라면 30대는 촛불시위와 탄핵정국을 떠올리는 연령이다. 30대는 1985년경부터 1995년 사이에 태어난 밀레니얼이다.

이들은 2005년 즈음부터 2015년 사이에 대학에 입학했다. 노무현정부 임기 중후반과 보수정권 10년을 함께 경험했다. 2003년 노무현 탄핵반대 촛불시위, 2008년 광우병 반대 촛불시위가 있었다. 2008년엔 금융위기를 겪었는데 청년들에겐 경제적 어려움이 가중된 시기였다. 정치사회 관심 대신 먹고 사는 것이 당면과제로 떠올랐다. 알바에서 알바로 전전하는 긱 경제(Gig Economy)가 도래했다.

구분	2017 7월	2018 1월	2018 7월	2019 1월	2019 7월	2020 1월	2020 7월	2021 1월	2021 7월	2022 1월	2022 7월	2023 1월
민주	58	58	60	44	51	48	43	32	34	32	33	33
국힘	4	5	6	10	13	15	15	18	27	36	35	33
무당층	20	19	17	24	22	23	29	33	28	19	28	32

〈표 8〉 30대 남자 정당 지지율 추이(단위: %)[12]

30대 남자 정당 지지율은 2023년 1월 전후로 보면 민주당과 국민의힘, 무당층이 거의 3분의 1씩 나눠 가지는 형국이다. 무당층은 정치 무관심층 또는 탈(脫)투표층으로 분류할 수도 있다. 따라서 무당층을 제외하면 30대는 민주당, 국민의힘 반반인 셈이다. 30대 전반은 20대 남자와 비슷한 정치 성향이고, 30대 후반은 40대와 비슷한 성향이다. 30대 남자 정당 지지율 변화도 20대 남자와 유사한

---

12) 한국갤럽, 「데일리 오피니언 제269호~제527호」(2017.7~2023.1)

궤적을 그리며 나타났다. 2018년까지 30대 남자 민주당 지지율은 거의 60% 수준을 유지했는데 국민의힘 지지율은 10%를 넘지 못했다. 2020년 총선 즈음에도 30대 남자 민주당 지지율은 40%대를 유지했다. 이에 비해 국민의힘 지지율은 2019년에 들어서야 10%대로 올라섰다.

2021년 4·7 재보궐선거 전후로 30대 남자의 정당 지지율은 근본적인 변화가 일어났다. 민주당 지지율은 30%대까지 하락한 가운데 국민의힘은 30%에 근접하게 된 것이다. 대선이 임박한 2022년 1월부터는 민주당, 국민의힘 지지율이 거의 같아졌다.

무당층은 지속적으로 상승곡선을 그리고 있다. 2019년까지는 20%대에 머물렀지만 2020년경부터 급격히 증가하기 시작해 지금은 30% 전후를 오간다. 무당층은 선거가 임박하면 줄어들고 선거가 없는 해엔 증가하는 경향을 보이는데 최근엔 선거와 무관하게 증가추세를 보이고 있다. 이는 무당층이 정치무관심층으로 재구성되고 있음을 방증하는 사례인데 실제 30대 남자 투표율도 하락세가 빨라지고 있다.

30대 여자 정당 지지율은 총론에선 30대 남자 지지율과 흐름은 비슷하다. 그러나 디테일에선 다른 양상을 보이고 있다. 30대 여자의 민주당 지지율은 2018년까지 60% 전후를 오갔다. 2019년엔 50%로 하락했고 국민의힘 지지율은 10%를 넘어서지 못했다.

구분	2017 7월	2018 1월	2018 7월	2019 1월	2019 7월	2020 1월	2020 7월	2021 1월	2021 7월	2022 1월	2022 7월	2023 1월
민주	60	59	61	54	49	44	47	41	41	35	37	36
국힘	4	3	4	6	6	10	9	10	15	20	23	22
무당층	20	27	22	25	27	35	30	32	34	33	35	36

〈표 9〉 30대 여자 정당 지지율 추이(단위: %)[13]

　　30대 민주당 지지율은 2021년 4·7 재보궐선거 즈음에도 40%
대를 유지했는데 여기서부터 30대 남자와 조금씩 멀어지기 시작
했다. 30대 여자 민주당 지지율은 2022년에도, 2023년에도 30%
중반으로 건조한 흐름을 이어가고 있다. 반면 국민의힘 지지율은
2020년 총선 즈음에도 10% 아래로 떨어졌고 2022년부터 지금까
지도 20% 초반에 머물고 있다. 30대 여자 무당층은 남자와 거의
같은 수치를 보이고 있다.

　　30대 남녀는 민주당 지지율 하락, 국민의힘 상승이란 면에서 같
은 흐름을 보여주고 있다. 다만 남자는 속도가 다소 빠르고 여자는
느린 편이다. 무당층 급증세도 같은 점이다. 이처럼 남녀가 같은
방향을 가리키고 있는 원인은 젠더보다 세대 특징이 반영되고 있기
때문이다. 30대는 20대에 비해 결혼한 사람도 많고 결혼을 앞둔 숫
자도 상당하다. 젠더가 완화될 수 있는 요소들을 갖춘 셈이다. 30

---

13)　한국갤럽, 「데일리 오피니언 제269호~제527호」(2017.7~2023.1)

대는 90년대 전후에 태어난 사람들이다. 이들은 2010년대 이후 헬조선(hell+조선)이란 말이 유행하고 N포세대(N가지를 포기한 세대)가 일반화된 여건에서 사회생활을 시작했다. 20대에 비해서 세대 공유란 점에서 연대 가치를 수용했다. 30대는 남녀 전체로 보면 세대효과, 사회비판, 탈정치가 적절하게 균형을 이루며 공존하는 세대 특성을 보이고 있다. 정치적으론 민주당 지지, 국민의힘 지지가 거의 반반이거나 선거 당시 정치·사회 분위기에 따라 민주당이 조금 우세할 수도 있다.

30대 정치 성향에 숨어 있는 속내

30대 남자 정치 성향은 정당 지지율에 비해 보수 성향 비중이 훨씬 높다. 2023년 1월 30대 남자의 정당 지지율은 민주당과 국민의힘이 정확히 반반으로 갈라져 있었지만 정치성향은 보수가 29%로 진보(20%)보다 훨씬 높다. 정치 성향과 정당 지지율의 부조화 원인은 두 가지로 추정된다.

우선 정치 성향은 보수라고 응답했지만 국민의힘과 윤석열을 지지하지 않는 경우다. 30대는 소통, 공감에 민감하다. 헬조선, N포세대를 공유한 30대는 힘들고 외롭다. 거친 삶을 헤쳐 나가야 하는 이들에게 국민의힘과 윤석열은 지지할 만한 명분을 주지 못하고 있다. 정부여당 국정기조에 대한 동의 여부와 별개로 국민의힘과 윤석열은 30대 남자의 마음을 포용하기엔 편안한 정치 세력이 아니다. 이들에게 중도(중도+성향 유보)는 피난처가 될 수 있다.

구분	2021.1	2021.7	2022.1	2022.7	2023.1
보수	23	24	28	30	29
중도(중도+유보)	47	49	49	45	51
진보	30	27	23	25	20

〈표 10〉 30대 남자 주관적 정치 성향 추이(단위: %)[14]

　　30대 남자의 정치 성향이 크게 변한 시기는 2021년 4·7 재보궐선거 이후다. 그 이전엔 진보 비중이 보수보다 상당히 많았다. 2021년 1월 보수 성향은 23%였는데 진보는 30%였던 것이다. 2022년 1월엔 보수 성향이 28%로 늘어났고 진보는 23%로 줄어들었다. 보수 비중의 증가는 민주당보다는 국민의힘 지지율 상승으로 이어질 가능성을 예고하는 지표이다. 중도 비중도 점차 증가하고 있다. 중도엔 보수, 진보가 섞여 있기도 하고 정치 무관심층의 증가를 의미하기도 한다. 2022년 7월 중도 비중이 줄어든 것은 같은 해 6월 지방선거가 실시됐기 때문이다. 선거일이 다가오면 보수, 진보 성향의 중도가 원래 자기 집으로 돌아가는 경향이 있기 때문이다.

---

14)　한국갤럽, 「데일리 오피니언 제434호~제527호」(2021.1~2023.1)

30대 여자의 정치 성향도 큰 틀에서 30대 남자와 유사하게 움직이고 있다. 2023년 1월 30대 여자의 보수 성향은 21%로 진보(29%)와 상당한 격차를 보이고 있다. 다만 2021년 1월 보수 18%, 진보 35%에 비하면 양측의 차이는 눈에 띌 정도로 좁혀들었다. 30대 여자 정치 성향 변화가 남자와 다른 것은 4·7 재보궐선거 전후에서도 변화가 없었다는 점이다. 30대 여자의 보수 성향이 큰 폭으로 증가한 것은 2022년 7월로 같은 해 지방선거 이후다. 다만 진보 성향 역시 큰 폭의 감소가 유지되고 있는 특징이다. 30대 남자와 달리 중도의 증가세는 관찰되지 않고 있다.

구분	2021.1	2021.7	2022.1	2022.7	2023.1
보수	18	16	15	20	21
중도(중도+유보)	47	51	56	48	50
진보	35	33	29	32	29

〈표 11〉 30대 여자 주관적 정치 성향 추이(단위: %)[15]

　　30대 여자의 정치 성향은 정당 지지율과 거의 같은 수준을 보이고 있다. 진보 성향은 민주당 지지율로 수렴되고 있고, 보수는 국민의힘으로 수렴되고 있다. 하지만 30대 여자의 정치 성향, 정당 지지율이 2023년 1월 수준으로 계속 유지될 수 있을지는 좀 더 두

---

15)　한국갤럽, 「데일리 오피니언 제434호~제527호」(2021.1~2023.1)

고 봐야 할 것 같다. 30대 여자는 30대 남자와 마찬가지로 공감, 소통에 예민하게 반응할 가능성이 있다. 국민의힘과 윤석열이 어떻게 하느냐에 따라서 지금의 정치 성향, 정당 지지율이 유지될 수도 있다. 또 민주당과 이재명이 어떤 모습으로 비치는지에 따라 그쪽으로 옮겨갈 수도 있다는 얘기다. 다만 30대 남녀 모두 정당 지지율, 정치 성향에서 보수 색채가 짙어지고 있다.

6장

투표율,
젠더·세대·지역 관계

선거 승패를
결정하는 요인들

지역→세대→젠더→투표율

선거 승패를 결정하는 요인은 민심, 구도, 전략 세 가지로 구분할 수 있다. 민심은 당시 선거를 관통하는 다수 국민들의 생각이다. 이른바 정권 심판론, 국정 지원론 등으로 얘기되기도 한다. 선거 승패는 사실상 여기서 결론난다. 대략 70~80% 비중을 차지한다. 따라서 대부분의 선거는 시작하기도 전에 승자, 패자가 나와 있는 셈이다.

구도가 그다음으로 큰 비중을 차지한다. 구도는 정당, 인물, 지역, 정책을 둘러싸고 형성되어 있는 우세와 열세 관계다. 보수 성향의 정당이 하나이고 범진보 성향이 여러 정당이라면 보수가 유리하다. 인물도 중앙당, 정부에서 중요한 경력을 갖고 있거나 인지도가 있다면 유리하다. 인구가 많은 지역 출신은 그렇지 않는 출신보다 유리하다. 다수 유권자가 요구하는 정책 이슈를 선점하고 있다면 이것도 유리하게 작용한다. 구도는 20% 전후로 선거 승패에 영향을 미친다.

끝으로 5% 남짓의 비중을 차지하고 있는 전략인데 선거기구, 홍보물, 각종 선거, 선거실무 등 선거운동 디테일을 총망라하는 개념으로 볼 수 있다. 옛날에는 각종 음모술수가 마구잡이로 동원되기도 했다. 최근 흐름은 전략의 영향이 점점 줄어들고 있다. 수백 표 차이로 접전이 펼쳐지는 선거가 아니라면 의미가 반감될 수 있다. 물론 민심과 구도를 움직일 수 있다면 이는 전략의 최고단계라고 할 수 있겠다.

대한민국 모든 선거의 기본은 지역이다. 지역을 상징하는 정당이 있고, 지역을 대표하는 정치인이 있다. 지역은 선거 때마다 지역 정당, 지역 인물을 지지해 왔다. 1987년 민주화 이후 지금까지 줄곧 이어져 온 선거관행이다.

최근 선거에선 지역색이 옅어지고 있지만 여전히 중요한 요인이다. 지역에 기반하지 않는 정당이 유지되기 쉽지 않다. 현재 원내 정당 중 독자적으로 국회의원을 배출한 건 국민의힘, 민주당, 정의당 3당뿐이다. 거대 양당을 제외하면 정의당이 유일하다. 정의당조차 울산, 인천과 같은 전통적인 노동자 밀집 지지기반을 지키지 못하면서 당세 확장에 애를 먹고 있다. 기본소득당과 시대전환은 각각 1석씩 비례대표 의석을 보유하고 있지만 지난 2020년 총선에서 민주당과 함께 당시 비례 연합정당인 더불어시민당에 참여한 대가로 받았다. 지역에 기반하지 않은 정당은 당분간 출현하기도 어렵고, 설사 나온다고 하더라도 존속하기가 쉽지 않다.

정치·선거 분야에서 지역 기반 정당, 인물지지 경향은 보다 근본적이고 집요하게 나타난다. 원래 고향까지 영향을 미치는 원적투표 성향까지 나타난다. 원적투표의 영향은 유권자 자신은 물론 부모의 고향까지 거슬러 올라간다. 원적투표 경향은 호남 출신에서 특히 강하게 나타났다. 2022년 대선에서 호남을 원적으로 둔 수도권 유권자의 이재명 지지는 71%나 됐다.

이에 비해 윤석열 지지는 26%에 그쳤다. 대구·경북에 원적을 둔 수도권 유권자의 윤석열 지지도는 60%나 됐다. 이재명도 상대적으로 높은 37%의 지지를 받았는데 이는 그의 고향이 경북 안동인 것과도 관계가 있는 것 같다. 충청권과 부산·경남 원적에선 윤석열, 이재명 지지가 거의 같았다. 수도권을 원적으로 둔 수도권 유권자들은 이재명보다 윤석열을 더 선호했다. 다만 MZ세대에선 원적투표 성향이 달라질 수 있다.

	전체	서울	인천 경기	대전/ 세종/충청	광주 호남	대구 경북	부산/ 울산/경남	제주	이북 기타
이재명	48	40	40	47	71	37	46	42	45
윤석열	48	53	54	48	26	60	49	51	51

〈표 1〉 20대 대선 수도권 유권자의 원적에 따른 지지율(단위: %)[1]

　지역 다음으로 큰 영향을 미치는 것은 세대다. 세대가 선거 승패의 주요 원인으로 등장한 것은 세대효과 때문이다. 지역에선 연령효과가 더 비중 있는 요인이지만 세대효과가 전국으로 확산하면서 지역투표 성향을 완화시켰다. 주요 정당들은 세대효과를 겨냥한 정책을 개발하고 정치 성향 수위를 조절하는 전략을 폈다. 국민의힘에선 60대 이상 보수 지지층을 겨냥한 강경 발언이 문제가 되곤 하는데 배경엔 이런 전략을 담고 있다. 민주당이 4050에서 선호도가 높은 반일 프레임을 지지층 결집 방안으로 활용하는 것도 이 때문이다. 정의당, 진보당은 과거 강성 학생운동을 주도했던 586그룹의 영향력이 여전히 유지되고 있다.

　세대 다음으론 젠더가 부각됐다. 젠더선거는 2021년 4·7 재보궐선거에서 본격 등장한 이래 2022년 대선, 지방선거에서 막강한 파괴력을 보여줬다. 대한민국은 여전히 젠더 이슈가 살아 있고 정치권에선 득표 전략으로 이를 종종 활용하고 있기 때문에 젠더 영

---

1)　민주연구원, 「6·1 지방선거 평가」(2022.7)

향력은 앞으로도 더욱 커질 수 있다. 젠더선거는 2022년 대선에서 완패할 뻔했던 이재명의 득표력을 최대한 끌어올렸고 0.78%포인트라는 대선 최소 격차 신기록을 남겼다. 또 2022년 경기도지사 선거에서도 김동연에게 승리를 안기기도 했다. 그러나 젠더선거의 미래는 불투명하다. 젠더의 영향력은 20대 중심으로 발휘되고 있고 그 외 다른 연령에서 강도가 약해지고 있다. 좀 더 두고 봐야 알겠지만 알파세대의 탈정치 흐름 역시 젠더선거의 약화로 나타날 수도 있다.

투표율은 수많은 이변을 낳는 치명적인 상수이기도 하다. 2023년 4·5 재보궐선거에서 의외의 선거결과가 속출했다. 전북 전주 을(乙) 국회의원선거에서 진보당 출신이 당선됐다. 또 울산광역시 교육감 선거에서도 진보 성향 출신이 당선됐다. 두 곳 모두 투표율이 20%대에 머물렀다. 낮은 투표율은 민심보다 결집력이 강한 후보에게 유리하게 작용한다. 민주당은 전주 을(乙) 선거에서 후보를 공천하지 않았다.

사실상 민주당 소속으로 인식되는 인물이 있었지만 다수 후보가 표를 나눠가지면서 결집력을 발휘한 진보당이 당선자를 냈다. 울산 당선인은 별세한 교육감의 남편이다. 동정론이 일어났고 낮은 투표율이 이변의 주인공이 된 셈이다. 투표율 변수는 대선보다 투표율이 낮은 총선, 총선보다 더 낮아지는 지방선거에서 어느 정당에겐 완승을, 또 다른 정당에겐 완패를 안기기도 한다.

DJP 연합, 지역선거의 추억

1997년 대선은 지역선거의 전형이다. 호남 출신 김대중은 호남에서 무려 95%에 육박하는 지지를 얻었다. 이 정도면 거의 만장일치라고 해도 틀린 말은 아니다. 김대중은 충청에서도 39%를 득표했는데 이는 DJP(김대중+김종필) 지역 연합 덕분이다. 충남 예산 출신인 이회창이 충청에서 힘을 못 쓴 것은 DJP 연합의 파괴력이 예상외로 컸다는 것을 의미한다. 충남 논산 출신인 이인제가 충청에서 3위로 밀려난 것도 DJP 지역 연합 탓이다.

지역 여론은 대표 인물에 쏠림이 일어나는데 충청에선 김종필의 영향력이 그만큼 컸고 이것이 DJP 연합을 통해 김대중에게 옮겨 갔기 때문이다. 이인제 후보는 연고가 없었던 부산에서 32.7%로 선전했는데 이는 지역 간 틈새를 잘 활용했기 때문이다. 부산 입장에선 그 지역 출신 후보가 없었고 이회창 후보도 영남과 연고가 없었기 때문에 몰표를 주지 않았다. 또 김대중 후보를 지지하기엔 이념 성향이 맞지 않았기 때문에 이인제 후보에게 상당한 지지를 보낸 것으로 보인다.

구분		김대중	이회창	이인제	기타 후보
전체		39.9	38.9	19.7	1.5
연령별	20대	43.2	27.9	24.6	4.3
	30대	43.7	34.8	20.7	0.9
	40대	37.2	44.1	17.8	0.9
	50대	34.2	51.0	14.8	0.0
지역별	서울	46.8	38.8	12.4	2.0
	인천/경기	40.2	36.3	21.8	1.7
	강원	23.8	43.7	29.7	2.8
	대전/충청	39.0	30.2	28.8	2.0
	광주/전라	94.9	3.2	1.6	0.3
	대구/경북	10.1	71.2	17.8	0.9
	부산/경남	14.4	50.9	32.7	1.9
	제주	39.5	40.8	17.7	0.0

〈표 2〉 1997년 15대 대선 후보 지지도 교차 집계표(단위: %)[2]

　　대선 득표율엔 역사와 현재, 미래가 함께 담긴다. 호남의 결집
은 박정희, 전두환 세력의 김대중 죽이기 반사효과로 만들어졌다.
전두환 이후에도 보수에선 김대중을 끊임없이 빨갱이라고 공격했
는데 이도 호남의 결집을 부른 요인이 됐다. 김대중은 3수 끝에 대
통령에 당선했는데 호남 결집의 강도는 점점 강해졌다. 김대중은

---

2) 한국갤럽,『제18대 대통령 선거 투표행태』(2013.5), 232쪽

처음엔 탄압받는 호남 출신 정치인에서 '선생님'으로 점점 그 격이 높아졌다. 1997년 대선에서 대구·경북 이회창 지지는 71% 수준에 그쳤지만 호남 결집의 반사효과가 나타나면서 2007년 대선 이명박, 2012년 대선 박근혜 쏠림은 훨씬 더해졌다. 당시 2030 김대중 지지는 거의 40% 중반에 육박했다. 지금은 거의 25년 이상 흘러 40대 중반~60대 초반이 됐다. 김대중에게 투표했던 그 사람들은 여전히 민주당을 지지하고 있다.

부산·경남은 1997년 이후 보수 쪽으로 조금씩 변화했다. 부산·경남의 보수화는 호남결집의 나비효과 때문이다. 호남결집은 대구·경북의 결집을 불렀고 '우리가 남이가' 정서를 자극하면서 부산·경남의 보수화로 나타나게 되었다. 충청권은 그때나 지금이나 균형 잡는 역할을 하고 있다. 1997년 대선에서 충청은 김대중, 이회창, 이인제에게 골고루 표를 나눴다. 이런 전통은 지금도 이어지고 있다. 2020년 총선, 2018년 지방선거에선 민주당에 승리를 안겨줬지만 2022년 대선과 지방선거에선 국민의힘 손을 들어줬다. 호남결집, 대구·경북 역(逆)결집, 부산·경남의 대구·경북 동조화, 충청권 균형 투표 행태는 앞으로도 지속될 가능성이 크다. 비록 완화될 수는 있어도.

노무현 당선 공식, 지역+세대

선거에서 세대는 2002년 대선에서 사실상 최초로 출현했다. 세대 투표 현상은 2002년 대선 당시 노무현 당선을 통해서 뚜렷하게 나타났다. 세대효과가 어떻게 반영되는지 그해 대선을 통해 재미있게 알아볼 수 있다. 노무현 당선의 주역은 2030이다. 돼지저금통, 노란 손수건으로 상징되는 노사모가 이때부터 적극적으로 활동했다. 정몽준 후보가 선거 전날 후보 단일화 폐기선언을 했을 때 이들은 부산에서, 대구에서, 광주에서 버스나 기차를 타고 또는 승용차를 몰고 반나절을 달려 투표장으로 갔다.

당시 노무현을 지지했던 20대는 20년이 지난 지금 40대다. 30대는 20년이 지난 지금 50대다. 2030은 20년이 흘러 4050이 됐고 여전히 민주당과 이재명을 지지하고 있다. 20년이 지나도 이념 성향이 그대로 유지되고 있는 셈이다.

노무현은 2030에서 60% 이상 지지를 받았다. 반면 이회창은 30% 수준에 머물렀다. 권영길은 2030에서 5~8% 지지를 받았는데 현재 정의당, 진보당 등의 지지율과 비슷한 수준이다. 노무현 40대 지지율은 33%였고 이회창은 50%가 넘었다. 20년이 흘러 40대는 60대가 됐는데 현재 60대의 민주당, 국민의힘 지지율과 비슷하다.

구분		이회창	노무현	권영길	기타 후보
전체		46.4	48.2	4.7	0.6
연령별	20대	31.4	62.0	5.7	1.0
	30대	30.7	60.2	8.2	0.8
	40대	50.8	33.4	1.0	0.9
	50대	65.5	31.0	0.8	0.2
지역별	서울	43.1	49.5	5.8	1.6
	인천/경기	44.3	48.9	5.6	1.3
	강원	53.7	40.6	5.7	0.0
	대전/충청	43.2	51.5	5.3	0.0
	광주/전라	6.8	92.1	1.0	0.0
	대구/경북	76.9	19.9	3.2	0.0
	부산/경남	61.4	33.9	4.8	0.0
	제주	39.9	54.7	5.4	0.0

〈표 3〉 2002년 15대 대선 후보 지지도 교차 집계표(단위: %)[3]

당시 2030은 386그룹이 중추였다. 학생운동을 경험했고 시민사회, 노조 등에서 활동하며 진보 성향을 유지한 것이다. 당시 40대는 베이비부머들이고 지금은 대부분 은퇴했다.

노무현 지역별 지지율도 눈길을 끈다. 노무현은 호남에서 92%가 넘는 지지율을 기록했는데 이는 1997년 대선 때 김대중과 거의 비슷한 수준이다. 노무현은 호남에 아무런 연고를 갖고 있지 않

---

3) 한국갤럽, 같은 책. 236쪽

앉지만 김대중의 호남 지지 대부분을 흡수했다. 노무현 최종 광주 득표율은 95.17%였다. 이는 김대중 전 대통령의 1997년 득표율 97.28%, 1992년 95.84% 이후 최고 득표율이다. 그리고 노무현 득표 기록은 아직 깨지고 있지 않다. 노무현 호남 몰표는 호남 정치인 없는 호남 대의론 때문이다.[4] 호남은 노무현이 지역 출신은 아니지만 김대중 가치들이 노무현을 통해 이어지고 있다고 인정한 것으로 볼 수 있다.

노무현 당선 공식은 경쟁력 있는 영남 후보+호남+수도권 2030으로 요약된다. 노무현은 이를 영남후보론이라고 이름 짓고 핵심적인 선거 전략으로 내걸었다. 민주당이 경쟁력 있는 영남 후보를 선출하고 진보 본산 호남의 지지를 바탕으로 수도권 2030을 확보하면 승리한다. 이른바 노무현 필승 공식이 탄생한 것이다. 노무현은 대선 경선에 뛰어들 당시엔 당내 차기주자 지지율 2~3%에서 출발했다. 노무현 영남후보론은 대박이 났고 당내 경선에서 극적으로 이인제에 역전한 후 결국 당선을 거머쥐었다.

이회창은 대구·경북에서 약 77% 지지를 얻었는데 이는 이전 대선보다 한층 늘어났다. 이회창은 부산·경남에서도 61%가 넘는 지지율을 기록했다. 이회창은 그의 고향이었던 충청에서의 지지율은 43%에 그쳤다. 대구·경북, 부산·경남의 결집은 호남결집이 부른

---

4) 김욱, 『아주 낯선 상식』(개마고원, 2015.12), 82~92쪽

것이었다. 그리고 충청권의 균형적 선거 행태는 그대로 유지됐다. 수도권에선 2030을 중심으로 한 세대효과가 상대적으로 강하게 반영되면서 노무현의 우세가 두드러졌다. 충청권에선 노무현 대표 공약이었던 대한민국 수도를 충청으로 옮기자는 것이 먹히면서 지역+세대 효과는 극대화됐고 이는 지지율 상승으로 이어졌다. 노무현 충청권 지지율은 약 51%로 수도권을 넘었다. 이 때문에 이회창은 자신의 고향에서 지역 결집에 실패했다.

여성은 왜 문재인을 지지했나!

문재인 전 대통령은 여성에게 인기가 많았다. 2017년 대선에서도 그랬고, 임기 내내 여성들의 높은 지지율이 유지됐다. 문재인은 40%가 넘는 국정수행 긍정평가를 남기고 퇴임한 유일한 대통령이다. 문재인 여성 지지율은 젊을수록 높았다. 60대 이상에선 부정평가가 높았지만 2030에선 5년 내내 흔들림 없는 지지를 유지했다. 문재인 여성 인기는 우선 세월호 참사, 촛불과 국정농단 영향을 들 수 있다. 진보 성향이 강화된 여성 유권자들이 문재인을 지지한 것이다. 특히 2030일수록 이런 경향은 크게 나타났다. 또 하나는 문재인 특유의 여성 친화적인 태도에서 비롯된 측면이 있다. 이는 문재인의 '타고난 애티튜드의 힘'이다.[5] 강준만은 여성들의 지지가 문재인의 태도 때문이라고 분석한다.

과거 대통령들은 모두 임기 말 레임덕을 피해 가지 못했다. 이 때문에 대통령 레임덕은 생로병사와 같이 자연스러운 과정으로 받아들여졌다. 문재인 임기 말에도 레임덕이 언제 오는지 많은 관심을 끌었다. 결국 문재인 정부 레임덕은 없었다. 문재인은 대한민국 현대사에서 레임덕 없는 첫 번째 대통령으로 기록됐다. 레임덕 원인은 대략 세 가지다.

첫째 임기 말 국정난맥상이 커지면서 대통령 지지율이 하락한다. 이와 함께 여당 지지율도 동반 하락하는 경우가 많다. 거의 모든 정부가 지지율 하락을 겪었다. 둘째 측근, 가족, 여권 비리가 동시다발적으로 터져 나온다. 최초의 민간인 대통령이었던 김영삼은 그의 아들을 구속하기도 했다. 비교적 성공한 대통령으로 평가받았던 김대중 대통령은 그의 아들 비리 때문에 치명상을 입었다. 대선 패배 가능성이 높아지면서 여권에선 원심력이 작동하고 집권기반은 무력화됐다. 노무현 임기 말엔 여권이 완전 초토화되기도 했다.

문재인은 앞의 세 가지를 모두 겪지 않았다. 우선 국정난맥상은 있었지만 지지율은 하락하지 않았다. 문재인 최대 국정현안이던 남북, 미북 관계는 파탄 났다. 북한의 핵보유 의지를 과소평가했던

---

5) 강준만, 『정치 무당 김어준』(인물과 사상사, 2023.2), 63쪽

문재인 정부는 북한으로부터 사실상 철저히 배신당한 상황이었다. 문재인은 임기 내내 부동산 폭등을 진정시키느라 온갖 에너지를 쏟아 부어야 했다. 2020년 초부터 밀어닥친 코로나19는 문재인 정부를 보건소정부로 묶어 버렸다.

그럼에도 불구하고 문재인 지지율은 유지됐다. 레임덕 둘째 요건이었던 측근, 가족, 여권 비리도 거의 없었다. 문재인은 노무현 정부에서 민정수석, 비서실장을 지냈는데 이런 경험이 비리 확산을 막은 듯하다. 또 일부 비리가 있었는지 알 수 없지만 2020년 총선에서 민주당이 180석을 확보했기 때문에 야당의 공세를 효과적으로 차단할 수 있었다. 마지막으로 문재인 지지율뿐만 아니라 민주당 지지율도 어느 정도 유지됐다. 대선 패배 가능성이 높았지만 여권 지지율은 붕괴하지 않았다.

문재인 레임덕 패싱의 핵심 비밀은 바로 20대 여성 지지율 때문이다. 20대는 문재인 임기 내내 강력한 지지를 유지했다. 20대 여성 지지는 인접한 30대에도 영향을 미쳤다. 또 4050은 전통적인 민주당 지지층인데 이런 요인들이 복합적으로 작용하면서 문재인 레임덕을 차단한 것으로 예상할 수 있다. 임기 초반 20대 여성의 문재인 지지율은 90%에 육박했다. 이는 북한, 중국, 러시아 등에서나 나타났던 만장일치 지지율 수준이다. 20대 여성 문재인 지지율은 2020년 중반까지도 60%를 넘었다.

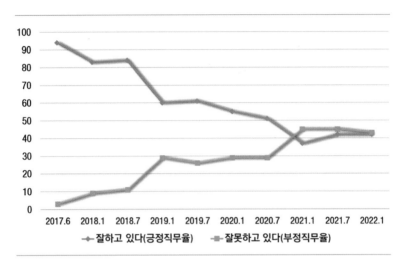

〈표 4〉 18~29세 여성 2017~2022 문재인 대통령 직무 수행 평가(단위: %)[6]

2021년 4·7 재보궐선거 즈음엔 40% 아래로 떨어지기도 했지만 이내 회복했다. 그리고 임기 끝 무렵엔 다시 60%선을 회복하기도 했다. 대선 패배 가능성이 커진 2022년 초에도 20대 여성의 문재인, 민주당 지지율은 하락하지 않았다.

20대 여성 문재인 지지율은 그들의 진보 성향, 문재인의 애티튜드, 이대남 반사효과의 합작물이다. 그리고 이들은 2022년 대선에서 이재명 지지로 연결됐다. 2022년 대선은 이재명 대 윤석열이 아닌 이재명+문재인 대 윤석열로 치러진 셈이다. 사실 이재명은 문재인과 달리 애티튜드로 볼 때 되레 남성 친화적인 정치인이다. 그

---

6) 한국갤럽, 「데일리 오피니언 2022년 월별·연간 통합」(2022.12)

런 이재명에게 20대 여성 표가 몰린 것은 문재인을 지지했던 관성이 작동한 것으로 해석할 수 있다. 2021년 4·7 재보궐선거에서 드러났던 20대 남성들의 국민의힘 후보 지지는 결과적으로 20대 여성에게 분명한 방향을 제시한 것이다.

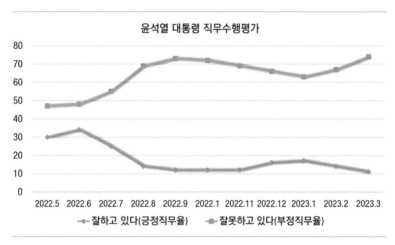

윤석열 대통령 직무수행평가

<표 5> 18~29세 여성 윤석열 대통령 직무 수행 평가(단위: %)[7]

20대 여성의 문재인 지지가 얼마나 이례적인지는 윤석열 지지와 비교해 보면 금세 드러난다. 윤석열 취임 직후 6월까지 30%대가 유지됐다. 그러나 허니문 기간은 단 두 달에 그쳤다. 7월부터 하락하기 시작하더니 9~10월엔 12% 수준에 머물렀다. 2023년 3월엔 11%까지 떨어져 10%대 붕괴 위기에 놓여 있다. 이에 비해 부정평

7) 한국갤럽, 「데일리 오피니언 2022년 월별·연간 통합~제536호」(2023.3)

가는 70%를 웃돌고 있다. 2023년 3월은 윤석열에겐 온갖 악재가 집중된 시기이기도 했다. 근로시간 주 69시간 논란과 한일관계 비판여론이 지속됐고 이런 분위기가 윤석열에게 부정적인 20대 여성들의 이탈을 부추긴 셈이다.

주 69시간, 한일관계 논란은 20대 여성들에게 문재인 공격으로 비쳤을 수도 있다. 왜냐하면 문재인 정부 정책과 반대이기 때문이다. 문재인 정부에서 일어났던 서해피격 사건 수사, 귀순어부 강제북송 수사도 마찬가지다. 게다가 이재명 수사·재판은 20대 여성에게 그들에 대한 공격으로 받아들여질 공산도 있다. 기억은 금세 사라지지 않는다. 기억은 세대효과를 통해 면면히 이어지기도 하고 공감, 확산을 통해 더욱 강화되기도 한다. 20대 여성의 문재인 지지의 기억은 민주당과 이재명 지지로 연결될 것이다. 이 말은 20대여성이 앞으로도 윤석열에겐 비토층으로 남을 것이란 사실을 예고하는 것이기도 하다.

투표율은
어떻게 상수가 됐나

투표자 비중이 만든 완승, 완패

투표율은 습관 또는 버릇과 관련이 있다. 밥 먹는 것과 비슷하다고 볼 수 있다. 투표는 사실 귀찮은 일이다. 신분증도 챙겨야 하고 어느 정당인지 선택도 해야 한다. 늦잠이라도 들어 다른 약속에 쫓기기라도 하면 기권하기 십상이다. 근무나 알바 때문에 마음을 크게 먹지 않으면 때를 놓칠 수 있다. 투표는 지지하는 후보가 있고, 확실한 목적―이를테면 정권 심판과 같은―이 필요하다. 또 재미있어야 한다. 특히 젊은 층일수록 그렇다. 지난 선거에서 투표한 사람은 다음 선거에서도 투표할 가능성이 크다. 이에 비해 지난 선거에서 투표하지 않은 사람은 다음 선거에서도 불참할 가능성이 크다.

한번 형성된 습관은 계속되는 경향이 있다. 60대 이상에서 투표율이 높은 이유는 오래전부터 계속 투표해 왔기 때문이다. 비가 오나 눈이 오나 바람이 부나 투표했다. 나이가 많을수록 투표는 자못 거룩한 행위다. 사실 투표는 거의 유일한 정치 참여이기도 하다. 2030은 이런 거창한 의미를 부여하지 않는다.

투표율엔 향후 선거 결과, 미래 투표율, 세대별 움직임, 정당의 흥망성쇠까지 수많은 함의가 담겨 있다. 2002년 지방선거에선 투표율 양극화가 심화되었다. 60대, 70대의 70%대가 넘는 투표율은 거의 대선 수준급으로 높다. 과거 지방선거, 총선에선 이렇게 높은 투표율을 기록하지 않았다. 여러 가지 이유가 있을 수 있지만 선거 막판 민주당의 선전 가능성이 제기되면서 투표율이 높아졌다고 보는 게 가장 합리적이다. 실제 방송 3사 출구조사에서 국민의힘 후보 쪽으로 지지가 상당히 몰렸기 때문이다. 60대, 70대 높은 투표율은 향후 선거에서 국민의힘에게 상당히 유리하게 작용할 것으로 보인다.

2030 투표율은 하락추세가 뚜렷하다. 60, 70대의 거의 절반 수준에 그치고 있다. 보통 18세, 19세, 20대 전반은 투표권을 처음으로 행사하는 경우가 많기 때문에 투표율이 높았는데 이런 현상도 나타나지 않았다. 이는 앞으로도 투표율이 낮아질 수 있음을 말해 주고 있다.

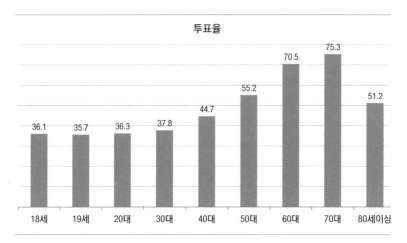

투표율

〈표 6〉 2022 지방선거 연령대별 투표율(단위: %)[8]

40대 투표율도 하락세가 완연하다. 40대는 50대보다 진보 성향이 강한 연령으로 민주당의 강력한 지지기반이다. 40대의 낮은 투표율은 향후 선거에서 민주당에겐 큰 리스크가 될 수 있다. 정의당, 진보당도 40대가 주요 지지기반인데 확장성 면에서 장애가 될 수 있는 지표다.

선거인과 투표자를 비교해 보면 어떻게 완승과 완패가 생기는지 쉽게 알 수 있다. 선거인은 투표권이 있는 유권자를 말하는데 중앙선관위가 공식적으로 사용하는 말이다. 투표자는 투표를 한 사람을 말한다. 2002년 6월 지방선거에서 국민의힘이 크게 이겼는데

---

8) 중앙선관위, 『제8회 지방선거 총람』(2022.12), 559쪽

이는 세대별 투표자 비율 때문이다. 60대 이상 선거인은 30.3%로 30%를 첫 돌파했다. 60대 이상 투표자 비율은 40.3%로 역시 40%를 처음으로 돌파했다. 투표한 사람 열 명 중에 네 사람이 60대 이상이었던 셈이다. 60대 이상에선 국민의힘 지지율이 굉장히 높다. 민주당 핵심 지지기반인 4050 선거인 비율은 38.1%로 60대 이상보다 많았다. 그러나 투표자 비율은 35%에 그쳤다. 선거인 비율은 많아지지만 투표자에선 60대 이상보다 5%포인트 넘게 빠졌다. 또 4050 민주당 결집보다 60대 이상의 국민의힘 결집이 훨씬 강하기 때문에 이들 연령에서 양당의 차이는 더 벌어질 수밖에 없다.

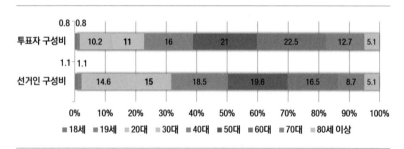

〈표 7〉 2022 지방선거 선거인·투표자 비율 비교(단위: %)[9]

2030 선거인 비율은 31.8%에 달했지만 투표자 비율은 22.8% 그쳤다. 30대 4%포인트, 20대 4.4%포인트 등으로 연령이 낮아질

9) 중앙선관위, 『제20대 대통령선거 총람』(2022.12) 559쪽

수록 선거인, 투표자 비율 차이는 더욱 확대됐다. 2030에서 남자는 국민의힘 지지, 여자는 민주당으로 극명하게 갈리고 있다. 어느 정당이 확실하게 우위를 점하고 있지 않다. 2022년 6월 지방선거에선 2030 여성의 민주당 결집이 남성보다 강하게 나타났다. 2030 전체로 보면 민주당 5.5 대 국민의힘 4.5 정도로 추정된다. 그러나 2030 투표자 비율이 큰 폭으로 하락했기 때문에 민주당 후보들에게 결정적 도움이 되지 못했다. 아무튼 2022년 지방선거에서 국민의힘 완승, 민주당 완패는 선거인, 투표자 비율이 만든 투표율에서 판가름 난 것으로 보인다.

향후 선거에서도 이런 양상은 지속될 가능성이 있다. 투표율은 대선이 가장 높고 다음으로 총선, 지방선거 순이다. 2022년 3월 대선에서도 투표율 양극화가 나타났는데 이는 지방선거에서 더욱 심화됐다. 아마도 이러한 투표율 양극화는 2024년 총선, 2026년 지방선거, 2027년 대선에서도 지속할 것으로 예상할 수 있다. 60대 이상 투표자 비율은 더욱 늘어날 수 있고, 4050은 감소세가 유지될 것으로 예측된다. 2030은 저출산 영향으로 선거인 비율이 줄어드는 데다가 투표자 비율은 한층 더 위축될 가능성이 많다. 2030 전체로 보면 남녀가 나뉘어 있기 때문에 캐스팅보트로서의 위치도 점점 약화할 수 있다. 다만 투표율이 상대적으로 높은 대선에선 2030 영향력이 유지될 수 있겠다.

승부를 바꾼 40대 투표율

40대는 X세대이다. 40대는 모든 연령에서 가장 진보적인 태도를 보인다. 주요 현안, 선거에서 민주당 지지가 유난히 강하다. 다만 민주당이 진보인지, 또 민주당을 지지하는 40대가 진보인지 가치 판단을 전제로 한 것은 아니다. 사회 통념상 이렇게 유통되고 있으니, 그리 가정하고 얘기를 풀어나가겠다. 2022년 3월 대선의 민주당 패배는 역설적이게도 40대 때문이다. 가장 진보적인 40대 투표율이 크게 떨어지면서 민주당 패배로 이어진 것으로 예측할 수 있다. 40대 투표율은 74.2%로 50대 81.4%에 비해 크게 뒤졌다. 당시 민주당 이재명은 0.78%포인트 차이로 졌다. 대략 24만표가 부족했다. 당시 40대 선거인 비중은 18.5%인 816만명으로 60대 이상, 50대에 이어 세 번째로 많았다. 만약 40대 투표율이 5%포인트 정도 높았다면, 그리고 그 5%포인트가 이재명을 지지했다면 민주당이 승리했을 것으로 예상된다.

40대는 1980년대 초중반에서 1990년대 초중반 사이에 태어났다. 40대 초반은 1980년대 태어나 2000년대 초반에 대학생활을 했다. 김대중 정부 시기이고 뒤이어 노무현 정부도 경험했다. 40대 초반은 개인주의 성향이 강한 밀레니얼세대와 겹친다. 40대 후반은 1970년대 태어나 90년대 초반 대학에 들어간 학번들이다. 이들은 586세대의 영향으로 제2의 운동 전성시대를 누렸다. 1990년 독일 통일, 1991년 소련 붕괴로 이념투쟁이 퇴조했지만 등록금 인하, 대학복지와 같은 생활투쟁으로 신속하게 전환하면서 살아남았다. 승리한 운동권세대가 된 셈이다. 이는 곧 나이가 들어도 진보 성향이 유지되는 세대효과가 강화됐음을 의미한다.

	전체	18세	19세	20~24세	25~29세	30~34세	35~39세	40대	50대	60대	70대	80세 이상
전체 (%)	77.2	71.3	72.5	71.6	70.4	70.9	70.6	74.2	81.4	87.6	86.2	61.8
남자 (%)	76.8	67.8	70.7	70.0	66.3	68.3	69.0	72.8	80.8	88.2	89.2	75.0
여자 (%)	77.5	75.0	74.5	73.4	75.2	73.7	72.2	75.7	82.0	87.1	83.6	55.0

〈표 8〉 제20 대선 성별·연령대별 투표율[10]

40대 74.2% 투표율은 50대 81.4%, 30대 후반 70.6% 사이에 있지만 30대 후반 쪽에 더 가깝다. 40대 투표율이 낮았던 이유는 바로 여기에 있다고 볼 수 있다.

40대는 4050의 일원이면서 50대보다 더 진보적인 태도를 보였다. 민주당 지지율 역시 40대가 50대보다 더 높았다. 40대 지역별 투표율에서 이 대표가 왜 패배했는지 단초를 찾을 수 있다. 민주당 전통적 지지기반인 광주, 전북, 전남은 80% 전후의 높은 투표

10) 중앙선관위, 같은 책 476쪽

율을 나타냈다. 특히 여자 투표율은 세 곳 모두 80%를 넘었다. 민주당 지지세가 강한 많은 서울과 경기는 평균 수준을 보였고 여자는 76%대에 불과했다. 문제는 이보다 상당히 낮은 지역들이다. 부산, 인천, 충북, 충남은 70~71%대에 그쳤다. 이들 지역에선 여자도 72~73%대를 벗어나지 못했다. 대전도 전체 73.7%, 여자 75.0% 등으로 40대 전국 평균 투표율을 밑돌았다.

구분	전국	서울	부산	대구	인천	광주	대전	경기	충북	충남	전북	전남	경북	경남
전체	74.2	75.4	70.1	74.7	71.8	81.3	73.7	74.7	71.4	70.5	79.1	79.6	73.0	72.1
남자	72.8	74.5	68.3	72.6	70.2	79.2	72.3	73.4	70.4	69.1	77.1	77.8	70.8	70.3
여자	75.7	76.3	72.0	73.4	73.4	83.3	75.0	76.1	72.4	72.1	81.2	81.7	75.5	74.0

〈표 9〉 제20대 대통령선거 시·도별 투표율(단위: %, 울산·세종·강원·제주 제외)[11]

이재명은 서울, 경기와 부산, 인천, 대전, 충북, 충남 40대의 낮은 투표율 때문에 석패한 것이다. 경기, 인천, 대전, 충북, 충남은 충청에서 유입된 인구가 많다. 충청 영향권으로 볼 수 있다. 충청권은 몇 가지 특징이 나타나는데 우선 속마음을 잘 드러내지 않는다. 충청권 여론조사에선 하루 사이에도 20%포인트가 뒤바뀌는 것으로 나오기도 한다. 하지만 그런 세상은 없다. 하루 사이에 어떻게 민심이 20%포인트씩 오락가락하겠는가. 도저히 일어날 수

---

11) 중앙선관위, 『제20대 대통령선거 투표율 분석』(2022.9), 80쪽

없는, 불가능한 일이다. 다만 속내를 밝히지 않고 있다가 어느 시기엔 드러내는 차이가 있을 뿐이다. 또 충청권은 우리가 흔히 말하는 양반 동네다. 그만큼 인성, 태도, 도덕성을 중시한다. 이재명 형수 욕설 논란이나 잦은 말 바꾸기가 투표율에 영향을 미쳤을 가능성이 있다. 또 2022년 대선이 극심한 네거티브로 치러진 점도 투표율 하락요인이 됐다. 게다가 민주당 쪽에선 충청을 대표할 만한 인물이 부각되지 않았다. 이재명 7인방엔 충청 출신이 한 명도 없었다. 이재명은 경북 안동 출신으로 대구·경북을 중시했다. 마치 호남과 대구·경북 지역 연합을 추구하는 것처럼 보이기도 했다. 이런 것들이 복합적으로 작용하면서 충청권, 충청 영향이 많은 수도권 40대 투표율 하락을 부추긴 것으로 보인다.

무당층·중도층, 그리고 미래선거

무당층·중도층, 어떻게 변했나

무당층은 기존 정당을 지지하지 않는 사람들을 말한다, 무당층은 과거엔 행동 지향성이 높았다. 무당층은 비판적 성향으로 선거 때마다 투표권을 행사하면서 특정 정당을 심판하거나 새로운 정당을 지지하는 패턴을 보였다. 과거 여러 선거에서 예측 결과가 빗나간 경우가 종종 있었는데 이는 무당층이 어떻게 행동할지를 몰랐기 때문이다. 2016년 총선에서 무당층은 개표결과로 그 당당한 모습을 드러냈다. 당시 무당층은 새누리당을 심판하고 민주당을 원내 1당으로 밀어 올렸으며 국민의당 돌풍을 이끌었다. 미적분보다 어려운 절묘한 선택을 서로 모의도 없이 해낸 것이다. 여론조사기관, 언론, 정치전문가들은 당시 무당층의 특성을 잘못 이해한 탓에 전혀 다른 예측 결과를 내놨다가 망신을 당했다.

중도층은 이념적으로 보수도, 진보도 아닌 중간지대를 말한다. 중도엔 애시당초 중도라고 응답한 사람들과 성향을 유보한 사람들을 함께 포함하는 경우도 있다. 대한민국에서 중도는 이념적 피난처이기도 하다. 우린 해방 후 극심한 좌우 대립과 혼란을 겪었다. 그리고 한국전쟁을 통해 수백만 명이 이생을 떠나기도 했다. 이런 냉전적 유산 때문에 최근까지도 색깔전쟁이 계속되고 있다. 중도는 자신의 이념을 숨기기 딱 좋은 중간이다. 그래서 중도엔 위장된 중도도 있고, 실제 중도도 있고 이도 저도 아니기 때문에 중도인 사람들도 섞인다.

유보층은 여론조사에서 지지 후보를 물었을 때 모름 또는 무응답이라고 응답하는 사람들이다. 유보층은 대개 정치 무관심층이다. 이 점이 무당층과 근본적으로 다르다. 유보층은 정치 관심이 적고 실제 선거에서 불참할 가능성이 많은 사람들이다. 최근엔 무당층도 점점 유보층을 닮아가는 경향이 있다. 무당층은 2030에 많다. 20대에서 무당층은 50% 전후, 30대에선 40% 전후를 기록하기도 하는데 이들은 과거엔 행동하는 무당층이었지만 지금은 행동하지 않을 가능성이 점점 커지고 있다. 2022년 지방선거에서 2030 투표율은 30% 중반이었는데 투표에 불참한 사람들은 대부분 무당층으로 볼 수 있다. 이제 무당층은 과거처럼 정치에 비판적이거나 투표 참여로 특정 정당을 심판 또는 지지하지 않고 있다.

무당층의 탈(脫)정치화는 탈(脫)투표를 부른다. 정치에 관심이 없는데 굳이 투표할 이유도 없다. 무당층의 탈정치화는 중장기적으로 정치의 위기를 초래할 수도 있다. 정치의 위기는 대한민국의 미래를 어둡게 할 수 있다. 무당층은 2030에서 주로 많이 나타나는데 이들이 정치로부터 이탈하게 되면 기득권 중심으로 사회가 굴러갈 수 있기 때문이다. 2021년 4·7 재보궐선거, 2022년 대선, 지방선거에서 대한민국 미래논쟁이 활발했던 것은 2030을 의식했기 때문이다. 대한민국 지속 가능성에 대한 의문이 2030 중심으로 확산했고 기존 정치권은 이런 의제를 적극 수용했다.

일본 민주주의, 즉 정치는 종종 대한민국보다 한 수 아래로 평가되기도 한다. 일본의 경제도 대한민국에 뒤지는 것으로 종종 보도되고 있다. 실제 1인당 국민총생산은 한일 양국이 비슷해졌고, 구매력 기준으론 우리가 2010년대 후반 이미 일본을 추월한 것으로 나타나고 있다.

이처럼 일본의 힘이 예전만 못한 것은 젊은 층의 정치 무관심 때문이다. 일본의 투표율은 거의 매번 50% 전후에 머물고 2030 투표율은 이보다 훨씬 낮다. 우리 대선 투표율이 거의 80%에 육박하고 2030도 70%에 근접한 것과는 차이가 크다. 2030의 정치 무관심은 미래논쟁의 실종을 부르고, 이는 다시 일본의 정체를 부른 것이다. 물론 일본의 정체성, 사회구조, 그들만의 정치리그 등의 원인도 있지만 그 중심엔 2030의 탈정치화가 있다는 얘기다.

중도층이 최근엔 가장 중요한 변수로 부상하고 있다. 무당층과 유보층은 정치 무관심층으로 닮아가고 있기 때문이다. 중도층은 점점 중간이 되고 있다. 2017년 대선 직후엔 중도층의 50% 이상이 민주당을 지지했다. 같은 해 대선 무렵이나 민주당이 역대급 승리를 거뒀던 2018년 6월 지방선거에서 중도층 민주당 지지율은 최고치를 기록했다. 반면 중도층 국민의힘 지지율은 바닥을 탈출하지 못했다. 2018년 말까지도 10%대를 벗어나지 못했다.

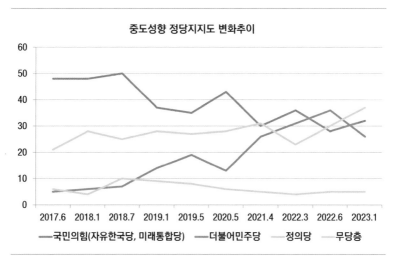

〈표 10〉 중도층 정당 지지도 추이(단위: %)[12]

12) 한국갤럽, 「데일리 오피니언 2022년 월별·연간 통합」(2022.12)

중도층의 정당 지지율 변화는 2019년 코인 폭락, 조국 사태를 계기로 본격화됐다. 중도층 민주당 지지율은 40% 밑으로 하락했고 국민의힘은 20% 내외까지 상승했다. 2020년 총선 직후 중도층의 민주당 지지율이 40%를 넘어서며 일시적으로 상승했고 국민의힘은 10% 초반대로 하락했다. 2021년 4·7 재·보궐선거 즈음엔 중도층의 민주당, 국민의힘 지지율이 거의 같아졌다. 이때 치러진 선거에서 국민의힘은 서울·부산시장, 국회의원 등에서 모조리 승리했다. 중도층의 민주당, 국민의힘 지지율은 2022년 대선에서 비슷하게 나타났고 같은 해 지방선거에선 국민의힘이 역전하기도 했다. 다만 2023년 들어 중도층의 민주당 우세로 돌아섰지만 국민의힘과의 격차는 대략 10%포인트 안쪽이다.

무당층은 가고 중도층이 돌아왔다. 과거엔 무당층이 선거 승패를 쥐락펴락했지만 이젠 달라졌다. 무당층은 탈정치, 탈투표 성향을 분명히 하고 있다. 향후 선거에선 중도층이 무당층 역할을 물려받게 됐다. 최근 몇 년간 민주당이 승리할 때마다 중도층의 지지가 쏠렸다. 중도층이 민주당과 국민의힘으로 비슷하게 갈리면 대부분 국민의힘이 승리했다. 이런 추세는 앞으로도 계속될 것이다. 어느 정당이 중도층의 지지를 확보하느냐에 따라 승패는 달라진다.

2027년엔 메시아가 나타날까

대선 후보가 탄생하는 과정은 의외로 간단하다. 대선 후보는 철저하게 대표성을 통해 탄생한다. 대표성은 지역, 세대, 가치, 세력 등 여러 분야에서 확보될 수 있다. 박정희는 군부를 대표했다. 당시엔 군부가 가장 힘이 셌고 공부도 많이 한 엘리트 세력이었다. 박정희 쿠데타는 민주주의에 반하는 것이었지만 경제성장을 통해 사후에 정당성을 확보했다. 전두환, 노태우는 대한민국 역사에선 가장 삐딱한 세력들이라 언급하지 않고 넘어가겠다. 김영삼은 민주주의를 대표했고 부산·경남을 대표했다. 김대중도 민주주의와 호남·충청을 대표했다. 노무현은 김대중 정신과 2030을 대표했다. 이명박은 경제와 실용을 대표했다. 박근혜는 박정희를 대표했다. 문재인은 노무현 정신과 촛불을 대표했다. 이재명이 대선 후보로 떠오른 것은 2020년 말 즈음이다. 이재명은 4050 대표성을 확보했고 뒤이어 호남에서도 대표성을 굳혔다. 윤석열은 검찰을 대표했는데 문재인 정부가 그 검찰을 공정·정의 세력으로 만들었기 때문이다. 윤석열은 뒤이어 반(反) 문재인과 보수를 대표했다.

대선 때마다 메시아, 즉 구원자가 나타나곤 했다. 메시아는 일시적인 대표성을 확보한 인물이다. 대선은 대개 정치 혼란과 함께 치러진다. 임기 말 국정은 혼란스럽고 정치권은 각자도생에 나선다. 관료사회는 바짝 엎드려 차기 권력이 누가 될지 촉각을 곤두세

운다. 기존 정치권의 비전은 국민들에게 외면받는다. 새로운 인물에 대한 기대가 점점 커진다. 이럴 때 유권자들은 메시아를 찾는다. 지명도를 갖추고 스토리가 극적이면 안성맞춤이다. 2002년 대선에선 정몽준이 있었고, 2007년 고건, 2012년 안철수, 2017년엔 반기문이 떠올랐다가 가라앉았다. 메시아는 대부분 실패했다. 반짝 인기를 끌었지만 정치력 빈곤만 남긴 채 기존 정치권의 불쏘시개 역할에 그치곤 했다. 유일한 메시아 성공사례는 2022년 대선의 윤석열이다. 다만 진짜 메시아인지는 임기가 끝날 때까지 두고 봐야 한다.

다음 대선에 출마가 예상되는 인물은 여럿 있다. 국민의힘에선 안철수, 오세훈, 원희룡, 유승민, 한동훈, 홍준표 등을 꼽을 수 있겠다. 대부분 지난 대선에서 출마했던 인사들이고 한동훈은 여권 차기주자 여론조사에서 종종 1위를 차지하고 있기 때문에 포함했다. 야권에선 김동연, 김부겸, 이낙연, 이재명, 정세균, 박용진 등이 거론된다. 지난번 대부분 출마했던 인물들이다. 김동연은 '새로운물결' 후보로 출마했다가 단일화를 통해 이재명을 지지했다. 이들을 중심으로 누가 더 국민의힘, 민주당의 대선 후보 가능성이 있는지, 본선 경쟁력은 누가 더 앞서 있는지 따져보겠다.

한국갤럽은 대략 한 달 간격으로 '장래 정치 지도자 선호도' 조사 결과를 발표한다. 다른 여론조사와 달리 지지율이 대체로 낮은 것이 특징이다. 20% 중반을 넘는 경우가 좀처럼 없다. 이는 보기를 알려주지 않고 주관식으로 물어보기 때문이다. 이에 비해 ARS 여론조사는 지지율도 높게 나오고 여야 선두주자에 대한 쏠림 현상도 나타난다. 이는 ARS 여론조사가 보기를 제시하고 조사 당시 정치사회 분위기에 따라 편차가 크기 때문이다. 한국갤럽의 차기 선호도 조사의 장점은 안정적이라는 데 있다. 웬만한 큰 이슈가 발생하지 않으면 인물들의 지지율이 들쭉날쭉하지 않는다는 점이다. 다음 대선은 3년 이상 남아 있고 변화 가능성도 커 한국갤럽처럼 안정적인 기법을 활용하는 여론조사를 눈여겨볼 필요가 있다.

민주당에선 이재명 이외에 다른 인물이 당분간 나오기 어렵다. 이재명은 민주당 핵심 지지기반인 4050, 호남에서 대표성을 확보했다. 50대에선 33%, 40대에선 30%나 된다. 호남에서도 38%나 된다. 이재명 사법리스크가 커진다고 해도 쉽게 흔들릴 수 없다. 4050, 호남은 야당탄압이나 정치보복이라고 판단하기 때문이다. 2위에 올라 있는 이낙연은 그의 고향인 호남에서, 그리고 4050에서 모두 1%에 그치고 있다. 이재명 사법리스크는 종종 이낙연 대안론으로 출구를 찾기도 하지만 한국갤럽 통계는 고개를 젓는 형국이다. 이낙연 대안론이 힘을 얻으려면 4050이든, 호남이든, 2030이든 의미 있는 결집이 필요하다.

2023년 3월 1주 (2/28, 3/2)		조사완료 사례수 (명)	가중적용 사례수 (명)	장래 정치 지도자 선호도(%)										
				이재명	한동훈	홍준표	안철수	오세훈	이낙연	이준석	원희룡	유승민	기타	의견 유보
전체		1,001	1,001	20%	11%	5%	4%	3%	3%	2%	2%	1%	5%	44%
지역별	서울	196	188	15%	10%	5%	4%	9%	4%	0%	0%	3%	4%	45%
	인천/경기	321	318	22%	13%	5%	4%	1%	3%	3%	1%	1%	5%	22%
	강원	30	30	–	–	–	–	–	–	–	–	–	–	–
	대전/세종/충청	106	107	19%	7%	3%	6%	2%	6%	1%	2%	1%	8%	45%
	광주/전라	99	98	38%	4%	2%	3%	1%	1%	3%	5%	2%	6%	41%
	대구/경북	91	97	13%	13%	6%	4%	5%	–	–	–	1%	4%	49%
	부산/울산/경남	145	150	17%	10%	4%	5%	1%	1%	3%	4%	1%	7%	49%
	제주	13	13	–	–	–	–	–	–	–	–	–	–	–
성별	남성	562	496	21%	13%	8%	5%	3%	1%	3%	2%	2%	6%	36%
	여성	439	505	20%	8%	2%	3%	3%	4%	1%	1%	1%	5%	52%
연령별	18~29세	120	165	11%	6%	10%	5%	2%	2%	6%	–	3%	2%	53%
	30대	127	152	16%	9%	5%	4%	2%	2%	2%	1%	1%	3%	54%
	40대	172	183	30%	5%	3%	3%	2%	7%	1%	2%	2%	5%	39%
	50대	221	195	33%	13%	4%	4%	2%	1%	1%	3%	1%	7%	31%
	60대	198	169	17%	20%	4%	5%	4%	1%	1%	3%	–	6%	38%
	70대이상	163	137	11%	10%	2%	3%	6%	1%	1%	1%	1%	7%	56%
주요 지지 정당별	국민의힘	414	386	1%	24%	10%	6%	7%	1%	3%	4%	1%	5%	38%
	더불어민주당	286	291	58%	1%	–	2%	–	6%	1%	–	1%	5%	28%
	정의당	50	49	16%	–	2%	2%	–	2%	2%	2%	–	13%	62%
	무당층	242	268	8%	3%	4%	4%	1%	2%	2%	–	2%	4%	71%

〈표 11〉 차기주자 선호도(단위: %)[13]

민주당 쪽으로 주목할 만한 사람은 김동연 경기도지사다. 김동연은 2022년 지방선거에서 가장 드라마틱한 당선인으로 기록됐다.

---

13) 한국갤럽, 「데일리 오피니언 제532호」(2023.3)

김동연은 투표 마감 후 발표된 방송 3사, JTBC 출구조사에서 패배하는 것으로 나왔다. 김동연은 김은혜 후보에게 개표 내내 뒤지다 다음 날 오전 5시30분경 첫 역전에 성공한 뒤 아침 7시경 당선이 확실해졌다. 김동연은 49.06%를 득표해 김은혜 국민의힘 후보(48.91%)에 8913표 차이로 신승했다. 김동연은 승리로 잠재적인 차기주자 지위를 확보했고, 참패한 민주당의 체면을 세웠다. 김어준은 개표 직후 TBS 뉴스공장에서 "김동연이 이겨 반반 느낌"이라고 말하기도 했다.

김동연 승리는 20대 여성의 몰표 때문이다. 김동연은 20대 여성에서 76.8%의 지지를 받은 반면 여성 후보인 김은혜는 20.7%에 그쳤다. 두 사람의 격차는 무려 56.1%나 됐다. 30대 여성에서도 김동연은 59.9%를 득표했다. 2030 여성이 김동연 당선의 일등공신인 셈이다. 그러나 김동연 자력으로 이겼다고 보기는 어렵다. 2030 김동연 쏠림은 2021년 4·7 재보궐선거 이후 본격화한 이대남 반사효과다. 또 경기도는 이재명 대표의 지지기반이 강한 곳이다. 대선 패배 후 2030 여성의 결집이 최대한으로 이루어졌고 이것이 김동연에게 승리를 안긴 것으로 예상할 수 있다.

출구조사 결과		후보지명(%)			
		김동연	김은혜	민주-국힘 Gap	기타후보
전체		49.1	48.9	0.2	2.0
성별_연령별	남_20대	40.9	54.8	−13.9	4.3
	남_30대	48.7	47.9	0.8	3.3
	남_40대	63.0	34.1	28.9	2.9
	남_50대	56.5	41.5	15.0	2.0
	남_60대	30.9	67.5	−36.6	1.6
	남_70대이상	23.1	76.3	−53.2	0.6
	여_20대	76.8	20.7	56.1	2.5
	여_30대	59.5	38.5	21.4	1.6
	여_40대	67.1	30.9	36.2	2.0
	여_50대	57.1	41.9	15.2	1.1
	여_60대	33.5	65.9	−32.4	0.6
	여_70대이상	24.8	73.9	−49.1	103

〈표 12〉 경기도지사 선거 JTBC-글로벌리서치 출구조사(단위: %)

차기주자가 되기 위해선 자신만의 정치적 자산, 자신만의 아우라가 필요하다. 경기도는 대한민국 인구의 거의 3분의 1이 살고 있다. 경기도지사 김동연은 아직 차기 선호도에 이름을 올리지 못하고 있다. 김동연의 정치를 만들지 못한 탓이다. 김동연은 정치교체를 줄곧 주장해 왔다. 정치교체는 말은 그럴듯하지만 디테일로 특정되지 못한 약점이 있다. 구구절절 설명해야 하는 어려움이 따른다. 민주당 차기주자가 되기 위해선 4050이든, 호남이든, 경기도이든 진지 구축이 필요하다. 진지를 구축하기 위해선 정치교체를 디테일로 압축할 필요가 있다. 민주당에선 이재명 외에 플랜B, C가 떠오르지 않고 있다. 이는 김동연에게 기회가 될 수 있다.

민주당은 아주 심플한데 비해 국민의힘은 복잡하다. 국민의힘 대선 후보가 되기 위해선 60대, 대구·경북, 2030 대표성 확보가 필요하다. 60대와 대구·경북은 사실상 연결되어 있다. 따라서 60대와 2030의 대표성 확보가 필요충분조건인 셈이다. 우선 한동훈 법무부장관이 앞서 있는데 한국갤럽 통계를 보면 여러 가지 의문부호가 따라붙는다. 한동훈은 60대에서 20% 지지율을 기록해 국민의힘 인물들 중에선 가장 앞서 있다. 대구·경북에서도 13%로 1위를 달리고 있다. 그러나 2030에선 대표성이 미약하다. 20대 6%, 30대 9%로 모두 한 자리 숫자에 그쳤다. 당내 경쟁이 본격화하면 안심할 대표성은 아닌 셈이다. 정치경험이 많지 않은 한동훈은 언제든 견제가 집중될 수 있고 쉽게 무너질 수도 있다.

홍준표 대구시장은 국민의힘 차기주자로는 문제적 인물이다. 홍준표가 대구시장에 출마한 것은 60대 이상, 대구·경북 대표성 확보 때문이다. 홍준표는 지난 대선 경선에서 60대 이상 대표성을 확보하지 못했기 때문에 윤석열에 졌다. 홍준표는 이 때문에 체면을 구기면서 대구시장에 출마한 것이다. 그러나 성과는 미흡하다. 60대 이상, 대구·경북 대표성은 한동훈에 빼앗겼다. 그나마 홍준표는 20대에서 10%의 지지율을 기록해 2030 대표성을 어느 정도 확보하고 있다. 물론 홍준표는 2030 대표성에서 한동훈과 경쟁해야 하는 처지이긴 하다.

12년. 안철수 의원이 국민의힘에 안착하는데 걸린 시간이다. 안철수는 드물게 진보에서 시작해 보수에 안착했다. 2010년 안철수가 청춘콘서트를 통해 차기 지도자로 부상했을 때 그의 주요 지지 기반은 20대와 호남이었다. 호남에서 안철수에게 지지를 보낸 것은 정치 입문 초기 반(反)새누리당을 천명했기 때문이다. 안철수의 처가는 전남 여수시인데 이것도 약간은 영향을 미쳤을 수 있다. 안철수는 정치 입문 후 끊임없이 우클릭했다. 결국 국민의힘에 자리를 잡았지만 안철수의 최대 약점은 진지 구축에 실패했다는 점이다. 진지는 곧 정체성을 의미하기도 한다. 진지가 없다는 것은 정체성이 모호하다는 말과도 통한다. 안철수는 60대, 대구·경북, 2030 어디에도 대표성을 확보하지 못했다. 안철수가 국민의힘 대선 후보가 되기 위해선 이 문제를 풀어야 한다.

오세훈, 이준석, 원희룡, 유승민도 같은 과제를 안고 있다, 오세훈은 서울에서 9% 지지율을 얻어 약간의 대표성을 갖고 있다. 그러나 서울은 어느 누가 장악할 수 있는 그런 지역 의미가 통하기 어렵다. 지역이라면 대구·경북, 부산·경남을 의미한다. 이준석은 20대에서 6%의 지지율을 획득했다. 그러나 이 정도 지지율로는 홍준표, 한동훈과 경쟁하기엔 미흡한 수준이다. 원희룡은 대구·경북, 부산·경남에서 가능성을 보였다. 유승민은 어떤 여론조사에 선 두루뭉술한 지지율로 여권 1위에 오르는 경우도 있다. 예를 들어 여야로 나뉜 ARS 여론조사에선 그렇게 나오기도 한다. 그러나 이것이 대표성을 확보했다는 것은 아니다. 국민의힘 대선 후보가 되기 위해선 유승민은 60대, 대구·경북, 2030 대표성 확보의 강을 건너가야 한다. 탄핵의 강을 넘는 것만으론 어렵다.

총선, 세 가지 심판론 충돌

2024년 4월 총선은 세 가지 심판론이 분출하면서 어느 정당이 승리할지 결정될 가능성이 크다. 세 가지는 윤석열 대통령과 국민의힘 심판, 이재명 대표와 민주당 심판, 투표 불참을 통한 총선 심판이다. 대통령 임기 중반에 치러지는 선거는 정권에 대한 중간평가 성격을 지닌다. 윤석열 정부는 이 대표와 문재인 정부 수사를 주요한 국정현안으로 다루었다. 윤석열과 국민의힘 지지율도 역대 정권이 누렸던 임기 초반 효과를 보지 못했다. 정부여당 심판론이 큰 흐름을 형성하고 있다. 이재명과 민주당은 윤 정부 출범 때부터 협조하지 않았다. 민주당은 국회 다수당을 차지하고 있지만 원내 리더십을 발휘하기는커녕 정부여당과 사안마다 충돌했다. 국정발목 이미지가 첩첩이 쌓여 있다. 이재명과 민주당 심판론도 만만치 않다. 2022년 지방선거 후 청년정치가 후퇴했다. 국민의힘에선 2030 상징성이 큰 이준석 대표가 사실상 쫓겨났다. 민주당에서도 박지현 전 비대위원장이 용도 폐기됐다. 정의당에선 차세대로 기대를 모았던 류호정·장혜영 의원 등 비례대표들이 선거패배 책임론으로 한동안 홍역을 앓았다. 주요 정당의 청년 정치 퇴조는 2030 투표율 하락으로 나타날 가능성이 있다. 2030은 투표 불참을 통해 2024년 총선 자체를 심판하려 들 수 있다.

세 가지 심판론은 세대별, 성별로 크게 다르다. 윤석열과 국민의힘 심판론은 주로 4050에서 작동된다. 4050 선거인 비중은 전체의 3분의 1을 조금 넘는다(2022년 지방선거 기준). 이들은 민주당의 가장 강력한 지지기반이기도 하다. 4050은 2022년 대선에서 민주당을 지지했다. 이들은 이재명 검찰 수사, 재판에서 부정적인 반응을 보이고 있다. 4050은 2024년 총선에서 윤석열과 국민의힘 심판론을 형성하며 민주당 중심으로 결집하게 될 가능성이 높다. 60대 이상에선 이재명과 민주당 심판론이 형성되어 있다. 이들은 이재명과 민주당이 정부여당이 제대로 일할 수 있는 기회조차 주지 않고 있다고 생각한다. 국정발목 집단이라는 불만을 갖고 있다. 60대 이상 선거인 비중은 30%를 조금 넘는 수준이지만 투표율이 높기 때문에 생각 외로 파괴력이 크다. 2030 선거인 비중은 대략 3분의 1 수준이다. 2030은 세대별, 성별 차이가 크다. 20대는 젠더 이슈가 여전하지만 30대는 상대적으로 세대특성이 더 표출된다. 2030 전체로 보면 남성에선 이재명과 민주당 심판론이, 여성에선 윤석열과 국민의힘 심판론이 우위를 보일 수 있다.

투표 불참을 통한 총선 심판론은 주로 2030에서 분출될 수 있다. 2030 투표율은 2017년 대선에서 정점을 찍은 후 하락 추세다. 2022년 대선은 청년 정치 열기가 뜨겁게 달아올랐다. 국민의힘 이준석, 민주당 박지현, 정의당 류호정·장혜영 등이 전면에 나서거나 경쟁 구도를 형성하면서 많은 관심을 끌었다. 청년 정치의 흥행에도 불구하고 2022년 3월 대선 2030 투표율은 2017년보다 되레 떨어졌다. 2022년 6월 지방선거에서 2030 투표율은 30%대에 그치며 급전직하했다. 한번 생겨난 흐름은 계속되는 경향이 있다. 2030 투표율 하향 추세는 특별한 계기가 없다면 쉽게 반전되기 어렵다. 2030 특징도 투표율 하락을 부추길 수 있다. 임명묵은 2030에게 확실하게 보장된 지위 상승 기회나 감각적 즐거움을 주지 않는 한 청년 정치 부진이 계속될 수밖에 없다고 썼다.[14] 탈가치 또는 가치의 부재를 특징으로 하는 2030이 정치 참여를 통해 가치를 추구할 가능성은 희박하다고 본다. 또 정치 참여가 재미와 놀이로 이어질 여지도 적다는 점이다. 2030의 투표 불참은 선거 자체를 보이콧하는, 결과적으로 총선 심판론으로 귀결될 수 있다.

세 가지 심판론이 충돌하게 되면 국민의힘에게 유리한 환경이 조성될 수 있다. 윤석열과 국민의힘 심판론을 주도할 4050은 선거

---

14) 임명묵, 『K-를 생각한다』(도서출판 사이드웨이, 2021.5), 90쪽

인 비중이 가장 크지만 디테일에서 보면 결집강도가 중대 문제로 등장할 수 있다. 60대 이상 선거인 비중은 30%를 돌파해 역대 최고 수준에 이를 것으로 예상된다. 이들은 투표율이 높기 때문에 투표자 비중은 40%를 넘을 가능성이 크다. 4050은 60대 이상에 비해 투표율도 낮고 민주당 결집 역시 60대 이상만 못하다. 이렇게 볼 때 40대 이상에선 국민의힘이 민주당보다 앞설 것이 거의 확실하다. 민주당이 이기려면 2030에서 압도적 지지를 이끌어내야 한다. 투표율도 상당 수준 유지되고 최소 7 대 3 정도 앞서야 된다. 지금 2030 분위기에선 쉽지 않은 목표일 수 있다.

이재명의 지루한 검찰수사, 사법 공방도 총선을 통해 유권자 심판이 내려질 수 있다. 이재명 의혹은 대법원에 가서야 결론이 날 수 있다. 총선 이전엔 기소된 혐의에 따라 빨라야 1심 판결이 날 수 있다. 늦으면 1심 판결도 총선 뒤로 미뤄질 수 있다. 법원 공방이 마무리되고 유무죄 여부가 확정되려면 한참의 시간이 필요하다. 길어지게 되면 2026년 지방선거 또는 2027년 대선까지도 갈 수 있다.

이재명 사법 공방은 여야 대치 격화, 협치 실종 장기화, 정치 불신 심화, 국정 혼란이란 부작용을 낳는다. 이런 정치 파행에 대해 유권자들이 투표를 통해 의견을 표출할 수 있다. 만약 국민의힘이 과반을 넘는 큰 승리를 거둔다면 결과적으로 검찰의 손을 들어준 것으로 비칠 수 있다. 반대로 민주당이 과반을 넘는 압승을 거둔다면 결과적으로 이재명의 무죄 주장을 선택한 것으로 해석될 수도 있다.

다음 대선 시대정신은 무엇일까

대선 후보가 대표성 확보를 통해 만들어진다면 대통령은 시대정신을 통해 탄생한다. 어느 선거나 당시 선거를 관통하는 핵심 정서가 있다. 이를 시대정신으로 부르기도 한다. 대선은 주요 정당 후보, 주로는 거대 양당 후보가 겨루는 2파전 구도로 진행된다. 전국적인 선거이지만 비교적 단순하다. 세대별, 성별, 지역별 구도가 명확하다. 선거쟁점도 열기, 파급력, 중요도까지 점수를 매길 만큼 알기 쉽다. 시대정신은 선거 당시엔 불분명할 수도 있다.

선거가 끝나고 난 뒤 아! 당시 선거엔 이것이 시대정신이었구나, 이렇게 파악될 수도 있다. 시대정신의 선점은 선거 승패를 가르는 주요 원인이기는 하지만 필요충분조건은 아니다. 대한민국 선거는 선거운동 돌입 이전부터 승패가 정해진다. 개표는 이를 확인하는 절차일 수도 있다. 민심 또는 여론이 70~80% 승부를 결정한다. 하지만 미세한 차이로 접전을 펼치는 선거에선 시대정신 선점여부로 승패가 바뀌기도 한다.

2022년 3월 대선의 시대정신은 결과로 보면 기존 정치 심판이었다. 윤석열은 정치에 들어온 지 6개월도 안 돼서 보수정당 후보가 됐다. 또 1년도 지나지 않아 대통령에 당선됐다. 1987년 직선제 도입 이후 보수정당으론 최초의 사례이다. 국민의힘 지지층이 기존 정치인을 심판한 셈이다. 민주당 이재명 대선 후보 선출도 궤를 같이 한다. 이재명은 성남시장 재선, 경기도지사를 역임했지만 여의도 정치권에선 신인이다. 총선 출마 경험이 있고 중앙당 상근 당직으론 대변인을 맡은 게 전부다. 이재명은 수년간 민주당 대선주자 1위를 지키던 이낙연을 꺾고 대선 후보를 꿰찼다. 이재명은 당내 경선에 출마했던 정치인들 중에 가장 신인이었다. 국민의힘, 민주당에서 각각 정치 신인을 후보로 선출했고 대선에선 원조 신인이었던 윤석열이 당선되었다. 결국 2022년 대선은 기존 정치를 철저히 심판한 셈이다.

2022년 6월 지방선거는 3개월 전 대선의 연장전 성격으로 치러졌다. 민주당 소속 김동연은 정치신인이다. 민주당은 광역단체장 4곳(호남 3곳, 제주) 외 전패 위기였지만 가까스로 경기도지사 선거에서 이겼다. 경기도가 이재명 텃밭이고 서울시에 비해 민주당 지지세가 강했지만 김동연이 아니었으면 패배할 수도 있었다. 민주당과 김동연은 기존 정치권 심판 덕을 본 셈이다. 민주당 전북도지사 후보 경선에서도 이변이 일어났다. 김관영 전북도지사는 당내 경선에서 쟁쟁한 민주당 후보들을 제쳤다. 김관영은 재선 의원이지만 군산 출신으로 전북에선 비주류다. 또 국민의당에 한동안 몸담았던 터라 민주당 입장에선 외부인사에 가깝다. 김관영 당선에도 정치 신인 선호 민심이 반영됐다고 볼 수 있다.

2017년 대선에서도 대한민국 리셋 요구가 분출됐다. 2016년 촛불시위와 이듬해 탄핵정국, 대선이 요구했던 시대정신이었다. 그러나 여야 정치권은 이를 철저히 무시했다. 민주당은 국민의 전폭적 지원 아래 수많은 개혁과제를 처리할 수 있었지만 검찰을 괴물로 키워 윤석열을 대통령 만든 것 이외에는 한 것이 거의 없다.

북한에 대한 오판으로 소중한 시간을 낭비했을 뿐만 아니라 세계적인 웃음거리가 됐다. 국제정세 흐름도 외면한 채 한중관계엔 짝사랑으로 일관하고 한일관계는 파탄으로 몰고 갔다. 국내 진영정치에 매몰돼 5년을 통째로 날린 것과 진배없다. 정치 과잉으로 점철됐던 문재인과 민주당은 대한민국 비전 앞에서 길을 잃고 헤매고 있다.

2027년 대선 무렵 시대정신은 아마도 대한민국 재정의가 될 수도 있다. 지금 우리가 맞닥트린 쟁점은 많다. 대한민국 안에서 가장 심각한 것은 소멸위기다. 저출산과 인구감소, 이와 맞물린 중장기 경제위기가 고조되고 있다. 이는 대한민국 지속가능성에 대한 심각한 의문을 던져주고 있다. 국민은 이를 풀어낼 리더십을 요구하고 있다.

민주당은 현금복지와 갈라치기를 통해 국정에 접근하고 있지만 이는 대한민국 지속가능성을 훼손하는 것으로 비칠 수도 있다. 윤석열과 국민의힘은 4대개혁(노동·연금·교육·정부)을 국정기조로 설정하고 노력하고 있지만 얼마나 성과를 낼 수 있을지는 미지수다.

국제정치는 미국과 중국을 깃발로 하는 블록화가 진행되고 있다. 결국 대한민국 재정의를 어떻게 할지, 이에 대한 비전은 무엇인지가 주요 시대정신으로 떠오를 수 있다.